Doris Kunschmann (Hrsg.)

Das große Vortragsbuch für den Karneval

Büttenreden, Zwiegespräche, Spielszenen

Im FALKEN Verlag sind eine Reihe von Titeln zum Thema Feste feiern erschienen. Sie sind überall erhältlich, wo es Bücher gibt.

Sie finden uns im Internet: **www.falken.de**

Dieses Buch wurde auf chlorfrei gebleichtem und säurefreiem Papier gedruckt.

Der Text dieses Buches entspricht den Regeln der neuen deutschen Rechtschreibung.

ISBN 3 8068 7599 5

© 2001 by FALKEN Verlag in der Verlagsgruppe FALKEN/Mosaik,
einem Unternehmen der Verlagsgruppe Random House GmbH,
65527 Niedernhausen/Ts.
Die Verwertung der Texte und Bilder, auch auszugsweise, ist ohne Zustimmung des Verlags urheberrechtswidrig und strafbar. Dies gilt auch für Vervielfältigungen, Übersetzungen, Mikroverfilmung und für die Verarbeitung in elektronischen Systemen.

Umschlaggestaltung: Rincón² Design & Produktion GmbH, Köln
Herstellung: Doris Wieke, Wiesbaden; Horst Bachmann
Illustrationen: FALKEN Archiv/Assen Münning
Redaktion: Doris Wieke, Wiesbaden
Koordination: Winfried Schindler

Die Ratschläge in diesem Buch sind von der Autorin und vom Verlag sorgfältig erwogen und geprüft, dennoch kann eine Garantie nicht übernommen werden. Eine Haftung der Autorin bzw. des Verlags und seiner Beauftragten für Personen-, Sach- und Vermögensschäden ist ausgeschlossen.

Satz: AntiquaNova/wieketext, Wiesbaden
Druck: Ludwig Auer GmbH, Donauwörth

Inhalt

Die „fünfte Jahreszeit" 6
Närrische Sprüch' 8

Karneval klassisch –
Büttenreden in
Mainzer und Kölner Art 11

Reporter vom Käskurier 12
Hermann Eckert

Ein Lebensphilosoph 17
Gerd Hinders

Ein fixer Verbraucher 22
Erhard Grom

Otto Normalverbraucher 27
Horst Jürgen Radelli

Armer, armer Kerl 32
Heinz Schmalenbach

Der werdende Vater 35
Hans Joachim Greb

Auf dem Standesamt 42
Heinz Schmalenbach

Der zerstreute Professor 44
Theo Lücker

Ein Mann mit ohne Haar 47
Hermann Eckert

Der Friseurbesuch 51
Heinz Schmalenbach

Ein Altstadtfriseur 54
Alexander Leber

Autofahrer im Stress 59
Heinz Schmalenbach

Gestern im Taxi 63
Heinz Schmalenbach

Ein Rechtsanwalt erzählt 65
Jürgen Müller

Gelungene Retourkutsche 71
Heinz Schmalenbach

Ein erfahrener Psychiater 73
Gerd Hinders

Vadders Midlife-Crisis 79
Edmund Luft

Eine moderne Ärztin 85
Heinz Weyandt

Ein Arzt erzählt 88
Heinz Schmalenbach

Weiber in der Bütt –
Karnevalistisches in Prosa
und Reim speziell für Frauen 93

Kommt hierher, Mädels 94
Doris Kunschmann

Das „schwache" Geschlecht 99
Traudi Müller

Eine selbstbewusste Frau *Anne Zenner*	103
Die einfältige Christine *Gerd Hinders*	106
Zwei gute Freundinnen *Anne Zenner*	112
Von Männern und Frauen *Traudi Müller*	118
Die Frau von 40 Jahren *Anne Zenner*	122
So sind nun mal die Männer *Traudi Müller*	126
Arbeit macht das Leben süß *Traudi Müller*	131
Die ambulante Wahrsagerin *Doris Kunschmann*	136
Die Regieassistentin *Doris Kunschmann*	141

Sie und Er im Karneval – Büttenvorträge rund um die Liebe — 147

Heiraten ist ein Risiko *Traudi Müller*	148
Ein Dicker und seine Frau *Heinz Schmalenbach*	154
Doof Nuss im Ehestress *Heinz Schmalenbach*	159
Mein Himmelhund *Christine Leitz*	164
Ein Albtraumpaar *Rüdiger Branitzki*	168
Glücklicher Ehemann *Heinz Schmalenbach*	173
Die Krone der Schöpfung *Edmund Luft*	176
Wir Männer sind die Besten *Erich Lauter*	179
Ein Frauensachverständiger *Erich Lauter*	183
Kättchen und Eulalia *Anne Zenner*	186

Karnevalisten-Doppel – Närrische Zwiegespräche lustig querbeet — 193

Zwei Putzfrauen *Josef Hartmann*	194
Tünnes und Schäl *Heinz Weyandt*	199
Tratsch im Treppenhaus *Karl Heinz Olm*	205
Knolle und Bolle beim Bier *Karl Heinz Olm*	211
Mutter und Tochter *Anne Zenner*	216

Flipp und Flapp *Helmut Bohrer*	223
Zwei aus der „Linsegass" *Marianne Meyer*	230
Karl-Heinz und Werner *Heinz Schmalenbach*	236
Fünf-Sterne-Menü *Erich Müller*	240
Trinchen und Julchen *Heinz Schmalenbach*	243

Kinder in der Bütt –
Büttentaugliches für den
Karnevalisten-Nachwuchs — 247

Nachwuchs in der Bütt *Anne Zenner*	248
Fragen an den Vater *Erich Müller*	252
Klein Susi im Schulstress *Heinz Schmalenbach*	259
Kanzler-Schlüpfer *Dieter Perlowski*	264
Katrinchen und die Politik *Dieter Perlowski*	267
Die Abstammung *Dieter Perlowski*	271
Wenn ich Prinzessin wär *Achim Hiller*	273
Linda trifft Maike *V. Schmalenbach/J. Keßler*	275
Kasimir erkundet die Liebe *Dieter Perlowski*	280
Mafia im Mittelalter *Hans-Joachim Seith*	284
Mutter und Tochter *Oliver Beck*	288
Das Eltern-Schutzgesetz *Hans-Joachim Seith*	293
Die spanische Reise *Hans-Joachim Seith*	299
Der Volleyball-Song *Hans-Joachim Seith*	304

Die „fünfte Jahreszeit"

Freuen Sie sich auch schon wieder auf die „närrische Zeit", in der alles – also so gut wie alles – erlaubt ist? Auf die Zeit, in der „Prinz Karneval" regiert und nichts wichtiger ist als die nächste Sitzung? Die „fünfte Jahreszeit", da wird getrunken, getanzt und gelacht, dass sich die Bäuche wölben und der Kopf dröhnt. Da wird dem schönen Prinzenpaar gehuldigt, die bunte Garde bestaunt, das Funkenmariechen bewundert und die Weiberfasenacht überstanden. – Ja, feiern kann sehr anstrengend sein! Zwischen der ersten Feier am 11.11. und dem letzten Umtrunk am Aschermittwoch kann einem schon mal die Puste ausgehen. Aber das gestandene Narrenvolk wirft so schnell nichts um! Nach dem Motto: Einer geht noch rein! zieht man von Kneipe zu Kneipe, von Sitzung zu Sitzung. Ach ja, die Sitzungen! All die Vorstandsmitglieder mit ihre fesche Kapp' und all de Ehr' uff de Brust, die schnuckeligen Tanzmädche und all die Babbeler in der Bütt … Selbst der größte Muffel – gerät er in eine der Karnevalshochburgen – wird bekehrt und verfällt dem närrischen Treiben. Trinken, lachen und flirten, wer kann da schon widerstehen?

Drängt sich Ihnen nicht auch die Frage auf: Was ist eigentlich das Schönste im Karneval? Sind es die Sitzungen oder die Rosenmontagsumzüge? Ist es das Treiben vor oder hinter den Kulissen? Sind es die Kostüme oder die vielfältigen sündigen „Lustbarkeiten"? Egal! Fest steht: Es ist eine wirklich schöne Zeit! Trinken ist erlaubt, Essen ist erlaubt und Fremdküssen erst recht. So manche Süße ritzt Kerben in den Bettpfosten, so mancher Narr braucht ein neues Telefonbuch – in der närrischen Zeit ist eben vieles erlaubt, was sonst strenger gesehen wird. Da darf man dem kessen „Engel" von nebenan schon mal ins Ohr flüstern, dass er wirklich ganz entzückende Flügel hat, und so mancher „Klosterbruder" erfährt, dass sein muskulöser Bauch ungeheuer anregend auf die Damenwelt wirkt. In dieser besonderen Zeit lieben die Männer und die Frauen einander sehr, nur verquer. Sie sind voller Wagemut und Toleranz. Schön! Sehr schön! Doch für manch einen artet die närrische Zeit direkt in Stress aus. Das Prinzenpaar zum Beispiel, das sich möglichst auf jeder stattfindenden Karnevalssitzung zeigen soll, oder gar die Vorstände der zahlreichen Vereine selbst, für die der Karneval schon lange vor dem 11.11. beginnt. Da sind die zahlreichen Tanz-

und Musikgruppen die schon Monate voher Woche für Woche fleißig üben, damit dann alles noch besser klappt als im vorigen Jahr. Und nicht zu vergessen die vielen, vielen Büttenredner! Die witzigen Redenschwinger stehen in vorderster Reihe der aktiven Narren und unterhalten das närrische Volk. In vorderster Reihe stehen da zwar immer noch die Vertreter des männlichen Geschlechts, doch die Frauen holen mächtig auf. „Weiber in der Bütt!" – so heißt das Motto, dem in diesem Buch ein eigenes Kapitel gewidmet ist. Die Männer müssen endlich begreifen, dass ihnen die Bütt nicht mehr allein gehört. Auch die Jüngsten ziehen tüchtig mit. Schließlich braucht das Narrenvolk immer Nachwuchs. Im Kapitel „Kinder in der Bütt" findet auch *Katrinchen & Co.* so manche Anregung.
Ob nun Mann, Frau oder Kind, allein oder zu zweit: Kein Thema bleibt vergessen. Ob Sie nun die nachfolgenden Reden so benutzen, wie sie abgedruckt sind, ob Sie Teile davon verwenden und Eigenes dazuschreiben oder sich durch die Texte zu neuen Reden und Vorträgen inspirieren lassen: Wenn Sie selbst einen närrischen Auftritt planen, finden Sie hier ganz sicher viele nützliche Anregungen die Ihnen weiterhelfen. Vergessen Sie nicht, dass Ihr Vortrag sehr gewinnen kann, wenn Sie diesen durch ein originelles Kostüm oder passende Requisiten beleben. Sie finden auf den folgenden Seiten ganz sicher die eine oder andere Anregung.

Helau! Alaaf! Da-Je!

Närrische Sprüch'

Liebeskummer

Der Regenwurm Heinz-Fridolin
kroch zu seiner Liebsten hin.
Und sprach ganz zart und sanft zu ihr:
„Heute möcht ich Klarheit hier von Dir!
Wenn du mir nicht dein Jawort gibst,
dass du mich unbändig liebst,
dann glaube mir, das werd ich tun,
schmeiß ich mich vor das nächste Huhn!"

Aus der Geschichte

Augustus bekam Depressionen,
als die Cimbern und Teutonen
in einem Walde die Legionen
des Varus wollten gar nicht schonen.
Doch das muss ich betonen:
Weil Cimbern und Teutonen
dort in dem Walde wohnen,
hatten sie bei dem Gekeil
einen echten Heimvorteil!

Nützt trotzdem

Mancher auf die Waage blickt,
sieht sein Gewicht
und erschrickt!
„Auch du liebe Zeit", denkt er,
„so geht das nicht!
Ich bin zu schwer!"
Zählt Kalorien rauf und runter,
addiert die Zahlen

frisch und munter.
Verliert kein Pfund, doch merkt er dann
als Lohn der Qualen,
das er jetzt besser rechnen kann

Geschwindigkeit

Den Dieter stoppt die Polizei:
„Was rasen Sie so schnell vorbei?
Sie fuhrn mit mehr als 50 hier,
dafür zahln Sie jetzt Strafe mir!"
„Herr Kommissar", der Dieter spricht,
„das glauben Sie doch selber nicht!
Keine 40 waren das,
ich glaube bald, Sie machen Spaß!
Höchstens 30 sind's gewesen,
und wenn ich 's richtig abgelesen,
waren es, als ich Sie sah,
kaum noch 20 km/h!"
„Noch ein Wort", so herrschte dann
der Polizist den Dieter an,
„und Sie zahlen 100 Mark,
weil Sie gerade falsch geparkt!"

Narr - lebenslänglich

Wer heute eng tanzt, Bein an Bein,
wer sich ergibt dem kühlen Wein,
wer sich aus Pappe eine Nase
aufsetzt, als müsste es so sein,
wer Bier säuft aus der Blumenvase,
wer in die Bütt sich stellt hinein
und nachgibt seinem Rededrang:
Der ist ein Narr sein Leben lang.

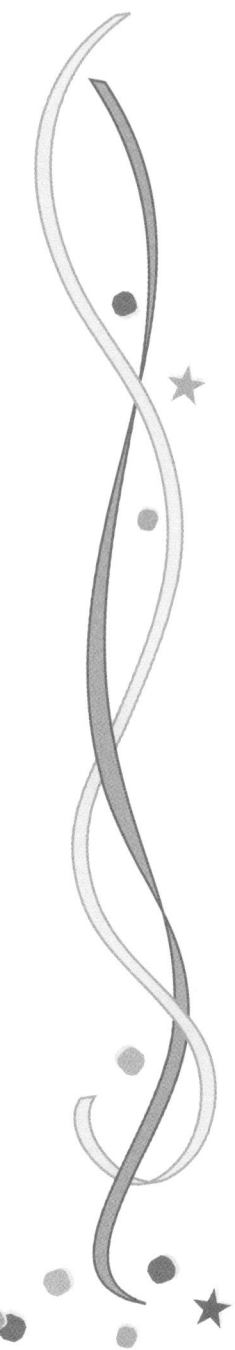

Karneval klassisch

Büttenreden in Mainzer und Kölner Art

Reporter vom Käskurier

Ich komm persönlich, bitte sehr,
bin Pressechef und Redakteur,
bin Journalist und auch Verleger,
Haupt-, ehrenamtlich Zeitungsträger,
ich bin das Käsblatt in Person,
und von Verlag und Redaktion
grüß ich euch all im Saale hier:
De Handkäskarl vom Käskurier.

Der Name „Käsblatt" ist bedingt,
weil vieles, was mein Blättche bringt,
von vornereu' zum Himmel stinkt.
Hat nichts zu tu' mit Romadour,
tendiert nach Kunst und auch Kultur.
Nicht jeder Käs' hat auch Niveau,
beim Schmierkäs ist das ebenso.
Wollt ihr was wissen über Käse,
dann kauft meu Blättche un tuts lese.

Ich schreibe über Lob und Tadel,
über Zores, Leit und Adel,
zum Empfang von hohen Gästen,
Bieranstrich und Bratwurstfesten,
wo nur eine Blechbüchs rappelt,
oder auch ein Quatschkopp babbelt,
über Schwarze, Liberale,
Rote und auch rote Zahle,
klär euch auf und informier,
Handkäskarl vom Käskurier!

Bei mir, do geht's die ganz Woch' rund,
mein Tag hat 25 Stund,

weil ich kä Paus und Mittag mach,
nachts wenn ich schlafe, bin ich wach,
und hör ich nur „ta tü, ta ta!"
Dann renn ich los, da bin ich da,
dass ich die Schlappe bald verlier:
Handkäskarl vom Käskurier.

Die Eile, Zeitdruck, Hektik, Stress –
war heut beim Trinker-Schluck-Kongress.
Da war was los, ich war ganz platt,
da fand 'ne Vortragsreihe statt.
Ein Vortrag von Professor Voll,
der war so belzisch, es war toll.
Professor Duddelkopp aus Schlüchtern
sprach übers Thema „Was ist nüchtern?"

Ein Zustand völlig abnormal,
und für 'nen Trinker ein Skandal.
Bei Früherkennung soll mer ewe
sich in die nächste Kneip' begebe
und dort mit ganz gepflegte Sache
umgehend einen Einkauf mache.
Auch ich schließ mich als Pressemann
der Meinung des Professors an.
Und alles, was noch sunst gewese,
ist moije in meum Blatt zu lese.

Um erst e' mal beim Käs zu bleibe,
ein Spundekäs gibts nie nit in Scheibe.
Wer das behauptet, babbelt Kappes,
denn Spundekäs ist weißer Brabbes.
Man kann ihn ohne Zähne kaue,
er ist bekömmlich zu verdaue.
Mit Knobeloch und Sellerie,
vorzüglich mit Fromage de Brie,

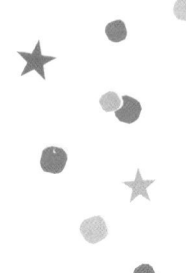

im Gegensatz zum Camembeer,
der läuft gern fort und kimmt nicht mehr.
Wollt ihr was wisse über Käse,
dann kauft meu Blättche un tuts lese.

Lesen führt zur Wissenschaft,
bildet und gibt Geisteskraft,
ja, so sagt' schon der Poet,
und der war bestimmt nit bleed.
Drum befolget diese These,
kaaft meu Käsblatt un tuts lese.

Mein Blatt ist von besondrer Art,
ist praktisch Käs mit Geist gepaart.
Das ist der allerletzte Hit,
do komm ich manchmal selbst nit mit.
Was die nächst' Woch erst passiert,
des hab ich mir schon längst notiert.
Und des liegt moije druckerfrisch
beizeit auf eurem Frühstückstisch.
Und mittags kann mer 's schon benutze,
um irgendwo was abzuputze.
Seht ihr, so geht des bei mir:
Handkäskarl vom Käskurier.

Ich möcht nit strunze, liegt mir fern,
doch was de Spiegel, Quick und Stern,
die Allgemeine und de Gong,
des bringt meu Käsblättche schon long.
Wenn die e Sensation berichte,
und des als Neuigkeit belichte,
dann habe die, nicht übertribbe,
bei mir des alles abgeschribbe.
Im ganzen Blätterteig wie dumm,
da schwimmen meine Ente rum.

Ja, soll die Presse informiern
und e Zeitung intressiern.
Brauch mer Leit in alle Ecke,
die ihr Nos' in alles stecke,
in Wirtschaft, Politik und Sport,
also Leit von meiner Sort.

Ja, ich rieche wo was los,
hab 'ne Sensationennos',
peile mit me scharfe Blick,
lästig wie e Aabemück.
Wie ein Habicht auf die Beute,
stürz ich mich auf Land und Leute,
klotze hie, wo es sich lohnt.
Keiner wird von mir verschont,
alles hab ich im Visier:
Handkäskarl vom Käskurier.

Wir küren demnächst, das haut hin,
die erste Handkäs-Königin.
Sie wird das Titelblatt uns ziern,
ihr Mädchen, tut euch engagieren.
Das gibt die Creme de la Crem'
mit Musik und mit Diadem,
fährt sie per Kutsche in de Chaise,
und alles jubelt: Hoch, „Miss Käs",
un' wer hockt widder neben ihr:
de Handkäskarl vom Käskurier.

Ein Glück ist 's, dass in Liebespein
die Menschen nicht wie Hirsche schrein.
Bin außerdem noch, dass ihr 's wisst,
Heiratsannonce-Spezialist.
„Willst du nicht alleine bleiben,
musst du dich ins Käsblatt schreiben."

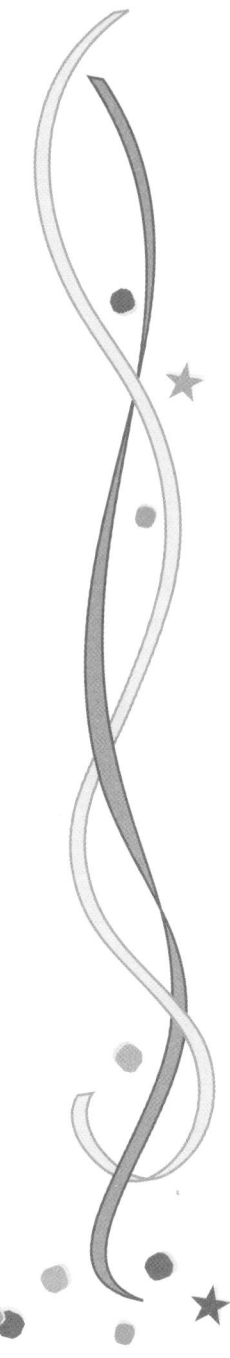

„Ein Inserat mit gutem Klang,
bringt dir das Glück ein Leben lang."
„Alter Kater schnurrt nach Kätzchen,
85, hat gern Schätzchen."
„Sehr vermögend, hohe Rente,
treuer Erpel sucht 'ne Ente."
Diskretion ich garantier':
Handkäskarl vom Käskurier.

Kaum zu glauben, aber wahr,
die Lisbeth ist heit 70 Jahr!
Es gratuliert, die Kinderschar,
der M.C.V., der K.C.K.,
die Ranze-Gard mit alle Mann,
sie schließen sich dem Jubel an,
der M.C.C. kommt ebenfalls,
hängt ihr e' Fleischworscht um de Hals,
und die, wo sonst noch dagewese,
des könnt ihr in meim Blättche lese.

Wer heutzutag e' Zeitung macht
und schreibt nicht von de Fassenacht,
vergisst jo glatt Priorität,
der ist als Pressemann zu bleed.
Drum schreibe ich mit Spaß und Freid,
von euch und dieser Sitzung heit,
ich bring euch meue groß heraus,
und geb euch schriftlich mein Applaus,
was habt ihr euch so schee gemacht,
für unser goldig Fassenacht.

Macht's gut, es grüßt euch alle hier
de Handkäskarl vom Käskurier!

Ein Lebensphilosoph

Ich bin glücklich! Ich bin doof, und die Frau hat Arbeit! Es ist gut, wenn man ein bisschen doof ist, dann hat man nicht so viele Probleme mit seiner Umwelt und sich selbst.
Apropos Umwelt!
Worüber man sich immer wieder aufregt, das sind ja nicht nur die ewig gleichen Lügen der Politiker und die Rücksichtslosigkeiten der Mitmenschen, sondern auch zum Beispiel die Verschmutzungen in der Natur.
Es gibt eigentlich nur einen Wald ohne Probleme – das ist der Walt Disney!
Oder denken Sie doch nur mal an das Wasser. Überall diese Ölverschmutzung. Kürzlich habe ich mir eine Dose Fisch gekauft. Als ich sie aufmachte, war sie fast bis zur Hälfte voll Öl und die Sardinen darin natürlich alle tot. Nach uns die Stinkflut!
Auch die Luft ist nicht mehr rein. Die Bevölkerung müsste ihre Abgase doch eigentlich mehr zurückhalten, und der Umweltminister sollte mit gutem Beispiel vorangehen und ohne Auspuff fahren.
Auch bei den Abfällen müsste man viel mehr an die Umwelt denken. Recycling heißt das Motto! Ich zum Beispiel werfe meine Bundesbahnfahrkarten auch nicht mehr weg, sondern benutze sie mehrfach.
Das ist es eben: Es gibt Menschen, die dafür sorgen, dass etwas geschieht. Es gibt Menschen, die aufpassen, was geschieht, und es gibt Menschen, die gar nicht mehr wissen, dass etwas geschehen ist.
Aber so weit braucht man in Deutschland ja gar nicht zu gehen.
Ich war jetzt in Hamburg. Im Hafen habe ich nacheinander all meinen Müll ins Wasser geworfen. Aber das

Der Vortragende wirkt leicht derangiert und angeheitert. Eventuell trägt er eine verschnürte Plastiktüte bei sich (siehe Seite 21).

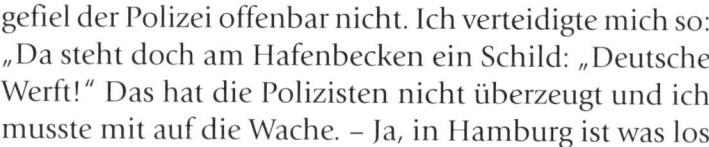

gefiel der Polizei offenbar nicht. Ich verteidigte mich so: „Da steht doch am Hafenbecken ein Schild: „Deutsche Werft!" Das hat die Polizisten nicht überzeugt und ich musste mit auf die Wache. – Ja, in Hamburg ist was los

    Dort traf auch ein Jüngling aus Danzig
    in Hamburg ein Fräulein, das nannt' sich
    Lulu oder so,
    und sie schwenkte den Po.
    Das ham dort die Fräuleins so an sich!
    Ja, ja, in Hamburg ist was los.

Dort gibt es auch viele Studenten: Dreizehn von ihnen haben jetzt einen Rekord aufgestellt! Sie stellten sich unter einen Regenschirm, ohne nass zu werden. Der Versuch soll demnächst wiederholt werden – wenn es wirklich regnet!

Nächstes Wochenende soll es ja sogar 30 Grad warm werden: 15 Grad am Samstag und 15 Grad am Sonntag.

    Auf Hamburgs „sündiger Meile"
    ging ich deshalb spaziern ohne Eile.
    Doch ich war ganz perplex
    ich las immer nur „sex".
    Dabei war es erst fünf mittlerweile!

Ich suchte das große Abenteuer. Aber am Schluss war nur der Abend teuer. Ja, die wenigsten Fehltritte werden mit dem Fuß getan.

Kürzlich komme ich von der Arbeit nach Hause, da liegt meine Süße mit einem Franzosen im Bett. Was sollte ich machen? Ich kann ja kein Französisch.

Eine Woche später verließ ich die Arbeit heimlich eine Stunde vor Feierabend. Ich suchte meine liebe Frau im ganzen Haus und fand sie schließlich mit meinem Chef innig vereint im Schlafzimmer vor.

Meine Frau hatte auch noch die Frechheit, mich eines Tages zu fragen: „Was würdest du tun, wenn du mich mit einem fremden Mann im Bett erwischen würdest?" Ich antwortete: „Das Fenster aufmachen, erst den Kerl

rausschmeißen und dann den weißen Stock." Sie fragte: „Wieso? Was für einen weißen Stock?" Ich meinte: „Na ja, jemand der sich an dir vergreift, kann doch nur blind sein."
Leider hat sie immer mal wieder einen neuen Hausfreund. Aber einer war mal richtig nett zu mir. Jeden Samstag ruderte er mich zwei Kilometer weit auf den See hinaus. Er ruderte dann zurück, blieb am Ufer stehen und wartet, bis ich zurückgeschwommen war! Die zwei Kilometer waren für mich nicht zu weit, aber die Schwierigkeit bestand darin, aus diesem verflixten Sack herauszukommen.
Ha, immer auf die Kleinen.
Ich habe mir vor kurzem gleich zwei blaue Augen eingefangen! Das war so:
Ich fuhr mit der Kaufhausrolltreppe nach oben. Der Frau vor mir, war der Rock in die Poritze gerutscht. Hilfsbereit wie ich bin, habe ich ihr den Rock herausgezogen. Peng! – haute sie mir eine runter. Ich war ganz perplex. Ich hatte es doch gut gemeint. Da habe ich ihr den Rock einfach wieder hinten reingesteckt. Klatsch! Peng! – da hatte ich schon das zweite blaue Auge.
Auf den Schreck hin wollte ich einen trinken gehen, hatte aber kein Geld dabei. Gut, dachte ich, versuchst du es mal mit betteln. Vor einem großen Mietshaus begegnete mir ein anderer Bettler. Ich fragte ihn: „Na, Kumpel, ist in diesem Haus was zu holen?"
„Du kannst ruhig weitergehen", meinte der sehr kollegial, „schon im Hausflur sind mir zwei Mäuse mit großen verweinten Augen begegnet! Wo die Mäuse sich schon Blutblasen im Kühlschrank holen, da ist für uns erst recht nix drin."
Dann ging ich in ein Geschäftshaus. Der Inhaber war gerade bei der Steuererklärung. Er sagte: „Warten Sie bitte einen Moment, bis ich fertig bin. Vielleicht komme ich dann gleich mit."

Andere wollen immer gleich pädagogisch wirken: Eine Hausfrau sagte: „Sie sind groß und stark. Wie kommt es, dass Sie keine Arbeit finden?" Ich antwortete: „Das weiß ich auch nicht. Vielleicht bin ich ein Glückspilz!" Da meinte sie: „Ich gebe Ihnen nichts! Aber Sie können sich zwei Mark verdienen, wenn Sie meinem Mädchen beim Holzspalten helfen!" Ich fragte höflich: „Darf ich es erst mal sehen?" Sie wunderte sich und fragte zurück: „Das Holz?" – „Nein", sagte ich, „das Mädchen!"

Schließlich kam ich an die Tür eines sehr freigebigen Mannes. Er schenkte mir eine Mark. „Hier, mein Bester, trinken Sie einen Schnaps auf meine Gesundheit." Ich fragte besorgt zurück: „Einen? Ich finde, Sie sehen verdammt schlecht aus!"

Ich bin also in eine Kneipe gegangen und habe dort, weil ich ja Geld brauchte, eine Maus verkauft. Ich zog sie aus meiner Tasche und setzte sie auf die Theke. Plötzlich setzte das Tierchen zu einer Arie an – „La Traviata". Die Gäste waren sprachlos vor Staunen! Einer fragte sogar: „Wie viel wollen Sie für die Maus haben?" Ich meinte lässig: „Für zwei Mark können Sie sie haben."

Das Geschäft wurde abgeschlossen, und hocherfreut verließ der neue Besitzer das Lokal.

Sie fragen sich jetzt bestimmt, warum ich für die Maus nicht mehr verlangt habe. Ja, was soll ich mit ihr? Sie kann doch nur italienisch singen!

Als ich von meinem Zug um die Häuser wieder heimkam, herrschte große Aufregung.

Meine Frau hatte fünf Mark verschluckt. Ich schickte sie schnell zum Arzt. Sie erzählte ihm, sie habe fünf Mark im Stück verschluckt, fände aber bei der Kontrolle auf der Toilette immer nur Kleingeld. Da meinte der Mediziner: „Das ist nicht beunruhigend, liebe Frau. Sie befinden sich ja schließlich in den Wechseljahren."

Weil sie sich tatsächlich in den Wechseljahren befand und andauernd die Liebhaber wechselte, war auch der

Postbote bei ihr an der richtigen Adresse. Um mich loszuwerden, schickte sie mich in den Garten zum Holzhacken. Dabei habe ich mir leider den Daumen abgehauen. Das ist zwar jetzt ziemlich verheilt, aber mein Urlaub im August fällt jetzt ins Wasser. Ich wollte doch per Anhalter fahren.

Neulich hat sie sich noch ein dolles Ding geleistet! Ich ging daraufhin in die Bar und wollte meinen Kummer ertränken, aber nach dem zehnten Manhattan stellte ich fest, dass der Kummer schwimmen konnte. Ich knallte meine mitgebrachte, verschnürte Supermarkt-Plastiktüte auf die Theke und schrie: „Whisky, aber eine ganze Flasche!" Der Barkeeper fragte vorsichtig: „Na, Kummer gehabt?" Ich fing schon halb zu lallen an und erklärte: „Seit zehn Jahren spiele ich – hicks – jetzt schon Lotto, – hicks – immer dieselben Zahlen. Nie was gewonnen. Und heute bei der Ziehung – hicks – Junge, sechs Richtige." – „Und da haben Sie Kummer?" fragte der Barkeeper perplex. „Ja", – hicks – „meine Frau hat vergessen, den Lottoschein abzugeben." – „Oh, Gott", entfuhr es dem Mixer spontan, „der hätte ich glatt den Kopf abgerissen." Ich haute wieder meine Plastiktüte auf die Theke und lallte: „Was glauben Sie wohl, was ich hier drin habe?!"

Helau!

Einen mittelschweren Rausch nachahmend schildert der Vortragende den Vorfall. Manch einer hat vielleicht auch die bewusste Tüte dabei.

Ein fixer Verbraucher

Ich krieh als moi Zeitung un denk, ich hab Glick heit.
Was is doch moi Zeitung mol widder so dick heit.
Und wie ich se ufschlag', ein Blick, ein verschreckte,
do is doch moi Zeitung ganz voll mit Prospekte.
Un zwar so e Stapel, e richtig dick Knerzje,
un von moiner Zeitung bleibt nur e dünn Ferzje.
Grad vier derre Blätter, mehr gibt se nit her;
de Penny, de Hertie, der Aldi schreibt mehr.

Es gibt jo schun längst, un ihr wisst jo Bescheid,
Joghurt un Käs, un der Käs, der is light.
Seit neistem, do werd als fer Bier inseriert,
Bier, des wo light is – das Bier ist kastriert.
Für ein ganzes Pund Worscht kriehst du ungeloge,
im Fall, dass se light is, ein halbes gewoge!
Zum Abnehme wärs, un jetzt kimmt der Clou,
je mehr, dass ich esse, je mehr nehm ich zu.
Drum will ich kah light mehr, do krieh ich de Schlickse,
des is vakuumverpackte Beschiss in de Bixe!
Wer abnehme will, der soll doch stattdesse,
weil's preiswerter is, halt gar nix mehr esse.
Verkaaft doch viel besser – un ganz ohne Tricks –
nur vakuumverpackte Bixe mit nix.
Kuharsch in Dose werd dann aufgetischt,
doch die Dos is ganz leer, weil du 's Loch grad erwischt.

Moi Fraa kääft als Sache, ich steh uffem Schlauch,
die bei uns in der Tat kään Deibel mehr brauch'.
Unser Kinner sin groß, un die hot, Leute horcht,
nur, weil se billig warn, Windeln besorcht.
„Jetzt misse mehr halt", sprach sie, „geb der Mühe,
damit sich 's rentiert, noch mal Nachwuchs bald kriehe!"

Drei Jahr lang ham mir, ihr könnt's kaum ermesse,
geduldig uf 12 Kaste Pampers gesesse.
Drum schenkt sie se her, nach Zeit so ganz langer,
do isses passiert, un bums war se schwanger!
Da ham mir zwei Dolle, mit Pech jetzt gedaaft,
zum Wucherpreis kisteweis Windel gekaaft!
Do sprach unsern Doktor: „Es is ein Malheur,
Ihr Frau ist nicht schwanger, ein Bumbes hängt quer!"

Gebraucht hab ich neilich, jetzt bin ich gestraft,
per Zeitung e Wäschmaschin günstig gekaaft.
Un dann noch die Anschlüss, das klappt wie geschmiert,
persönlich daheim in der Wohnung montiert.
Weil Möbel sehr knapp sin, un weil ich es gern seh,
uf de Wäschmaschin drobbe, do steht unsern Fernseh.
Die Schnur der Antenne, stellt euch emol vor,
lääft direkt vom Fernseh ins Abwasserrohr.
Jetzt guckt aus der Trommel, das glaubt ihr mir kaum,
der Juhnjke und hat doch das Maul voller Schaum.
„Jawohl", sägt moi Fraasche, „geschieht ihm ganz recht,
der säuft wie e Loch und jetzt iss es ihm schlecht!"
Doch moin Jüngste, den hör' ich von hinne meutern:
„Wenn der jetzt nicht das Maul hält, dann stell' ich auf
                                                Schleudern!"

Was mich echt als ufregt, ihr könnt mich voll Prass seh,
wenn we'm Mehl ich in de Schlang an der Kass steh.
Un vor mir e Gluck, die quetscht sich zurick,
der hinner mir mault, die Gluck wär zu dick.
Der ääns weiter vorn, der brüllt wie e Stoffel:
„Fraa, glei sin mer droo, schnell bring die Kartoffel!"
Ich hab jo nur Mehl, do muss mer uf Draht soi,
der hinner mir schiebt mer soin Kaarn in die Wad noi.
Zu langsam geht's vorwärts, do krieh ich e Zorn,
ein Beutel Kartoffel knallt mir on de Knorn.

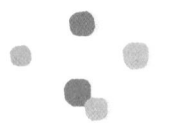

E Fraasche hot Äppelbrei falle gelosse,
ich guck, un do sin mir die Sprosse geschosse!
Un dann isses dunkel, der Strom, der fällt aus!
Im Nu renne alle zum Lade enaus,
mit ganz volle Wage enaus uf die Gass,
un ich Depp steh mi'm Mehl allä an der Kass!

Einmal im Monat zum Flohmarkt hie laaf ich,
ich handel wie err un Gebrauchtes dort kaaf ich.
Dort e Rheumadeck find ich, das is nicht geprahlt,
20 Mark wollt der ham, ich hab 30 bezahlt.
Den Kerl hab ich drokrieht, der hat's nit bedappt,
ich hab überhaupt gar kää Rheuma gehabt.
„Die Deck is voll Flöh!" rief moi Fraa, „tu se weg do!"
Unsern Dackel, der schnuppert un bellt als die Deck o!
Überall juckt 's mich, do müsst ihr verstehe,
uf der Deck ham schon Dutzende Köter gelehe.
Ich schenk se em Opa, der sagt ohne Mucke,
ihn tät in der Tat schun lang nix mehr jucke.
Jetzt juckt em es Fell, lääft uf alle Vier,
er strotzt voller Kraft un bellt an der Tür.
Dann frägt er die Oma, wann's wider so weit wär,
er macht vor ihr Männche, es längst höchste Zeit wär.
Jetzt will unser Oma, der fehlt doch e Zappe,
unbedingt auch so e Rheumadeck habbe.

Ich hab im August, als kään Trubel sich regt,
beim Förster im Wald schun moin Christbaum gesägt.
Drei Mark fer de Meter, der Baum ein Gedicht,
e Edeltann blau, so e Haselnussficht!
Un am Heiligen Abend, da stand – könnst verrecke –
der Baum in der Stub un war derr wie e Stecke.
Moi Fraa hot geschennt, un der Hund hat miaut,
da hab ich beim Nachbar ein Christbaum geklaut;
doch statt Christbaum hab ich, das könnt ihr grad wisse,
soi Wäschspinn halt aus em Bodem gerisse.

Elektrisch beleuchtet, ein Kabel liegt blank,
steht das Ding unner Strom am Wohnzimmerschrank!
Als unser Dackel sein Beinche nur einmal korz winkelt,
un nur mal versuchsweis die „Spinne" bepinkelt,
do zischt's in soi Schwänzje, ein Korze, was Schläg,
der geht seit der Zeit alle Bääm aus em Weg.
Wenns „Örtche" besetzt is, dann is er sehr froh,
dann hockt stets der Köter bei uns uffem Klo!

Ins Angebot kimmt, wenn der Sommer als naht,
im Garte do schießt er, der Holland-Salat.
Pro Köpsche Salat, und das müsst ihr erfahrn,
da kann mer bisweile 10 Pfennig schun sparn!
Ich kaafe 5 Steige, weil ich jo nit depp bin,
in jeder der Steige warn 12 ganze Köpp drin.
Tagelang ham mer, ihr könnt's kaum ermesse,
wie die Karnickel Salatköpp gefresse.
Zum Schluss ham mer schließlich, das ist nicht gekohlt,
die Karnickel vom Garte zum Fresse geholt.
„Ach Frauchen, ich glaub", sag ich ohne Faxe,
„dass mir aus de Ohrn Salatblätter wachse!"
„Das wär ja prima", rieft sie ganz benomme,
„'s werd Zeit, dass die Gurke ins Angebot komme!"

Vorbei iss für mich als Kunde die Hetz
demnächst dank dem neije Ladegesetz.
Das Beste doch wär, so denk ich ohne Clou,
ihr macht eijer Läde halt gar nit mehr zu.
Ich stell mir schun vor, dank Gesetz dem vertrackte,
dem Metzjer soi Fraasche, die schnarcht im Gehackte.
Ich wecke se uf un sag zu der Schachtel:
„Ich hätt gern e Vertel vom lauwarme Achtel!"
Beim Schuster, do krieh ich, das iss nicht gekohlt,
nachts um halb 11 noch die Schlappe besohlt.
Beim Bäcker, do kääft mer, weshalb die Leit platt sin,
anschließend Brötsche, die von morschens schun hart sin.

Doch brauchst du e Doktor, Pech haste bitte,
der krieht beim Frisör die Haar grad geschnitte.
Moi Autowerkstatt, die kann unnerdesse
mir nachts um halb 12 noch den Reifendruck messe.
Ich spring in moi Auto und eile hierher,
für euch „uff em Damm soi" des fällt mir nit schwer,
und grüß als „Verbraucher" von oberster Sprosse
euch alle im Sall als moi Leidensgenosse!

Otto Normalverbraucher

Ei, ich bin nit ganz kloor,
nein, ich seh nur so aus,
ja ich leb als Verbraucher
in Saus und in Braus,
ich lese Reklame
und lese des Blättche,
ei was kääft sich de Karl,
und was kääft sich des Kättche,
als Wegwerfgeselle geb ich keine Ruh,
ei ich bin mit moim eichene Müllsack per du,
und ich holt' mir diesen Anzug,
un man hat mir beteuert,
allerletzter Schrei, Marke Mitschelin Trentschkort,
aber rundum erneuert,
und so steh ich hier vor euch,
und mein Herz macht heut Luft sich,
in einer Hos' Größe Null
und einer Jack' Größe fuffzich,
und ich sing euch das Lied der Klamottenlegende,
den Saisonhit für alle Verbrauchskonsumente:
(singt)
eins, zwei, drei, vier, fünf, sechs, sieben,
wo ist nur mein Geld geblieben,
guckt mich an, wie steh ich da,
Grabbeltisch von C & A.

Ja, Konjunktur heißt das Motto von früh bis zur Nacht,
un der Eichel hat letztens im Fernseh gesacht,
das Volk brauchte Umsatz, mir sollte viel kaufe,
unsern Defizit tät' in Milliarde ersaufe,
ein jeder soll sich am Konsumgut bereichern,
sonst müsst' die Regierung den Staat hier versteichern,

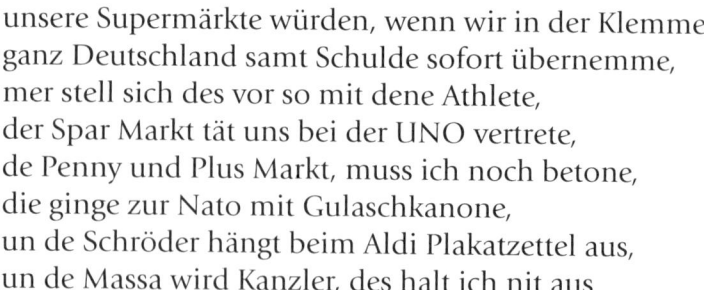

unsere Supermärkte würden, wenn wir in der Klemme,
ganz Deutschland samt Schulde sofort übernemme,
mer stell sich des vor so mit dene Athlete,
der Spar Markt tät uns bei der UNO vertrete,
de Penny und Plus Markt, muss ich noch betone,
die ginge zur Nato mit Gulaschkanone,
un de Schröder hängt beim Aldi Plakatzettel aus,
un de Massa wird Kanzler, des halt ich nit aus.

Ja, die Politiker wolle mehr Spielraum, sagen so viele,
ich sach, schickt se doch uf de Sportplatz,
                                dort kenne se spiele.
De politische Herrn de mahn uns zur Zeit in jeder Stund,
wer Geld spart, ist feig und bringt's Volk auf de Hund,
im Ausland wär Arbeitskraft immer noch willich,
mir wärn zu sozial, un drum wärn mir nit billich,
dene Politiker rat ich, die Freundschaft zu achte,
die solle den Gaul, den mir reite, nit schlachte,
und tun se nur einmal noch öffentlich maule,
die Arbeiter Deutschlands wärn satt und auch faule,
dann gehörn dene die Stund 10 Mark Lohn,
                                den schlaffe,
un dann derfe se ab in die Fabrik, un dann
                                lerne se schaffe.

Ja, ja, als Verbraucher, da erlebt mer schon Bosse,
was muss mer sich alles gefalle gelosse.
Die Stadt schickt e Rechnung, für Strom, Wasser, Gas,
es fehlt nur die Spalte für Fallobst und Gras,
ei um die zu begreife, muss ich ganz langsam denke,
un des Kleinhirn mim Großhirn dabei noch verrenke,
da steht was vom Zähler, Tarif und Verbrauch,
von Kilowattstund und Kubikmeter auch,
Prozente und Zahle in jeder Rubrik,
erst rechnet mer vorwärts, dann wieder zurück,
dann zählt mer zusamme, Ergebnis addiert,

dann wird mit der Quersumme multipliziert,
bei dem Durcheinander, da sach ich euch glei,
da halt ich mich lieber an die Polizei,
gibt die mir e Knolle, da krieg ich gewiss
e klipp und klar Rechnung und nit so e Geschiss.

Ja, mir horsche auch Werbung, Südwestfunk,
                              Kanal vertel fünf,
da babbelt im Sender doch mojns als so e Pümpf,
moi Fraa will seit Woche noch immer vorm Wäsche,
den Babbeler im Radio telefonisch dann spreche.
Heut hat's geklappt, die riskiert sich e Lipp,
hängt's Telefon aus, hat den Kerl an de Stripp,
un der frägt ganz intim dann moi Fraa, dieser Bittel,
ei, wie war dann die Nacht und wie eng ist 'n ihr Kittel?
Des geht Sie e Dreck o, set moini ganz zackisch,
ich wohne in Meenz und schlafe nur nackisch,
ach, Mainz liegt am Rhein, sagt dann wiederum der,
dann haben Sie sicher viel Fremdenverkehr,
ja, ja, set moi lieb Theres,
warum denn auch nicht,
nur montags und mittwochs,
moin Maonn, der schafft Schicht.

Japanische Autos, die wärn ja so billich,
so e Sushibomber, ihr Leut, ei den will ich,
denn Ersatzteile gibt es zwar bis in die Nacht,
doch halt nur in Tokio, in de Kakafuijagass 8.
In dem Autohaus war so ein kleiner Japaner am Flitze,
ei der is ja im Stehe noch kleiner, als wenn er tut sitze.

Un da sacht er immer nur:
Mitzubischi Honda Honda Hop hop hop,
deutsche Autos Konkurrenz, Umsatz stop.
Ich sach, ich jag dich zurück uf de Berch Futschijama,
seitdem du im Land bist, is alles e Drama,

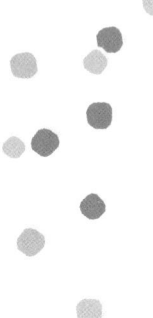

erst kimmste vom Ausland un tust uns beschnuppern,
dann bauste Fabrike un tust uns belubbern,
mein Urlaub und auch moi tarifliche Grippe,
bringst du in Gefahr mir mit all deiner Sippe,
moi Lust auf dein Auto hat hiermit ein Ende,
denn Japan zahlt später mir auch nit moi Rente,
ich pfeif' uf deu Schüssel, jetzt sollst du mal seh,
ich geh bei de Opel und kaaf mir'n VW.

Ja, mir sind ja auch heiztechnisch total schon versiert,
mir kenne die Ausdrück schon ganz wie geschmiert,
hockt zärtlich moi Fraa bei mir uffem Schoß,
lässt sämtliche technische Worte sie los.
Ich bin deu Atomkraft, ach, dusde se pürn,
komm, tu mol moi Raumthermostatche berührn,
ich hab manometergesteuerte Wade,
ich bin wie e hunnerter Speicher gelade,
du hast doch die Heizkraft genau an der Stell,
du weißt, was ich meine, ei komm doch ganz schnell,
da sag ich, zu spät schon, ich fühl' mich geprellt,
moi Brenner ist längst schon auf Nachtstrom gestellt.

Ja, ich bin ein Verbraucher so wie ich und wie du,
und zu dene Blechbüchsverpackunge
sag ich euch eins nur dezu.
hab ich emol Hunger und kann nit mehr warte,
auf Erdnüss, auf Rollmöps, auf Fisch in Tomate,
reiß' ich mir die Büchs auf, die vorher noch klemmt,
fliegt der Fisch an die Deck und die Soß auf mei Hemd,
doch klappt des nit immer, ich sach 's ohne Bluff,
meist knurrt mir de Mache, die Büchs geht nit uff,
un ich denk an des Lied von dem Sänger mim Splien,
von wechen den Nippel die Lasche durchziehn,
doch kaum zieh ich am Nippel, da komm ich in Trab,
da reißt mir die Lasch doch am annern End ab,

ich probier 's mit de Zäh, die Büchs is schee rund,
un da flieht mir die Backezahnplomp ausem Mund,
un da hilft mir nur eines, zieh ich auch 'ne Brutsche,
ab ab zum McDonald un e Hamburger lutsche.

Ja, laut Eieruhrordnung dreiviertel mit Sand,
hab ich hier moi Wahlspruch genau in der Hand,
ich geh zum Verein hier, hier brauch ich kein Nippel,
hier krieg ich moi Fleischworscht gekringelt mim Zippel,
e Freikart, e Orden, e Platz in der Bütt,
und so Leut, wie ihr seid, mehr will ich doch nit,
und so grüß ich euch alle mit lautem Gedeenz,
euern Otto Normalverbraucher aus Meenz.

Helau!

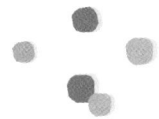

Armer, armer Kerl

Ach, Leute, mich hat es ganz furchtbar getroffen! Jede Nacht leide ich an Schlaflosigkeit. Das kommt, weil ich im Schlachthof angestellt bin und dort immer die Schafe zählen muss. Ich bin schon ein armer Kerl.

Vor meiner Arbeit im Schlachthof hatte ich eigentlich einen ganz netten Bürojob. Da gab es eine ganz tolle Kollegin. Eines Tages habe ich zu ihr gesagt: „Letzte Nacht habe ich geträumt, dass Sie mich lieben, was mag das wohl zu bedeuten haben?" Meinte sie: „Das bedeutet, dass Sie geträumt haben!" Ja, ich bin schon ein armer Kerl!

Sein Kostüm ist bunt zusammengewürfelt – zu kurze Hosen, zu lange Jacke, bunter Schal, Safarihut …

Und was soll ich Ihnen sagen; schnauzt mich nach der Abfuhr auch noch mein Chef an: „Was denken Sie sich eigentlich dabei, den ganzen Tag im Büro zu pfeifen?" – „Verzeihung, Chef", habe ich freundlich geantwortet, „aber ich dachte, Sie würden sich freuen, wenn ich trotz meines Gehaltes noch so fröhlich bin!" Da wurde er plötzlich rot vor Wut im Gesicht und schnauzte mich schon wieder an: „Wissen Sie, was subtrahieren bedeutet?" – „Ja, aber selbstverständlich weiß ich das, subtrahieren bedeutet abziehen", antwortete ich. „Toll", meinte er, „dann subtrahieren Sie sich mal aus meiner Firma!" Ja, ich bin schon ein ganz armer Kerl.

Wir haben ja noch unseren Opa zu Hause. Der kommt immer auf verrückte Ideen. Einmal schlug er uns ein kleines Spiel vor. „Los, wir stellen jetzt Fernsehsendungen pantomimisch dar." Meine Frau fing sofort an. Sie nahm unseren Dackel und warf ihn aus dem Fenster. „Na", wollte sie wissen, „welcher Film war das?" – „Das ist doch leicht", meinte der Opa, „das war ‚Hunde wollt Ihr ewig leben?'" Dann bin ich aufgestanden. Habe unseren Kanarienvogel genommen und auf den Kaktus

gesteckt. „Na, wisst ihr das auch?", habe ich gefragt. „Aber sicher", meinte meine Frau, „das war ‚Dornenvögel'!" Dann nahm der Opa sein Gebiss aus dem Mund und warf es genau an das Geweih, das an der Wand hing. Jetzt kamen wir aber ins Grübeln, was das für ein Film sein sollte. Da meinte der Opa: „Mensch Leute, das ist doch wirklich ganz einfach, das ist ‚Die Brücke am Kwai'!" Mein Sohn kam mit einem Döner Kebab nach Hause, hielt sich den ans Ohr und fragte: „Wisst ihr auch, was das für ein Film ist?" Wir haben uns alle nur fragend angesehen. „Ist doch ganz einfach, das ist ‚Das Schweigen der Lämmer'."
Neulich war ich mit dem Auto unterwegs, bis ich bei einem Bauern klingeln musste. Ich sagte zu ihm: „Zwei deiner Hähne taugen nicht mehr für die Hennen!" – „Woher wollen Sie das denn wissen?" fragte er. – „Ich hab sie eben überfahren!", sagte ich und drückte ihm die lieben Toten in die Hand. Danach blutete mir die Nase. Ja, ich bin schon ein armer Kerl! Dann hat der auch noch die Polizei gerufen. Die ist auch gekommen, war der Hammer! Was bin ich für 'n armer Kerl! Guckte der Polizist mich an und meinte plötzlich: „Habe ich Ihnen nicht vor einem Monat den Führerschein abgenommen?" – „Wie?", fragte ich ganz erschrocken. „Haben Sie den etwa verloren?"
Vor kurzem hatte ich ja noch ein schweres Eisenbahnunglück. Als der Zug durch einen Tunnel fuhr. wollte ich ein Mädchen küssen, erwischte aber ihren Vater. Ja, ich bin schon ein armer Kerl! Wirklich!
Gestern hätte ich ja beinahe meine Uhr verloren. Ja, die Uhr war stehen geblieben, und ich bin weitergegangen.
Auf unserem letzten Zug durch die Gemeinde hatten mein Freund und ich einen über den Durst getrunken. Auf dem Heimweg blieben wir auf einer Brücke stehen. Da meinte der Gerd: „Du, guck mal, da unten ist der Rhein!" Ich sagte: „Du spinnst, das ist doch nicht der

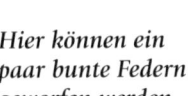

Hier können ein paar bunte Federn geworfen werden.

Rhein, das ist ganz klar die Mosel!" – „Nein", behauptete er, „das ist unter Garantie der Rhein!" – „Ach komm, hör auf", sagte ich, „du bist ja besoffen, das ist die Mosel!" – „So besoffen kann ich gar nicht sein, dass ich den Rhein nicht von der Mosel unterscheiden kann! Das ist ganz klar der Rhein! Und damit du mir das glaubst, geh ich jetzt da runter und sehe genau nach!" Dann hat der sich an der Brücke runtergelassen und hat nachgeschaut. Nach ewigen Zeiten kam er wieder, sah ziemlich lädiert aus und meinte: „Es ist doch nicht der Rhein!" – „Siehste", triumphierte ich, „habe ich es nicht die ganze Zeit gesagt, es ist die Mosel!" – „Nein, nein", meinte er, „es ist auch nicht die Mosel, es ist die A!" – „Häh?" fragte ich total verständnislos. „Die Ar, welche Ar?" – „Na", meinte er, „die A 5!" (oder Nummer einer anderen Autobahn)

Hier kann eine Zigarre und eine Banane präsentiert werden.

Zum Schluss noch eine Frage: Wissen Sie, was man zu mir sagen kann, wenn ich in einem Ohr eine Banane und im anderen Ohr eine Zigarre stecken habe? Na, ist doch völlig klar! Man kann sagen, was man will, ich höre ja doch nichts! Ja, ich bin schon ein armer Kerl!

Der werdende Vater

„Vater werden ist nicht schwer,
Vater sein dagegen sehr."
So sagt es ein Sprichwort heute,
doch ich sag euch, liebe Leute,
dass des Sprichwort gar nit stimmt,
wenn mer mal dehinner kimmt.

Ich wollte lang schon Vater wer'n
und auch mein Settche wollte gern,
doch da fing das Problem schon an –
wenn mer nur will und gar nit kann.
Denn mei Frau, die is nit frisch,
die hat doch gar kei Zeit für mich:
Turne geht se montags, mittwochs,
dienstags geht se in de Kochkurs,
donnerstags und freitags kegeln,
samstags, sonntags Bootche segeln.
Jetzt frage ich euch, liebe Leit,
wo bleibt für mein Vergnüge Zeit?
Und trotzdem heißt es, bitte sehr,
Vater werden ist nicht schwer.

Doch eines Tages, in der Nacht,
hab ich zu meiner Frau gesacht:
„Settche, auf, nit lang gefackelt!"
Zack, und prompt hat's auch geschnackelt.
Ich wusste gleich, es hat geklappt,
drum hab ich mir fünf Bier gezappt,
dann trank ich Wein und Sekt von Mumm,
Champagner, Whisky, Cognac, Rum,
Obstler, Korn und Jägermeister,
14 Flasche Kellergeister,

Aquavit und Äppelwoi,
Krimsekt, Schnaps und Löwenbräu,
Asbach mit Orangensaft –
so begann mei Vaterschaft.

Ich tu auch, un da hilft kein Fluche,
einen Wickelkurs besuche.
In diesem Kurs, da übe mir
mit Pamperswindeln aus Papier,
in einer kleinen Kinderstubb,
an einer lebensgroßen Bupp,
wie mer richtig wickeln dut.
Ich kann des ganz besonders gut!
Baby lege, Beine breit,
Mund zuhalte, wenn es schreit,
dadebei dann, mit viel Liebe,
Pampers unnern Boppes schiebe,
vorher wasche, trockne, föne
und auch pudern, öle, creme;
dadenach macht mer mit Ruh
den Pampersschnellverschluss gut zu;
guckt, ob die auch richtig sitzt,
und ist dann völlig nassgeschwitzt,
hat einen durchgedrehte Kopp,
nur vom Übe an de Bopp.
Is fix und fertig, kann nit mehr!
Vater werden, des is schwer.

Jetzt bin ich grade auch debei,
mach unser Haus von Keime frei,
damit, was leider oft passiert,
sich unser Kind nit infiziert.
Ich wasche in der Badewann
alles ab mit Sakrotan –
Tische, Stühle, Hocker, Bänke,
Teppichboden, Kleiderschränke,

die Tapete an de Wände,
wasch ich ab mit eigne Hände,
sodass die Zimmer für das Kind
ajaxrein hygienisch sind.
Ich lauf sogar, des is nit dumm,
mit Kopptuch und mit Mundschutz rum,
dass keine Keime von mir schieße,
du ich deheim auch nit mehr niese.
Mei Nas du ich, dem Kind zum Schutze,
nur noch drauß im Garten putze.
Ich lass sogar kein Bumbes mehr!
Vater werden, des is schwer.

Ich hab als Vater, des is klar,
dieselbe Schmerze wie mei Fraa.
Seit Wochen hab ich nämlich auch
ein leichtes Ziehen in meim Bauch,
bin ständig müd, brauch öfters Ruh,
mir falle als die Auge zu;
hab laufend Koppweh in meim Kopf,
ich fühl mich schlapp, ich armer Tropf,
und jeden Morgen ist mir schlecht,
mir schmeckt mein Bier nit mehr so recht.
Tagtäglich, Leut, des gibts nit mehr,
ess ich zwei Gurkegläser leer.
Nur meine Frau, die merkt fast nix,
die isst Ravioli aus de Bix,
isst Hering, Schnitzel, Kopfsalat,
auch Truthahnleber mit Spinat,
Blutworscht mit und ohne Griebe,
rote Beete, gelbe Riebe,
Leberkäs mit Spiegelei,
Rippche und Kartoffelbrei,
Joghurt, Quark un Appeltasche,
Schokolade dut se nasche,

außerdem, da leefste fort,
täglich drei, vier Stücker Tort',
trinkt Wein und Sekt, des is de Hit,
und fühlt sich trotzdem runderum fit.
Nur regt se sich, des is kein Bluff,
weil se zunimmt, furchtbar uff,
und sacht, dass ich da schuld dran wär –
Vater werden, des is schwer.

Natürlich muss ich, des is klar,
Rücksicht nehme uff mei Fraa.
Beispielsweise trag ich ihr
de Abfalleimer vor die Tür,
putz die Schuh und trockne ab,
was ich selbst gespült schon hab.
Ich achte drauf, des is kein Stuss,
dass sie nix Schweres hebe muss,
und desterwege, des is kloor,
les ich ihr aus de Zeitung vor.
Ich tu se kämme, föne, bade,
massier ihr täglich beide Wade,
ich reib se ein, am Abend meist,
mit Klosterfraumelissengeist.
Weil 's für sie selbst zu mühsam is,
putz ich ihr abends das Gebiss.
Ich staube ab und putz die Trepp'
und schaff' mich krumm wie'n Kordeldepp.
Ich du meim Settche, sozusagen,
alles vor de Hinnern trage.
Auch daran seht ihr, bitte sehr –
Vater werden, des is schwer.

Ich geh jetzt auch, des macht mich fit,
zur Schwangerschaftsgymnastik mit.
Dort liege ich, ganz im Vertraue,
zwischen 15 schwangre Fraue

auf em Rücke, recht bequem,
und finde des ganz angenehm.
Doch wenn die Übunge dann beginne,
manchmal denk ich dann, ich spinne:
Beine hoch, Händ unnern Po,
Fahrrad fahrn, des geht noch so,
dann die Beine strecke, beuge,
langsam kommt mer schon ins Keuche,
schließlich muss mer Seilche hippe,
mit em Oberkörper wippe;
dann heißt es in Doppelreih:
Hacke, Spitze, eins zwei drei,
immer wieder beuge, strecke,
bis du denkst, du dust verrecke;
dann muss mer noch, nit zum Lache,
zwanzig Liegestütze mache.
Dadenach is mer geschlaucht,
hat tausend Kalorien verbraucht,
is fertig wie ein Butzebär –
Vater werden, des is schwer.

Ich test jetzt auch schon, ohne Mist,
was mein Baby später isst.
Beispelsweise frühstück ich,
morgens früh am Frühstückstisch,
anstatt einem weichen Ei
Milupa Kinder-Fertig-Brei.
Mittags ess ich, nach em Bete,
drei, vier Gläsjer von Alete:
Huhn auf Reis, Spinat mit Soß',
Gulasch mit zerquetschtem Kloß,
und als Nachtisch, Extra-Tipp:
Äppelbrei der Firma Hipp;
dazu trink ich, ach wie schee,
Dr. Oetkers Baby-Tee

und jede Menge, des gibt Kraft,
von Dr. Kochs Karottensaft.
Abends esse ich, oh wei,
einen Teller Instant-Brei,
zerdrücke mir noch 'ne Banan'
und trinke dazu Lebertran.
Dann mach ich noch, wär ja gelacht,
mein Bäuerchen, sag „Gute Nacht"
und hab dann Hunger wie ein Bär –
Vater werden, des is schwer.

E Name finde, ohne Strunz,
is ziemlich schwer, nit nur für uns.
Denn neue Name, die sind „in":
wie Boris, Timo, Benjamin,
Sascha, Thorsten, Florian,
André, Sven, Sebastian,
Jennifer und Natalie,
Tanja, Julia, Melanie,
Sandra, Nina, Jessica,
Carmen und Olivia.
Früher nannte man sein Kind:
Zenzi, Gustel, Rosalind,
Emma, Hedwig, Erika,
Hulda, Gertrud, Ursula,
Kunigunde, Josefin',
Adalbert und Balduin,
Otto, Egon, Ferdinand,
Gottfried, August, Hildebrand.
Auch mir schwebt vor, in meinem Geist,
dass unser Mädche Lisbeth heißt,
und ein Bübche, dachte ich,
nenne mer Kurt-Friederich.
Doch sacht mei Fraa, die alte Henne,
da kannst es auch gleich Hoppes nenne.

Ich tu sogar, in meinem Wahn,
Kinderwage probefahrn.
Dazu leg ich, ihr seid jetzt baff,
einen großen Spielzeugaff
in de Waage und schieb los
durch die Haupt- un Grabestroß.
Und gestern traf ich arme Sau
eine Freundin meiner Frau,
die sogleich, obwohl mir graute,
in den Kinderwagen schaute.
Guckte rein, und rief dann aus:
„Des Kind sieht wie sein Vater aus."

So, ihr seid bestimmt nit bös,
ich werd aber schon nervös,
deshalb haue ich jetzt ab,
sonst wird mir die Zeit zu knapp.
Die Geburt, da gibts kei Frage,
steht bevor, ich spür's im Mage.
hab ein Kribbeln schon im Bauch,
bestimmt hat des mei Settche auch.
Drum guck ich jetzt, wie's ihm so geht,
ich hoffe, ich komm nit zu spät.
Zum letzten Mal ich jetzt erklär,
Vater werden, des is schwer!
Wer's nit glaubt, is nit verrückt,
er soll's probiern, ich hoff, es glückt.

Helau!

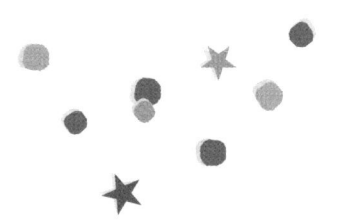

Auf dem Standesamt

Ich hatte ja mal einen Job auf dem Standesamt. Da kann man Dinger erleben, also ich kann Ihnen sagen! Nicht nur bei Trauungen, die haben sie mir sowieso nicht zugetraut, nein auch sonst, also ehrlich!

Sitze ich da so kurz vor neulich hinter meinem Schreibtisch. Kommt einer reinmarschiert und schreit: „Hallo, hallöchen! Da bin ich. Nein, was ist das eine Freude!" Dabei versucht er verzweifelt die Tür hinter sich zu schließen. Aber es will und will nicht klappen.

Ich habe gesehen, dass er das in seinem momentanen Zustand – so leicht berauscht – wohl kaum schaffen würde, darum habe ich gesagt: „Nun lassen Sie mal, ich mache das schon." Doch als ich gerade aufstehen will, versetzt er der Tür einen Tritt. Die Türe fällt wahrhaftig ins Schloss. „Na, warum nicht gleich so!", hat er getönt. „Hälst mich erst unnötig auf, das muss doch nicht sein, du Luder! Ich habe weiß Gott Wichtigeres zu tun!"

Als er dann auf mich zuwankte, habe ich ihn aufgefordert: „Nun nehmen Sie doch erst einmal Platz, und dann sagen Sie mir, was Sie wünschen."

„Wünschen?", er schaute mich fragend an und ließ sich dann auf den Stuhl fallen. „Wünschen ist gut! Wissen Sie was? Ich wünsche gar nichts. Im Gegenteil, ich bin wunschlos glücklich! Das können Sie sich gar nicht vorstellen, meine Herren!"

„Ich glaube Ihnen ja", beruhigte ich ihn. „Sie haben wohl einen süßen Grund, dass Sie hierher kommen, oder haben Sie sich in der Tür geirrt?"

Jetzt schaute er mich aber ganz vorwurfsvoll an. „Und ob ich einen Grund habe, hier aufs Standesamt zu kommen, meine Herren! Einen Grund, dass ich nicht lache! Ich habe zwei Gründe, und was für Gründe, das

Als angeblicher Standesbeamter sollten Sie schon im Anzug auftreten. Auch hier bietet es sich an, den Part des Angetrunkenen stimmlich und gestisch entsprechend zu gestalten.

sage ich Ihnen! Das können Sie sich überhaupt nicht vorstellen! Ich bin ja so glücklich, meine Herren, ach, was bin ich glücklich!"
Langsam wurde ich jetzt ärgerlich und sagte schon nicht mehr ganz so freundlich: „Wollen Sie mir die Gründe nicht endlich nennen?"
„Natürlich, natürlich! Sofort sage ich Ihnen meine Gründe! Ach, was bin ich glücklich!" Mein Besucher strahlte über das ganze Gesicht. Dabei wackelte er aber bedenklich auf dem Stuhl hin und her. Mit nicht mehr ganz sicherer Stimme fuhr er fort: „Ach, sowas von glücklich! Sie können sich gar nicht vorstellen, wie glücklich ich bin! Diese Freude, meine Herren, diese Freude! Ich möchte die Geburt von Zwillingen anmelden, meine Herren!"
„So, so, Zwillinge also, ja dann meinen herzlichen Glückwunsch aber auch!" Ich stand auf und schüttelte ihm die Hand. Dann fragte ich ihn: „Aber was mich interessiert, warum sagen Sie dauernd 'meine Herren'? Ich bin doch ganz alleine hier!"
„Was?" fragte er plötzlich ernüchtert, „tatsächlich?! Wirklich ganz alleine? Sie sind ganz alleine hier? Dann muss ich aber schnell nach Hause und noch mal nachzählen!"

Helau!

Der zerstreute Professor

Der Professor trägt Gehrock, Zylinder sowie einen hellen und einen dunklen Schuh. Sein linker Daumen ist verbunden. Nachdem er umständlich seine randlose Brille aus dem Etui geholt und aufgesetzt hat, beginnt er zu sprechen.

Ist Ihnen das auch schon passiert? – Als ich mich gestern abend totmüde in mein Bett legte, wusste ich nicht, ob ich das Licht ausgemacht hatte. Ich stand wieder auf, machte ein Streichholz an und riss dabei ein Bild von der Wand. Ich stellte fest, dass alles aus war. Dann ging ich wieder ins Bett, vergaß mich aber hinzulegen und hab tatsächlich die ganze Nacht im Bett gestanden. Am Morgen wollte ich das Bild wieder aufhängen. Als ich zuschlug, fehlte mir der Nagel – jetzt habe ich einen dicken Daumen.

Beim Frühstück fragte meine Frau: „Was sagst du dazu? Das Lieschen Müller von nebenan ist im Freudenhaus gelandet." – „Warum nicht", antwortete ich, „die hat doch schon immer gerne gelacht." – „Und die Familie Schmidt von vis-à-vis hat nach nur viermonatiger Ehe schon einen kräftigen Stammhalter bekommen. Und was sagst du dazu?" – „Nee", rief ich, „das ist ja gar nicht möglich, nach vier Monaten ist so ein Kind noch gar nicht lebensfähig!" Dann las sie aus der Zeitung vor: „Von der Zugspitze stürzten wieder zwei Mann ab." „Ja", meinte ich, „sind die selbst schuld, was müssen die auf so einer Lokomotive herumklettern."

Dann ging ich zum Arzt. Der fragte mich: „Wie schlafen Sie, Herr Professor?" Ich sagte: „Wie üblich, Herr Doktor, liegend, mit geschlossenen Augen." Meinte er: „Im Hals haben Sie's auch. Gurgeln, nix wie gurgeln, das tötet die Bazillen." – „Herr Doktor, wie bring ich den Bazillen denn das Gurgeln bei?", fragte ich nach. Und dann: „Herr Doktor, meine Frau glaubt schon drei Tage, sie wäre ein Huhn, ist das schlimm?" – „Und ob, Herr Professor, das ist eine Wahnvorstellung. Warum sind Sie damit nicht sofort zu mir gekommen?" – „Warum? Ja, wir brauchten die Eier wirklich sehr dringend!" Zuletzt fragte ich ihn, ob er mir nichts gegen meine kalten Füße verschreiben könne. Grinste er: „Wenn ich kalte Füße habe, wärme ich sie mir bei meiner Frau im Bett. Das müssen Sie auch tun." Darauf ich: „Ist gut, wann hat denn Ihre Gattin mal Zeit?" Abschließend stellte er bei mir noch eine Bläschenkrankheit fest und verordnete: „Dreimal täglich einreiben mit Toilettenwasser." Hat aber nicht geklappt, denn jedesmal, wenn ich mich einreiben wollte, ist mir die Lokusbrille auf den Kopp gefallen.

Neulich ging ich zum Friseur. Der sagte freundlich: „Herr Professor, Ihre Haare werden lichter, benutzen Sie unser Haarwuchsmittel?" – „Nee, nee", sagte ich, „die fallen von alleine aus." Hat er mir dann zwei Flaschen aufgeschwätzt. Als sich kein Erfolg einstellte, meinte er: „Die dritte Flasche bringt bestimmt den Erfolg!" – „Gut", lenkte ich ein, „aber wenn die auch nicht hilft, sauf ich das Zeug nicht mehr."

Dann holte ich im Tierladen Futter für meine Goldfische. Bekam eine Tüte Ameiseneier. Ich fragte nach: „Reicht man die den Fischen hart oder weich gekocht? Mit oder ohne Salz?"

Wieder zu Hause, setzte ich mich ins Nebenzimmer und las. Plötzlich rief meine Frau: „Mit wem sprichst du denn da?" – „Ich halte Selbstgespräche!", antwortete ich. Dann kam sie rein und wollte wissen, was ich da lese. Ich sagte: „Ich studiere einen Reiseführer nach Japan. Da ich kein Geld habe, mache ich die Reise eben im Geiste." – „Ja, du liest aber von hinten nach vorne." – „Klar, ich bin ja auch schon auf der Rückreise!"

Um sieben Uhr klingelte dann das Telefon. Ich hob ab, hörte und sagte: „Falsch verbunden, da müssen Sie die Wetterwarte vom Flughafen Lohausen anrufen. Ende!" Fragte meine Frau ganz neugierig: „Wer war denn drann?" – „Ach", winkte ich ab, „ein Idiot, wollte wissen, ob hier die Luft rein wär'."

Er holt das Brillenetui heraus und stellt fest, dass er die Brille nicht findet. Er holt ein zweites Etui heraus und will die zweite Brille auch aufsetzen. Er bemerkt, dass er bereits eine aufhat. Schließlich steckt er beide Brillen wieder weg.

Er zeigt erst den einen, dann den anderen Fuß vor.

Bin ich ins Theater gegangen. Traf ich Fräulein Müller. Die sagte: „Aber, Herr Professor, Sie haben ja einen schwarzen und einen braunen Schuh an." – „Und stellen Sie sich vor", gab ich zurück, „zu Hause hab ich noch genau so 'n Paar." Dann fragte ich: „Waren Sie gestern abend im Theater?" – „Nein", meinte sie, „ich war zu müde und bin direkt ins Bett gegangen." – „So, so", sagte ich, „und war der Besuch gut?"

Einmal machte ich eine Studienreise nach Italien. Die Sixtinische Kapelle hab ich nicht besucht, nee, ich hab mich gar nicht mit Musik befasst. Als ich nach Wochen spätabends nach Hause kam, schlich ich ins Schlafzimmer, um meine Frau nicht zu wecken. Was musste ich beim Schein der Nachttischlampe sehen: einen fremden nackten Kerl bei meiner Frau im Bett. Da riss mich die Wut! Ich schmiss beide achtkantig raus. Als ich dann die Deckenbeleuchtung einschaltete, stellte ich fest, dass ich mit dem Fahrstuhl eine Etage zu hoch gefahren war. Schuld an meiner Verwirrung war wohl die heiße Sonne in Italien.

Er holt ein großes Taschentuch hervor und tupft sich umständlich die Stirn, bevor er weiterspricht.

Manchmal gehe ich mittags in ein großes Lokal. Einmal sagte ich zu einem dunkel gekleideten Herrn: „Herr Ober, ich bin mir nicht im klaren, ob ich mein Essen noch nicht bestellt hab oder ob ich es nur noch nicht bekommen hab. Oder hab ich vielleicht schon gegessen?" Sagte der Herr: „Hier gibt es nichts zu essen! Das hier ist die Lesehalle der Universität."

Abends war ich dann eingeladen, da setzte ein wolkenbruchartiger Dauerregen ein. „Herr Professor", lud mich die Gastgeberin ein, „Sie können hier schlafen. Da müssen Sie nicht in den bösen Regen hinaus." – Ich dankte höflich. „Kann ich dann bitte mal eben austreten?" Dann haben sie mich eine Stunde lang im ganzen Haus gesucht. Endlich fanden sie mich vor dem Haus auf der Treppe sitzend. „Herr Professor", rief die Hausfrau entsetzt, „sie sind ja klitschnass. Was ist passiert?" – "Ja",

sagte ich, „Sie hatten mich doch zur Übernachtung eingeladen, da bin ich schnell nach Haus gelaufen und hab mir meinen Schlafanzug geholt!"
Doch nun muss ich schnell noch in das Lokal der Universität. Da hab ich wohl meine Brille vergessen.

Helau!

Ein Mann mit ohne Haar

Helau – ihr Haarige un Plattköpp!
Man braucht sich werklich nit zu schäme,
ein jeder Mensch hot soi Probleme.
Dem ääne is zu fett die Worscht,
der anner hot e Riese-Dorscht,
der nächste hot vielleicht kää Geld,
weil dem die Arbeit nit gefällt.
Nun gibt es Leute, des is wahr,
die Sorgen haben um ihr Haar.

Was hab ich alles schon probiert!
Ein Vermöge uff die Birn geschmiert!
Man liest so oft und überall,
es gäb was gege Haarausfall.
Der ääne määnt es käm vom Suff,
de Doktor sagt: „Mach Rotlicht druff!"
Des war geloge jedes Wort,
die Glatz is do, moi Geld is fort.

Nahm's beste Shampoo für zum Wasche;
dehääm stehn noch die leere Flasche.
Bin zu de Drogerie gerennt,
wie Feier hot moin Deets gebrennt.
Als ich des Etikett gelese,
war's Gift for Hinkelsläus' gewese.

Ich lieb' Tamtam und den Rabatz,
doch Schwierigkeite macht die Glatz.
Gehst du zum Tanz, du werst meschocke,
hawwe die nur Chance, die mit Locke.
Im Winter, wenn der Schnee dann fällt,
kriegst du de Pips, bist gleich erkält'.

Kremst du im Sommer nicht die Stirn,
hast du gleich Blose uff de Birn'.

Beim Haarschneiden mir nit gefällt,
dass ich bezahl desselbe Geld
für die paar Häärcher uff de Seite;
er braucht doch nur die Hälft' zu schneide!
Und außerdem, des is e Hohn,
verlange die noch Finderlohn;
ob ihr es glaubet odder nit,
host du e Platt, machst du was mit!

Stehst du vorm Spiegel mojns, sehr eitel,
versuchst zu kämme dir e Scheitel,
und schwieriger werd's jeden Tag.
Das ist ein Drama ohne Frag',
do arbeit' mer mit jedem Trick,
e paar nach vorn, e paar ins Genick!
Ihr wärt all' platt, wie ich des mach:
wie'n Bietel mit em Schiebedach!

Mein Freund sagt zu mir: „Was e Bluff!
Spar Geld un setz e Dupée uff".
Des würd verjünge und mir steh;
so viele hätte falsche Zäh',
verliert mer die un find' se nimmer,
konn mer nit beiße, des is schlimmer.

Ich hab mich kurzerhand entschlosse
und mir in Blond ääns schicke losse.
Ich setzt' es uff un habs probiert,
bin gleich mit uff die Gass' marschiert
un stolpert' an der erste Eck'.
Do lag die Schönheit schun im Dreck;
ich kloppt' es zweimal übers Knie
und hockt' es owwe widder hie.

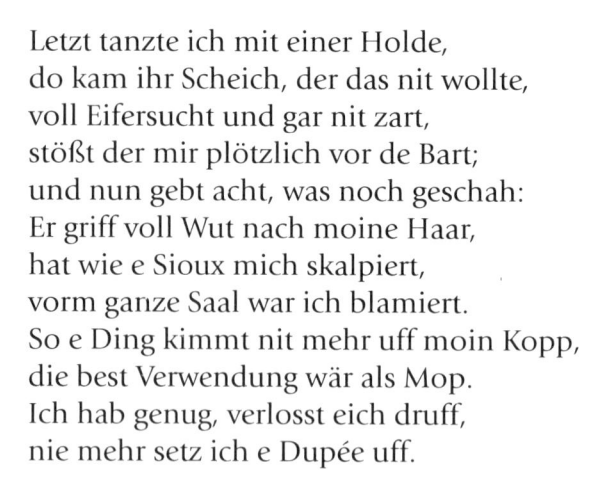

Letzt tanzte ich mit einer Holde,
do kam ihr Scheich, der das nit wollte,
voll Eifersucht und gar nit zart,
stößt der mir plötzlich vor de Bart;
und nun gebt acht, was noch geschah:
Er griff voll Wut nach moine Haar,
hat wie e Sioux mich skalpiert,
vorm ganze Saal war ich blamiert.
So e Ding kimmt nit mehr uff moin Kopp,
die best Verwendung wär als Mop.
Ich hab genug, verlosst eich druff,
nie mehr setz ich e Dupée uff.

Wer'n Plattkopp hot, der braucht kään Kamm,
er nimmt e Lappe oder 'n Schwamm,
und ärgert sich des ganze Jahr,
weil uff soim Schwelles wächst kää Haar.
Erfindungen, die bringen Geld,
ich habs patentlich angemeld't,
ein Haarwuchsmittel ausgedacht,
jetzt horcht mol zu und gebt gut acht:

Des Abends in dem Kämmerlein,
reib fest mit Salz die Glatze ein,
stell nebers Bett, die ganze Nacht,
ein Glas mit Wein in goldner Pracht.
Jed Häärche, des nur kleiner Flaus,
kimmt durstig aus'em Kopp eraus
und will dann zu dem kühlen Nass,
so kriegt man Haare, uff Verlass!

Jetzt guckt ihr alle ganz verdutzt,
warum bei mir des nix genutzt.
Doch des Rezept hat seinen Haken:
Soll ich aus Eitelkeit mich plagen

und Dorscht aushalte, welch ein Graus?
Den Woi, den trink ich selber aus!

Drum Plattköpp, macht euch gar nix draus,
wie dunkel wärs doch hier im Haus,
wärn mir nit hier, stellt eich des vor,
und nehmt des alles mit Humor.

Lasst eiern Berzel ganz in Ruh,
trinkt eier Schoppe ab und zu
und tragt die Glatz mit Stolz un Freid,
denn Plattköpp, des sin' lust'ge Leit!

Der Friseurbesuch

Neulich sagte meine Frau zu mir: „Alter Junge, es wird Zeit, du musst zum Friseur!" Und da ich ja alles mache, was meine Frau sagt … Ja, was lachen Sie denn da so saublöd. Die macht ja auch alles was ich will. Erst gestern hab ich ihr noch gesagt: „Ach, mach doch was du willst!" Und das macht die! Ich bin also gehorsam zum Friseur gegangen.

„Wie wünschen denn der Herr die Haare geschnitten?", fragte der mich, als ich mich im Stuhl niederließ. „Jetzt sagen Sie nur nicht schweigsam, den Witz kenne ich schon!", fuhr der Haarkünstler fort. Wir lachten beide, und dann erklärte ich ihm genau, wie ich die Haare geschnitten haben wollte. Dann fiel mein Blick auf einen kleinen Terrier, der neben meinem Frisierstuhl saß und mich die ganze Zeit unverwandt anstarrte. Ja verwandt konnte er ja nicht gucken, denn ich kannte den wirklich nicht. „Einen reizenden kleinen Hund haben Sie da", sagte ich zum Friseur. „Wie heißt er denn?" Darauf der Friseur: „Der ist eine die und heißt Lady!" – „Aha", sagte ich, „Lady, ein hübscher Name." – „Ja, ja", meinte der Friseur, „und Sie glauben gar nicht, wie klug und aufmerksam der Hund ist. Vor einer Woche zum Beispiel hatte ich hier einen Kunden sitzen, der war recht zappelig. Aus Versehen habe ich ihm ein Ohrläppchen abgeschnitten. Lady hat es sofort aufgeschnappt, als es herunter fiel. Dabei ist sie anscheinend auf den Geschmack gekommen. Jetzt sitzt sie hier tagtäglich und wartet auf das nächste Häppchen!" Ich habe den Friseur ganz verdutzt und etwas beunruhigt angeschaut. Plötzlich stutzte der und meinte er: „Ach, mein Gott, jetzt erkenne ich Sie erst wieder. Sie waren doch vor ein paar Wochen schon mal hier." – „Ja, ja, das stimmt."

Der Vortragende kommt mit einer etwas merkwürdigen Frisur auf die Bühne – teils Igel, teils Tonsur.

„Wenn ich mich recht erinnere, wollten Sie doch damals direkt nach dem Besuch bei mir mit der nächsten Maschine nach Rom, stimmt das?", wollte er wissen. „Ja, ja, ganz recht." – „Und wie war es in Rom?" – „Also Rom hat mir sehr gut gefallen, am tollsten war ja die Audienz beim Papst!", strahlte ich. „Sie wollen mir doch nicht weiß machen, dass Sie auf einer Papstaudienz waren?", fragte er ungläubig. „Doch, das können Sie mir schon glauben!", entgegnete ich. „Ich war wirklich bei einer richtigen Papstaudienz." – „Na ja", meinte der Haarkünstler, „da haben Sie dann den Papst von weitem gesehen." – „Von wegen von weitem!", erklärte ich eifrig. „Ich habe direkt auf dem Boden vor dem Heiligen Vater gekniet. Und er hat mir mit seiner Hand über das Haar gestrichen." – „Wirklich vor dem Papst gekniet?", unterbrach er mich. „Und er hat Ihnen mit der Hand durch das Haar gestrichen? Das ist ja kaum zu glauben." – „Doch, das war aber so!"

„So, so. Mit der Hand durch das Haar gestrichen!", wiederholte der Friseur beeindruckt, „und hat er auch was zu Ihnen gesagt?" – „Ja, aber natürlich hat er mir auch etwas gesagt!" – „Ja, was denn?", wollte der Friseur jetzt wissen. „Na, er strich mir so über das Haar und schüttelte den Kopf und meinte dann ganz verwundert: „'Bei wem lässt du dir die Haare schneiden? Das sieht ja nicht nur furchtbar aus, es fühlt sich auch furchtbar an!'" Irgendwie hat mir der Friseur da was übel genommen. Nun bin ich auf der Suche nach einem andern Haarschneidespezialisten.

Ein Altstadtfriseur

Helau, ich grüße all moi Kunde,
die Rotblondierte und die Bunte,
wer in Meenz was uff sich hält,
hat sich bei mir schon angemeld.
Denn ich hab kürzlich über Nacht,
ein Hairstylestudio uffgemacht,
mit Leuchtreklame „Silberlocke",
ich hab als dreißig Leit do hocke,
da wird oft im Akkord toupiert,
gelockt, geschnitte, oigeschmiert.
Ich kämm die kahlste Herrenglatze,
ich stutz die größte Haarmatratze.
Moi Schere zuckt als kreiz un quer,
da kennt sich mancher selbst net mehr,
und sacht sich, nach dem Schnitt vom Fach,
vorm Spiegel selber Guten Tach.
Moin Lade in de Altstadt hinne,
der ist von jedem leicht zu finne.
Am Dom korz vor de Sackgass schräg
ist vis-à-vis der Diskothek
das Kirchenstift „Zum letzte Ritter"
und rechts davon sin Absperrgitter.
An dene, wenn mer links rum geht,
vor einer Hinweistafel steht,
mit schwarzer Aufschrift kurz und trocke:
Achtung „Meister Silberlocke".
Ein Haus noch aus der Gründerzeit,
ganz vorne wohne Doktorsleit
und unnern Dach am annern End
da ist ein Etablissement.
Do kriehst du von ner Domina
für deier Geld de Frack verhaa.

Nit, dass ich do was sage tät,
nur liegt der Eingang halt so bleed,
da hab ich sofort im Visier:
Wer geht enuff? Wer kommt zu mir?
Siehst du ein Kerl, der schon verschmitzt
ganz heimlich um die Ecke flitzt,
da weiß ich, der krieht unbestritte
alles – nur koo Haar geschnitte.

Friseure, wärs noch nit gewusst,
sind immer schon sehr pflichtbewusst.
In grauer Vorzeit, ungeloge,
hat mancher von uns Zäh gezoge.
Mir wusste alles in der Stadt,
wer fremd geht un wer Huste hat,
un auch die neuste Neuigkeit,
de hatte man stets griffbereit.
Heit sin die Leit ja so verschlosse,
rennst du mal jemand ohne Bosse
die Scheer ins Fleisch korz überm Krage,
der würd noch nicht mal Aua sage.
Ich mach auch für die modisch Fresche
oft fachgerechts Ohrringsteche.
Das liegt im Trend und sieht man gern,
bei junge Mädcher und bei Herrn.
Es schlimmste aber, ach Gewitter,
sind die verrückte junge Mütter,
die wünsche sich im Eifer blind,
schon Ohrring für das kleinste Kind.
Ach Schatzilein, die Mutti spricht,
ein kleiner Stich, das merkst du nicht,
doch zack, schreit Mamas Liebling wild,
den sie vor kurzem noch gestillt,
die Pampers stinke wie net klor,
doch Hauptsach ist, e Ring im Ohr.

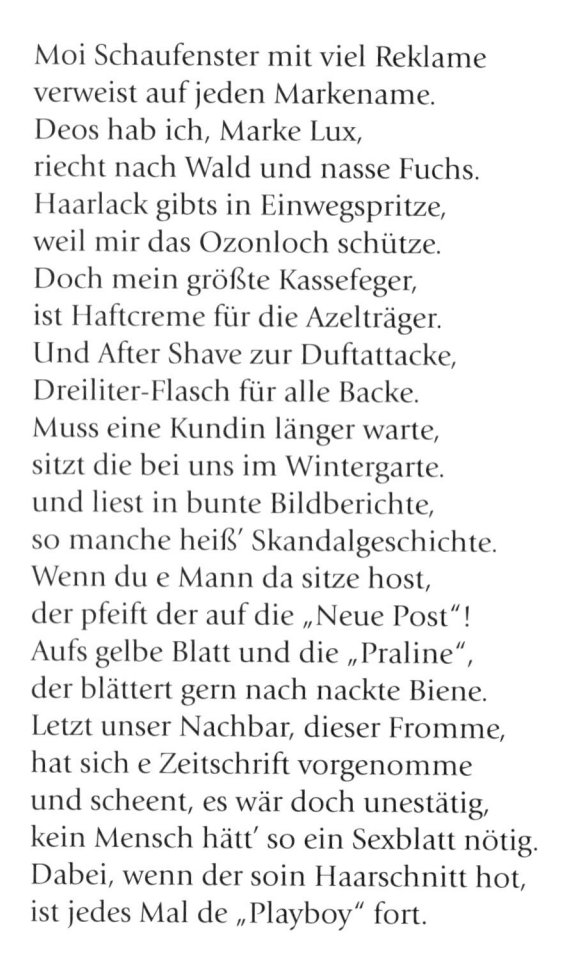

Moi Schaufenster mit viel Reklame
verweist auf jeden Markename.
Deos hab ich, Marke Lux,
riecht nach Wald und nasse Fuchs.
Haarlack gibts in Einwegspritze,
weil mir das Ozonloch schütze.
Doch mein größte Kassefeger,
ist Haftcreme für die Azelträger.
Und After Shave zur Duftattacke,
Dreiliter-Flasch für alle Backe.
Muss eine Kundin länger warte,
sitzt die bei uns im Wintergarte.
und liest in bunte Bildberichte,
so manche heiß' Skandalgeschichte.
Wenn du e Mann da sitze host,
der pfeift der auf die „Neue Post"!
Aufs gelbe Blatt und die „Praline",
der blättert gern nach nackte Biene.
Letzt unser Nachbar, dieser Fromme,
hat sich e Zeitschrift vorgenomme
und scheent, es wär doch unestätig,
kein Mensch hätt' so ein Sexblatt nötig.
Dabei, wenn der soin Haarschnitt hot,
ist jedes Mal de „Playboy" fort.

Ich steh auch lang schon auf der Liste
der fachgeprüfte Visagiste.
Ich hatt' bei einer Farbeschwester,
e Lehrgang von fast fünf Semester,
un war von dreißig Kerl und Weiber
de Beste, von de Sitzebleiber.
Wer mich schon einmal angeheuert,
fühlt sich danach wie runderneuert,
denn ich behandel jed Gesicht
mit einer dicken Spachtelschicht

un lass beim Schminke mir viel Zeit,
nehm je nach Teind und Faltigkeit,
meist wetterfest Fassadefarb,
da geht der Krempel ach net ab.
Letzt kam e Meenzer Faschingsstar,
er braucht e Inschrift in soim Haar,
denn modisch wärs de letzte Schrei,
ich hab gesagt, des ham mer glei,
greif sofort zur Elektroscheer,
fahr zweimal rauf und dreimal quer,
und wo einst ihm wuchs ein roter Schopf,
steht quer auf kahlem Hinterkopf,

Suchst du dir heit mol Personal,
da haste Kummer, Last und Qual.
Ich will euch werklich net belüge,
mer kann ja fast ko Deutsche kriege,
die wolle mit der Leidenstour
im erste Lehrjahr schon in Kur.
Drum hab ich für mein gutes Geld
auf Europäer umgestellt.
Getreu dem Motto, was bekannt,
mein Freund ist von em annern Land.
Heut kämmt bei mir geschickt, adrett,
französisch schnell, Madam Anett.
Die Franzi aus der Steiermark
macht Shampoo nur aus Kräuterquark,
und zum Rasiern wurd' mir ein Pole
vom Schlachthof Warschau sehr empfohle.
Doch hier in Meenz der größte Hit,
den schnellste deutsche Messerschnitt
macht Azül Iglü, ein Genie
vom Kebab Ali vis-à-vis.
Der hot in Izmir noch vor Johrn
pro Stunde fünfzehn Schaf geschorn.

Letzt hatt' ich mal e Aushilfskraft,
das Weib hat mich ja echt geschafft
Zwar könnt sie Dauerwelle nit,
doch mit dem Messer sei sie fit.
Ich hab des an em Freund probiert,
die hat sein Nacke ausrasiert,
da hat die Klinge sich geboge,
als hätt' se Hase abgezoge.
Die hat e Brill, mit solche Gläser,
moin arme Freund wurd als nervöser.
Ich sach, ko Angst, mach dir nix draus,
wenn die dich schneit, dann fliegt se raus.
Doch als das Handtuch sich verfärbt,
die Haut bedenklich dünn gegerbt,
hab ich die Tante, ungeloge,
spontan aus dem Verkehr gezoge.
Gab der sofort ihr restlich Geld,
un hab e Zeugnis ausgestellt,
mit Stempel und von mir gezeichnet,
für zarte Haut nicht ganz geeignet.
Heut schafft se mit dem selbe Wisch
bei Nordsee Meenz und putzt die Fisch.
Ich glab, es wird jetzt langsam Zeit
ich muss in moi Geschäft ihr Leit,
weil gerade jetzt an Fassenacht
hat sich viel Kundschaft angesacht.
Moin Präsident krieht ungehemmt
de Frohsinn ins Gesicht gekämmt.
Un erst soi Frau, das beste Stück,
die braucht e vierfarbbunt Perück.
Obwohl, wenn die mal Stimmung mache,
meistens drei Tag später lache.
Ich denk mir nur, macht was ihr wollt,
die Hauptsach ist, de Rubel rollt.
Drum bringt mir weiter euer Flocke,
es grüßt euch Meister Silberlocke.

Autofahrer im Stress

Hallo, liebe Freunde des Motors. 'n Abend Fußgänger! Ich bin ja inzwischen Autofahrer aus Leidenschaft. Auch wenn es so manche Leiden schafft. Ich kann euch ja mal aus meinem ereignisreichen Autofahrerleben erzählen. Ich kann Euch was sagen. Das ist schlimm ist das, jedes Jahr beginnt der Weihnachtsrummel früher. Die Leute sind wie verrückt. Ich konnte meinen Tankwart heute gerade noch daran hindern, in meinen Wagen neue Kerzen einzusetzen.

Mein erstes Auto habe ich ja vor langer, langer Zeit erstanden. Ich kann Ihnen was erzählen. Ich in so einen Gebrauchtwagenhandel, ja, was anderes konnte ich mir damals nicht leisten. „Schenken Sie uns Ihr Vertrauen!", meinte der Autohändler. „Wir stehen voll hinter jedem Gebrauchtwagen, den wir anbieten!" – „Na", habe ich gesagt, „hoffentlich nicht zum Anschieben!"

Ausstaffiert wie ein Rallyefahrer betritt der Redner die Bühne.

Habe ich mich in so einen Kleinwagen gesetzt. Fragte mich der: „Nun, wie gefällt Ihnen der Kleinwagen?" – „Ach", habe ich geantwortet, „an sich ganz gut, nur an den Zehen drückt er noch etwas!"

Ich habe den Wagen dann doch genommen. Da ich aber eigentlich einen mit Radio wollte, habe ich zu dem Verkäufer gesagt: „Ich hätte gern ein Autoradio." Fragte der Verkäufer: „Lang-, Mittel- oder Kurzwelle?" – „Kurzwelle reicht", habe ich geantwortet, „Es ist ja nur für einen Kleinwagen."

Aber dann beim Fahren immer unsere Freunde und Helfer. Kennen Sie auch das Problem? Also ehrlich! Überholt mich so einer und bremst mich aus: „Haben Sie denn das Stoppschild nicht gesehen?" – „Doch", habe ich gesagt, „aber Sie nicht, Herr Wachtmeister." Plötzlich meinte der Polizist noch: „Mann, Ihr Wagen

Wenn der Autofahrer seine Erlebnisse mit dem Polizisten schildert, sollte er dieser Figur eine ganz besondere Tonart geben. Das bringt Farbe in den Vortrag.

hat ja kein Nummernschild!" – „Na und, mein Bester? Das ist doch absolut überflüssig! Ich kenne doch die Nummer auswendig!"

Nach ein paar Wochen fuhr ich mit meinem neuen Gebrauchten zur Tankstelle.. „Bitte einen Ölwechsel!" Meinte der Tankwart: „Wenn ich Ihnen einen Rat geben darf, ich behalte mein Öl und Sie wechseln Ihr Auto!" Vor lauter Schreck fuhr ich mit meinem klapprigen Auto bei Rot über die Kreuzung. Hält mich ein Polizist an und sagt: „Halt, 50 DM!" – „Einverstanden", habe ich spontan geantwortet, „das Auto gehört Ihnen!"

In der Werkstatt kam die Stunde der Wahrheit: „Na, was macht mein schönes Auto?", habe ich gefragt. Meinte der Meister: „Erst die gute Nachricht. Handschuhfach, Aschenbecher und Sonnenblende waren einwandfrei in Ordnung."

„Was?", fragte ich erstaunt. „Meister, als ich vor einem Monat den Wagen bei Ihnen kaufte, sagten Sie, der hält mein Leben lang. Und jetzt ist er schon kaputt!" – „Ja, vor einem Monat", meinte der Meister, „da sahen Sie ja auch unheimlich krank aus, mein Herr!" – Ja, so kann es einem gehen.

Bin ich zu einem anderen Autohändler gegangen und habe mir dort einen tollen Sportwagen gekauft. Zwei Tage später bin ich wieder in die Werkstatt. Ich sagte: „Meister, das Getriebe ist total hin." Da haben die mir dann auf Garantie ein neues Getriebe eingebaut. Zwei Tage später musste ich doch tatsächlich schon wieder in die Werkstatt – wieder das Getriebe. Da haben die schon ein bisschen komisch geschaut, haben mir aber noch mal ein neues Getriebe eingebaut. Zwei Tage später bin ich wieder hin – Getriebe im Eimer. Da haben sie den Chef geholt. Der schüttelte nur mit dem Kopf und fragte mich dann: „Jetzt sagen Sie mir doch mal: Wie fahren Sie denn Auto?" – „Na, ganz normal", habe ich geantwortet.

1. Gang rein – beschleunigen auf 40;
2. Gang rein – beschleunigen auf 80;
3. Gang rein – beschleunigen auf 100;
4. Gang rein – beschleunigen auf 130
5. Gang rein – beschleunigen auf 160;
… und dann kommt der 6. – der Ralleygang!"
Da musste ich das Getriebe selbst zahlen.

Aktionsreich wird das Einlegen der Gänge geschildert.

Eines Tages hatte ich einen tragischen Zusammenstoß mit einer Katze. Ich bin zu der Bäuerin gegangen und habe gesagt: „Entschuldigen Sie, aber ich habe Ihre Katze überfahren. Selbstverständlich werde ich sie Ihnen ersetzen!" – „So, so, lieber Mann, Sie können also wirklich Mäuse fangen?"

Kurz drauf stoppt mich ein Verkehrspolizist und sagt: „Sie sind in der falschen Richtung durch die Einbahnstraße gefahren." Habe ich ganz erstaunt gefragt: „Aber sagen Sie mal, lieber Herr Wachtmeister, warum muss der Fehler immer bei mir liegen? Vielleicht haben Ihre Kollegen ja auch das Schild falsch aufgestellt!" Da wurde er total fuchtig und schnauzte mich an: „Jetzt geben Sie mir aber sofort Ihren Führerschein!" Da platzte mir der Kragen! „Das geht mir denn jetzt doch aber langsam auf den Geist, die dauernde Fragerei nach meinem Führerschein, Herr Wachtmeister!" Brüllte der los: „Haben Sie ihn nun bei sich oder nicht?" – „Wie soll ich ihn bei mir haben", antwortete ich, „wenn die Polizei ihn mir immer wieder abnimmt!"

Dann hatte ich großes Pech mit meinem Sportwagen. Beim Manöver habe ich einen Panzerspähwagen gerammt. „Mensch, haben Sie uns denn nicht gesehen?", brüllte der Feldwebel mich an. „Euch gesehen?", habe ich gefragt, „ich hätte euch doch gar nicht sehen dürfen, oder?"

Vor ein paar Tagen kam ich in eine Verkehrskontrolle. Der Polizist nahm die Fahrzeugpapiere entgegen und schaute sich im Wagen um. Sagt der plötzlich: „Sie, das geht doch nicht. Sie sind ja hier zu fünft in einem Audi Quattro. Da ist einer zu viel drin. So können Sie nicht weiterfahren." Habe ich gesagt: „Das ist mir jetzt aber ganz neu, dass ich in meinem Auto nicht fünf Leute mitnehmen kann." – „Schauen Sie doch mal in Ihre Papiere", meinte der Polizist. „Da steht doch deutlich: Audi Quattro! Also ist dieses Auto für vier ausgelegt, und Sie sind zu fünft." Ich wollte mein Recht! „Diese Regel kenne ich nicht, fragen Sie doch sicherheitshalber mal Ihren Kollegen." Der genervte Polizist wandte sich an seinen Kollegen und fragte: „Du, schau mal her. Ich habe hier einen Audi Quattro, da sitzen fünf Personen drin, dürfen die das überhaupt?" Sein Kollege kriegte einen ganz roten Kopf und sagte: „Komm, lass die weiterfahren. Ich habe einen Fiat UNO, und meine Frau fährt auch manchmal mit."

„Papa", fragte mich mein Sohn neulich, „konntest du eigentlich schon Auto fahren, bevor du Mama geheiratet hast?" – "Natürlich, mein Sohn!" – "Und, wer hat dir da gesagt, wie du richtig fährst?

Tschüs zusammen.

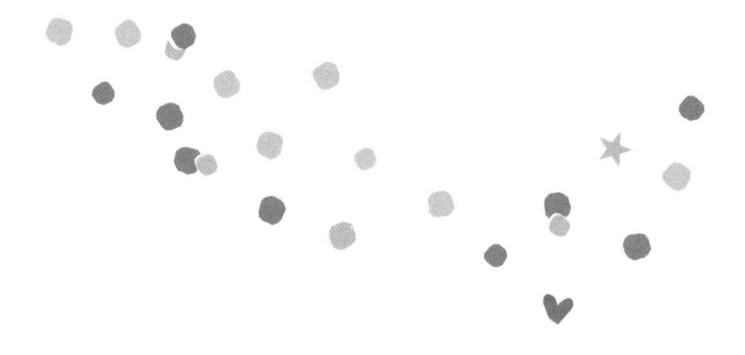

Gestern im Taxi

Gestern wollte mein Wagen mal wieder nicht so, wie ich wollte. Also ab zur nächsten Reparaturwerkstatt; dort habe ich mir den Meister geben lassen. Ja, für meinen Wagen ist ja nur das Beste gut genug!
„Meister", habe ich gesagt, „mein Wagen macht mir Kummer!" – „Na", sagte der, „nur die Ruhe, das werden wir wohl in den Griff kriegen. Geben Sie mir mal Ihren Kfz-Brief."
Während ich ihm den Brief reichte, wollte ich wissen, was mich das wohl kosten wird.
„Tja", fragte der Meister, „was fehlt Ihrem Wagen denn genau?" – „Also, so genau weiß ich das nicht. Mehr so ein allgemeines Unwohlsein. Verstehen Sie? Hier ein Klimpern, da ein Klappern." – „Ja, dann macht das genau 449,97 DM", meinte der Meister spontan. Um 16.00 Uhr können Sie Ihren Wagen wieder abholen." – „Ist in Ordnung", habe ich gesagt, „würden Sie mir bitte noch ein Taxi rufen, damit ich ins Büro komme!"
Fünf Minuten später fuhr mein Taxi vor. Ich stieg ein und nannte als Fahrtziel, die Anschrift meiner Arbeitsstelle. Dann lehnte ich mich bequem im Fond des Wagens zurück. Dabei fiel mein Blick auf meine Armbanduhr. „Oh!", dachte ich hocherfreut, „so früh ist es tatsächlich noch. Da könnte ich ja direkt noch ein paar Besorgungen machen." Um den Taxifahrer zu bitten, noch woanders vorbei zu fahren, beugte ich mich nach vorne und tippte ihm mit dem Zeigefinger auf die Schulter. Das hätte ich wohl lieber lassen sollen! Also der Taxifahrer stieß einen irren Schrei aus – ungefähr so: Uaaaahh-uaaaahh! – und trat voll in die Bremse. Er fiel mit seinem Kopf aufs Lenkrad, ich knallte brutal mit der Stirn gegen den Vordersitz. Hinter uns lautes Brem-

Ein Herr mit Aktenkoffer – in Anzug und Mantel – betritt die Bühne. An der Stirn hat er ein großes Pflaster.

Auf das Pflaster an der Stirn deuten und den Schrei nachahmen.

senquietschen und ein wildes Hupkonzert. Bald waren wir von einer Meute verärgerter Autofahrer umringt, die neugierig in unseren Wagen starrten.

Der Taxifahrer zitterte am ganzen Körper. Minuten vergingen, bis er sich, langsam zu mir umdrehte und sagte: „Sie müssen schon entschuldigen, mein Herr, aber ich war bis gestern bei einem Bestattungsunternehmen als Leichenwagenfahrer angestellt."

Ein Rechtsanwalt erzählt

Ich bin gefürchtet weit und breit
als Anwalt der Gerechtigkeit.
Wenn ich erschein vor deutschen Richtern,
dann krien die Staatsanwält' die Gichtern!
Ich bin ein Meister der Verdrehung,
mach ein Orkan aus jeder Blähung,
hab stets den Wahlspruch nur im Sinn:
Das Recht ist gut, wenn ich gewinn!
Mei Plädoyers und mei Zitate,
die wirke oft wie Handgranate.
Und geht das Publikum gut mit,
dann pack ich aus wie in de Bütt.

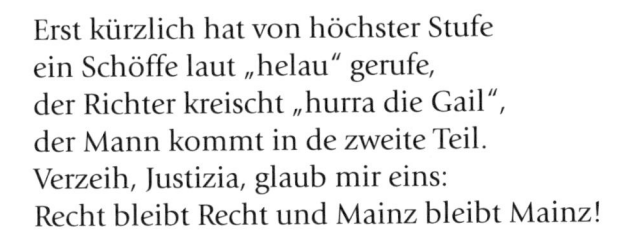

Erst kürzlich hat von höchster Stufe
ein Schöffe laut „helau" gerufe,
der Richter kreischt „hurra die Gail",
der Mann kommt in de zweite Teil.
Verzeih, Justizia, glaub mir eins:
Recht bleibt Recht und Mainz bleibt Mainz!

Ein Advokat, ich habs begriffe,
muss rede könne wie geschliffe,
muss achte, wenn er rezitiert,
dass er jed Wort so formuliert,
dass er 's im Ernstfall dann und wann
auch annerstrum verwende kann.
Moral muss er, ich kann 's gestehe,
als sehr flexible Masse sehe.
Denn eins steht fest, der Satz is echt:
Wer zu uns kommt, fühlt sich im Recht.
Man muss halt nur noch etwas schürn,
dann krien se Lust zum Prozessiern.

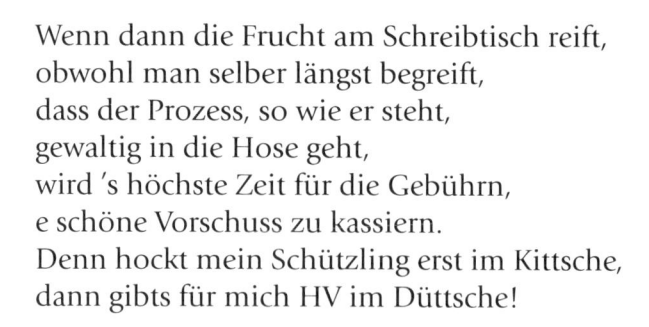

Wenn dann die Frucht am Schreibtisch reift,
obwohl man selber längst begreift,
dass der Prozess, so wie er steht,
gewaltig in die Hose geht,
wird 's höchste Zeit für die Gebührn,
e schöne Vorschuss zu kassiern.
Denn hockt mein Schützling erst im Kittsche,
dann gibts für mich HV im Düttsche!

Sehr lukrativ und aktuell
sind nach wie vor Verkehrsunfäll.
Ein Fräulein kam in mein Kanzlei,
den Arm in Gips un tut e Schrei:
Herr Rechtsanwalt, mir platzt de Krage,
ich hatt 'nen Unfall un will klage.
Es war ein wunderschöner Tag,
mir warn im Glück, do tuts ein Schlag,
und Schuld war er, hat sie geheult,
mein Chassis ist seitdem verbeult,
mein Arm kaputt, ich bin geknickt,
jetzt ist der Kerl noch abgerückt!
Der Typ, sag ich, wird eingebucht',
Verkehrsunfall mit Fahrerflucht.
Da faucht die wie e brennend Fackel:
Herr Rechtsanwalt, Sie sind e Dackel,
kei Fahrerflucht, der Fall liegt schlimmer,
der Unfall war bei mir im Zimmer.
Es knallte nicht im Sport-Coupé,
es rumste auf dem Canapé!

Tut irgendwo ein Opa sterbe,
erscheint die Meute, um zu erbe.
Wenn sich der Pfarrer nicht beeilt,
wird meistens schon am Grab geteilt.
Zum Glück für uns, das muss ich sage,
tun Erbe Erbe dann verklage,

mit Hass und Neid, sodass am End
kein Onkel mehr sei Tante kennt.
Ein Advokat, der was versteht,
führt den Prozess solang wies geht,
bis dass ein Erbe, der bald erbt,
vor 'm Antritt seiner Erbschaft sterbt,
weil der Beerbte, der entflieht,
fünf neue Erbe nach sich zieht.
Und die tun wieder prozessiern,
doch kann ich heut schon garantiern:
Wenn einst der letzte aus der Sippe
von mir die Rechnung krieht geschribbe,
krieg ich das Geld, das der geerbt,
weil der e Schlag krieht und dann sterbt.

Ein Penner hatt' ich letzt gehabt,
den hat die Polizei geschnappt,
weil er im Lade um die Eck
drei Schinke und ein Kilo Speck,
ein Kistchen Wermut samt Rabatt
versehentlich „geliehe" hatt'.
Ich war als Pflichtanwalt bestellt,
mit Sympathie für wenig Geld
hab ich plädiert und war am Bitte,
hab die Sozialtour durchgeritte,
mit dem Erfolg für die Ernährung
gab's nur zwei Woche mit Bewährung!
Als wir aus dem Gericht marschiern,
war mein Ganov' am Lamentiern:
Der Richter hat mich schwer beschisse,
drei Monat hätt' der gebe müsse,
wie konnte Sie das nur verhindern,
ich wollt' im Kittsche überwintern.
Herr Rechtsanwalt, ich kann 's nit fasse,
Sie sind ein Stümper erster Klasse.

Mein neuster Service, lieber Alter,
ist hausgemacht für Schwarzgeldhalter.
Wir garantiern Substanzvermehrung
für gute deutsche schwarze Währung.
Der Schweizer Franke ist noch ehrlich,
doch ist der Weg direkt gefährlich.
Drum habbe mir, das ist korrekt,
e neue Schleichweg ausgeheckt:

Ich kauf Mercedes für Tunesien,
tausch dort Brillante aus Rhodesien,
für die krieg ich in de Ostblockstaate
gebrauchte Panzer und Granate,
die kauft Ägypten, das ist klar,
mit Dollars aus den USA!
Die wandern dann im Flugzeugtank
auf eine Schweizer Handelsbank,
die Bank gehört seit drei, vier Jahr
der weltberühmten HELABA.
Im Ernstfall ist durch des Bagage
Ihr Schwarzgeld garantiert im ... Ausland!

Beim Amtsgericht kams letzt zur Fehde,
ich hab e Fotograf vertrete.
Der Richter setzt' sei Käppsche quer
und nimmt mein Knipser ins Verhör.
Herr Fotograf, wie kam's zum Streit
da hat er uff e Weib gedeit,
der Drache hat mir dieser Tage
e Regenschirm ins Genick geschlage.
Ich hab sie nur gefragt, dezent,
ob ich ein Brustbild schieße könnt.
Da ruft von links die Maid, die brave,
ich kenn euch Kerl von Fotografe.
Zuerst e Brustbild durch e Trick,
dann steh ich nackisch in de Quick!

Da kommt mein Knipser schwer in Fahrt,
von wege Quick, hat er gesat,
Sie haben Schweinsohrn ohne Frage
und Schenkel wie e Schwartemage,
e Presskopp un e Ochsenmaul,
e Hintern wie e Ackergaul;
ein solches Monstrum ohne Kleidung
passt höchstens in die Metzgerzeitung.

Wer fünf Stund säuft und dann am Schluss
noch Auto fährt und blase muss
und dann sein Führerschein verliert,
kommt meistens gleich zu mir marschiert.
Bei mir steht soviel uff de Latt,
ich krieg beim Richter Strafrabatt.
Mei ganze Alkoholkliente
wern mild bestraft, wenn sie was spende –
fürs Rote Kreuz und Johanniter,
für Caritas und Samariter,
bläst mancher Sünder an der Ecke
ins Röhrche für soziale Zwecke.
Vom Überschuss baut jetzt am Wald
die Stadt e Trinkerheilanstalt.
Am Rohbau hängt ein Schild mit Bänder:
Der Magistrat dankt jedem Spender,
vor allem, und das ist der Knüller,
dem Bläserchor vom Anwalt Müller.
Sauft weiter so mit Gottvertraue,
dann kann mer bald e Schwimmbad baue.

Ich wär, schrieb kürzlich ein Chronist,
der beste Scheidungs-Spezialist.
Seit diesem Tag herrscht Konjunktur,
die Büros voll, de Gang, de Flur,
mir scheide mehr, mein lieber Mann,
als unser Pfarrer traue kann.

Die Scheidungsgründe sind verrückt,
die o wird nit genug gedrückt,
die anner hat zu viel davon,
und gestern sagt ja so e Sonn:
Herr Anwalt, ich hab ein Problem,
mei Alter wird ja so bequem,
tut neuerdings, des sin sei Mucke,
beim Liebesspiel de Kojak gucke.
Der Zustand, der ist unerträglich,
de Kojak kommt nur vierzehntäglich.
Ich brauch e Kerl, hat die geschluckt,
der jeden Tag die Drehscheib' guckt.

Ich bin am End', das Spiel ist aus,
ich zieh den Anwaltskittel aus.
Doch bleib ich stets, das sei gesacht,
ein Anwalt unsrer Fassenacht.

Gelungene Retourkutsche

Kurz vor neulich musste ich als Beisitzer bei einer richtigen Abiturprüfung mitmachen. Das war unheimlich interessant. Also die meiste Angst hatten die Prüflinge ja nicht vor den Fragen der Prüfer, sondern vor ihren eigenen Antworten. Aber eine der Prüfungen, die war etwas ganz Besonderes. Davon muss ich Ihnen unbedingt erzählen.

Es war die Biologieprüfung. Der Prüfer – ein Professor von altem Schrot und Korn – war da besonders scharf drauf. Der hielt seine Disziplin für die wichtigste der Welt und jeden Prüfling für einen geborenen Idioten. Bisher war es wirklich noch keinem gelungen, bei ihm die Prüfung zu bestehen.

Ein junger Mann kam herein, man sah richtig, wie er sich an der Tür zusammenreißen musste, als er den Prüfer erblickte. Doch dann riss er sich zusammen und kam mit energischem Schritt auf uns zu. „Guten Tag, Herr Professor!", grüßte dieser forsch. „So, so, mein Lieber, Sie wollen also Ihr Examen in Biologie machen?", ergriff der Prüfer das Wort. „Na, haben Sie sich denn auch gründlich vorbereitet, um unsere Fragen beantworten zu können? Ja, dann mal Mut, junger Mann, Sie werden das schon schaffen!" – „Ich nehme doch an, Herr Professor, dass meine Vorbereitungen gut und ausreichend waren." – „Na, das werden wir ja gleich feststellen", meinte der Professor, „sehen Sie dort auf dem Tisch den Käfig stehen? Sagen Sie uns bitte, um was für einen Vogel es sich in diesem Käfig handelt!" Dabei deutete der Professor auf einen Käfig, der fast vollständig mit einem Tuch abgedeckt war.

Der Prüfling wollte natürlich sofort wissen: „Darf ich das Tuch abnehmen?" – „Lassen Sie bloß das Tuch, wo

Der Vortragende wirkt sehr seriös. Er hat einige Bücher oder Hefter bei sich.

es ist!", herrschte ihn der Professor an. „Sie sehen doch die Füße des Vogels, das muss vollkommen ausreichen, um uns seinen Namen und alles weitere zu sagen!"
Verzweifelt schaute der Prüfling auf die Füße des Vogels, dann meinte er: „Nein, es tut mir leid. Ich weiß es nicht, Herr Professor!"
„So, so, Sie wissen es also nicht", sagte der Professor, „na, dann können wir ja wohl auf weitere Fragen verzichten. Wer einen Vogel nicht an seinen Füßen erkennen kann, der ist auch nicht würdig, in den Stand der Biologen erhoben zu werden. Sagen Sie uns noch kurz Ihren Namen und schicken Sie uns dann den nächsten Prüfling herein!"

Der Vortragende demonstriert die Aktion des Prüflings.

Da ging ein Strahlen über das Gesicht des Prüflings. Er bückte sich, zog seine Schuhe und Strümpfe aus und sagte: „Herr Professor, sehen Sie sich meine Füße an, Sie wissen dann schon wer ich bin!"

Ein erfahrener Psychiater

Ich bin der Doktor „Hörnichzu"
als Psychiater rings der Clou.
Manch Nervenbündel kommt zu mir,
hört, wie die Armen ich kurier!

Ich habe meine Sprechstundenhilfen strengstens angewiesen, immer zuerst nach dem Krankenschein zu fragen, und ob der Patient privatversichert ist. Danach kann ich schon die Diagnose stellen: „Wer sich meine Honorare leisten kann, kann kein totaler Versager im Leben sein!" Wenn die am Ende der Behandlung dann die Rechnung kriegen, dämmert es ihnen meist: „Mein Gott, muss ich verrückt gewesen sein!"
Ja, ein Psychiater ist ein Mensch, der keine Sorgen hat, solange andere Sorgen haben!
Einmal rief ich ins Wartezimmer: „Der nächste Napoleon bitte!" Es kam ein hageres kleines Männlein herein. Ich fragte: „Wie heißen Sie?" – „Schulze ohne y!" „Wie bitte?" – „Schulze ohne y!" Ich wandte erstaunt ein: „Aber Schulze hat doch gar kein y!" – „Das sage ich doch die ganze Zeit, Herr Doktor!" Danach fragte ich ihn: „Nun, wo fehlt's denn?" – „Ach, Herr Doktor, Sie müssen mir helfen! Ich höre dauernd Stimmen!" Ich schaute ihn prüfend an und fragte: „Aha, und was sagen diese Stimmen denn so?" Er klagte: „Das weiß ich eben nicht, ich bin ja taub!" Ich riet ihm, einfach nicht hinzuhören, schrieb ihm aber doch ein Rezept aus.
Nach kurzer Zeit kam er wieder und strahlte: „Lieber Herr Doktor, zwölf Jahre war ich taub. Aber seit ich Ihre wunderbare Ohrensalbe benutze, höre ich endlich wieder von meinem Bruder in Amerika! Er fuhr fort: „In der letzten Zeit führe ich immer lange leise Selbstge-

Der Vortragende kann auf Lachen und Unruhe im Publikum wie ein Lehrer reagieren: ungeduldig auf das Pult klopfen, mit Kreide werfen, „Ruhe" rufen usw.

Vielleicht hat er einen Tick: schaut ständig auf die Uhr, fährt sich durchs Haar, räuspert sich häufig.

spräche." – „Ach", beruhigte ich ihn, „das ist doch nicht so schlimm. Das tun viele Leute in Ihrem Alter!" Da meinte er: „Ja, das mag schon sein, aber ich finde mich so schrecklich langweilig!" – „Machen Sie sich nichts daraus", tröstete ich ihn. „Sie sind ein sehr seltener Fall von echter Selbsterkenntnis! Darauf können Sie wirklich stolz sein."

Das Gegenteil davon war der nächste Kunde: „Herr Doktor, ich habe so Schwierigkeiten mit anderen Menschen!" Ich fragte: „Und woran liegt das?" Er fuhr mich an: „Das sollen Sie doch herausfinden, Sie Idiot!"

Ich kann Ihnen sagen, Leute mit übersteigertem Selbstwertgefühl sind schwerer zu heilen als Menschen mit Depressionen!

Aber deshalb kriege ich keine Komplexe!

Einmal veröffentlichte ich in der Tageszeitung unter der Rubrik „Geschäftliches" ein Inserat: „Besuchen Sie Doktor Hörnichzu! Erfolgreiche Kuren auch in schweren Fällen. Garantie: bei Nichterfolg Spleen zurück!" Seitdem ist mein Sprechzimmer noch voller.

Manchmal drängen sich die Behandlungstermine so, dass ich am Ende selber noch ganz doll werde!

Einmal stürzte ein Mann ganz aufgeregt ins Sprechzimmer und stöhnte: „Herr Doktor, können Sie mir helfen? Ich glaube, ich habe zwei Persönlichkeiten!" Ich unterbrach ihn unwirsch: „Immer langsam voran! Wiederholen Sie noch einmal. Ich verstehe nichts, wenn Sie beide auf einmal reden. Geben Sie mir erst einmal Ihre beiden Krankenscheine!"

Ein anderer Patient klagte: „Wissen Sie, jeden Morgen pünktlich um 7.00 Uhr muss ich immer mein Geschäft erledigen!" Ich redete ihm gut zu: „Seien Sie doch froh, das kann nicht jeder!" – „Ja", widersprach er, „aber das Problem ist doch, dass ich immer erst um 8.00 Uhr aufwache! Ich schlafe ja so tief, weil ich immer von einer tollen Sexbombe träume." Ich meinte gelassen:

„Was soll 's, das ist doch ein schöner Traum!" – „Nein, eben nicht!", haderte er. „Was soll ich tun? Die Sexbombe und meine Frau schlagen sich um mich, und immer gewinnt meine Frau! Die sollten Sie auch einmal behandeln, Herr Doktor. Die bildet sich tatsächlich ein, ein Kühlschrank zu sein. Ich halte es keine Nacht neben ihr aus." – „Sie werden doch nicht etwa frieren neben ihr?" Er antwortete: „Nein, das nicht. Aber sie schläft mit offenem Mund, und das kleine Licht darin, das stört mich die ganze Nacht!"

Ja, ich bin auch ein praktischer Arzt, also fasste ich zusammen: „Also, mein Lieber, vor allem nicht aufregen, sich entspannen und nicht zu viel arbeiten. Bedenken Sie: Geld ist auch nicht alles. So, das macht für dieses Mal 300 DM!"

Meistens schimpfen die Ehefrauen über das Honorar. Sie schreiten dann zur Selbstindikation. „Stellen Sie sich vor", sagte eine Frau zu ihrer Nachbarin, „da geht mein Mann wochenlang zu diesem sündhaft teuren Psychiater. Dem fällt natürlich auch nichts ein, wie man meinen Mann vom Nägelkauen abbringen könnte. Ich habe ihm einfach seine Zähne versteckt!"

So kann man natürlich mit uns armen Ärzten nicht umspringen!

Die meisten seelischen Probleme lösen sich von selbst und wesentlich billiger als durch uns Psychiater. Aber wo kämen wir da hin, wenn jeder beliebige gesund Denkende uns Konkurrenz machen könnte?

Da haben wir einen gewaltigen Protestmarsch organisiert. Der ist aber leider gescheitert. Wir hatten alle unsere Plakate selbst geschrieben, aber leider konnte kein Mensch unsere Schrift darauf lesen.

Ja, wir Psychiater werden oft nicht verstanden.

Neulich traf ich einen alten Schulfreund auf der Straße, als ich gerade eine Couch auf dem Rücken trug. Fragte der mich erstaunt: „Nanu, bist du Möbelpacker geworden?" – „Nein, Psychiater. Ich mache gerade einen Hausbesuch!"

Ja, was wäre ein Psychiater ohne Couch? Vor allem bei der Heilung von Frauenleiden! Ein Psychiater ist ja ein Mensch, der einem das angenehme Gefühl vermittelt, ein kompliziertes Wesen zu sein. Kam doch ein junges Mädchen zu mir und sagte: „Herr Doktor, können Sie nicht meine Persönlichkeit spalten, ich bin so einsam! Gibt es denn gar nichts gegen diesen schrecklichen Liebeskummer?" – „Doch", sagte ich, „ich werde Ihnen mal eine Flasche Rizinus verschreiben!" Sie fragte erstaunt: „Aber das ist doch ein Abführmittel. Wie soll das helfen?" Ich antwortete: „Helfen wird es sicher nicht, aber es lenkt ab."

Auch Ehefrauen haben ihre Probleme. Ich redete einer ins Gewissen: „Ihr Mann war bei mir, er leidet unter schweren Depressionen und braucht dringend absolute Ruhe und Erholung." – „Ich weiß", verteidigte sich die Frau. „Das rede ich ihm doch von morgens bis abends ein. Aber er hört ja nicht auf mich!" – „Ausgezeichnet", lobte ich sie, „das ist ein guter Anfang. Ich schreibe Ihnen hier mal ein Beruhigungsmittel auf. Das nehmen Sie morgens, mittags und abends!" Sie klagte weiter: „Was soll ich machen? Mein Mann bildet sich ein, der Wolf aus dem „Rotkäppchen" zu sein!" Ich versuchte sie zu beruhigen: „Na, so schlimm wird das doch wohl nicht sein?" – „Doch", stöhnte sie, „er hat jetzt immer Appetit auf die Großmutter! Und dann hebt er an jedem Laternenpfahl das Bein." Ich erschrak und fragte sie: „Wie lange macht er das denn schon?" – „Seit etwa sechs Jahren!" – „Was", rief ich, „und da kommen Sie erst jetzt zu mir!" Sie erwiderte: „Nun, Herr Doktor, bis jetzt hat er immer nur gebellt! Aber jetzt bildet er sich ein, eine Laterne zu sein. Das ist viel schlimmer! Bei der Helligkeit im Schlafzimmer kann ich einfach nicht mehr einschlafen. Außerdem vermute ich, dass er

fremdgeht. Denn immer wenn es nachts mal blitzt, fährt er hoch und ruft: „Ich kaufe die Negative!"
Auch Männer liegen bei mir auf der Couch und schildern ihre Probleme. Ich höre ihnen auch meistens zu und frage sie dann: „Jetzt würde mich nur noch interessieren: Sind diese Minderwertigkeitsgefühle ganz plötzlich aufgetreten oder hat es sich völlig normal durch Ehe und Vaterschaft entwickelt?"
„Ach", klagte zum Beispiel ein Mann, „meine Frau verbietet mir einfach alles! Ich darf nicht rauchen, nicht im Fernsehen Fußball gucken, nicht in die Kneipe gehen." Ich fragte verständnisvoll und mitfühlend: „Und jetzt bereuen Sie es, sie geheiratet zu haben?" – „Nein", schüttelte der Mann bekümmert den Kopf, „bereuen darf ich auch nichts." Außerdem nimmt sie ständig ihre beiden langhaarigen Hunde mit in unser Schlafzimmer. Es ist ja nicht so sehr wegen der Flöhe und auch nicht, weil sie morgens immer so früh bellen. Es ist der unangenehme Geruch, der mir auf die Nerven geht!"
Ich sagte ihm: „Das ist doch überhaupt kein Problem; öffnen sie öfter das Fenster und lassen sie frische Luft herein!" – „Nein", rief der Mann entsetzt aus, „dann fliegen mir ja alle meine Tauben davon!"
Ja, nicht alle Ratschläge lassen sich verwirklichen! So ein Seelenlotse hat es nicht immer leicht.
An und für sich wollte ich den Mann ja in ein Sanatorium überweisen, weil er auch noch behauptete, die Mengenlehre zu verstehen. Aber alle Nervenheilanstalten sind ja heute überfüllt.
Das ist nun mal so: „Die einzige Rose, die heutzutage in unserer Betonlandschaft blüht, ist die Neu-Rose!"
Zum Schluss gab der Mann auf der Couch mir noch völlig aufgelöst zu verstehen: „Herr Doktor, mir ist was ganz Schreckliches passiert. Ich habe statt Ihrer Beruhigungstabletten eine Antibabypille geschluckt! Was soll ich tun?" Ich untersuchte ihn gründlich und konnte ihn

dann beruhigen: „Haben Sie keine Angst, die Pille hat gewirkt! Sie bekommen kein Baby."

Leev Jecke, halt' de Ohren steif,
sonst seid Ihr auch bald anstaltsreif!
Ertragt euch selber und den Tor,
verdrängt Neurosen durch Humor!
Und seht nicht alles gar so grau;
das Leben ist doch schön – Helau!

Vadders Midlife-Crisis

Oh, lasset uns die Väter preisen!
sollt eigentlich mein Motto heißen.
Doch frag ich Sie: Wo – bitte sehr –
kriegt man noch solche Väter her?
Wo sind die wilden Stürmer, Dränger
und einstmals zorn'gen jungen Männer,
die in den späten sechziger Jahrn
die reinsten Revoluzzer warn?
Des sind heut alles Oppis, Pappis,
Softies, Grufties oder Schlappis,
die gleichen Männer, die vor allem
statt „love and peace" nur eins noch lallen:
Mama – sag wann bringst de mir
moi Schlappe und moi Flasche Bier?

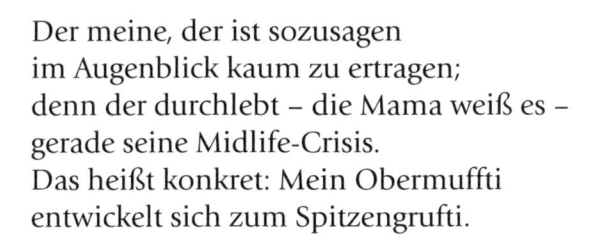

Der meine, der ist sozusagen
im Augenblick kaum zu ertragen;
denn der durchlebt – die Mama weiß es –
gerade seine Midlife-Crisis.
Das heißt konkret: Mein Obermuffti
entwickelt sich zum Spitzengrufti.

Die Midlife-Crisis kommt etwa
bei Männern um die vierzig, fünfzig Jahr,
wenn sie aus Angst, was zu versäumen,
zwar von zwei Zwanzigjährigen träumen,
obwohl genau die gleichen Herrn
mit ääner schon kaum fertig wer'n.
Und wenn dann noch ein Vater spürt,
dass sein Sohn erwachsen wird,
dann ist für ihn ganz klar bewiese:
Jetzt is se da, die Midlife-Krise!

Ich guck mich nach de Mädcher um,
und er, er schluckt des Valium.

Jüngst hört ich ihn vor ein paar Tagen
per Zufall meine Mutter fragen:
Eines beunruhige ihn sehr,
ob ich denn aufgeklärt schon wär.
Wenn nit, wird's Zeit, dass du das machst
un ihm die ganze Wahrheit sagst,
denn schließlich ist es Mutterpflicht,
wir Männer könne des Halt nicht.

Nach mütterlicher Schweigezeit
jungfräulicher Verlegenheit,
rang er sich selber durch sodann
zu 'nem Gespräch von Mann zu Mann.

Blass im Gesicht und ernster Miene
ging's los mit der berühmten Biene,
die in der Frühlingszeit sich jetzt
auf die berühmte Blume setzt;
wenn dann durch Feld und Wald ein Doppelt –
ein Hase mit 'ner Häsin hoppelt,
ja, dann kommt Leben in den Zoo.
Die Menschen hoppeln ebenso;
dann tut sich was in diesem Lande.
Jetzt bist de uffgeklärt – verstande!
Eins aber sag ich dir noch: Du,
du bist noch viel zu jung dezu!

Typisch für die Krisenzeit
ist Väterchens Vergesslichkeit.
Das beginnt – man kann`s erahnen –
mit der Vergesslichkeit von Namen:
Mama, fragt er, kenn ich den,
wo ham 'mer den schon mal gesehen?

Und wenn er dann, des is kee Stuss,
nit anners kann und grüßen muss,
dan macht er das mit einem Trick:
Ei, Tag Herr Müller. Der zurück:
Das muss eine Verwechslung sein,
ich bin doch ihr Kollege Klein.
Ach ja natürlich, Herr Kollege,
Sie ham mer uff de Zung' gelege.
Es wollt halt nur net gleich eraus.
Tja, wenn mer alt werd, setzt's halt aus.
Des is wie neulich in de Stadt,
er glaubt', er stellt sei Auto ab
un hat's nach Tage erst und Stunde
daheim in der Garage gefunde.
Sie wisse ja, des is der schnelle
Altersschwund der graue Zelle!

Soweit ich mich erinnern kann,
da fing es wohl auch damit an,
als ihn – wie aus heitrem Himmel –
einst überkam der Müsli-Fimmel.
Wir lebten alle nicht gesund,
wär'n viel zu fett, die Bäuch zu rund.
Hinweg mit all den Sahnetörtcher,
Rostbrate und Kottletcher,
weg mit allem, was gut schmeckt,
bei uns wurde abgespeckt.

Nach 14 Tagen Körnerfutter
nebst Schlankheitskur für Kind und Mutter
hatten wir stark abgenommen,
doch er ein Speckbäuchlein bekommen,
so, als ob er ungefähr
im siebten Monat schwanger wär,
bis ich ihn einmal überraschte,
als er des Nachts am Kühlschrank naschte.

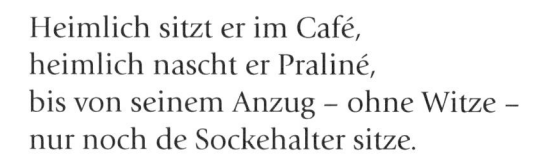

Heimlich sitzt er im Café,
heimlich nascht er Praliné,
bis von seinem Anzug – ohne Witze –
nur noch de Sockehalter sitze.

Von Kopf bis Fuß, bis zu de Zehchen,
hat unser Vater sei Wehwehchen.
Mal ist's de Mage, mal de Rücke,
mal des Herz un mal des Bücke.
Mojns guckt er, eh er sich erhebt,
ob er überhaupt noch lebt.
Und hat unser Sensibelche
wirklich mal ke Übelche,
glaubt er bei seinem Krankheitsfimmel,
er wäre tot und schon im Himmel.

Drum scheint ihn eines nur zu freue,
e Apothek voll Arzeneie.
Tablette, Pille, teure Säfte
zur Steigerung gewisser Kräfte,
was für's Blut, die Verdauung,
was für die psychische Erbauung,
dazu noch ein Geheimextrakt,
der Magen und den Darm entschlackt,
damit Papa, der gute Mann,
vor allem schärfer schießen kann.
Bei jedem Arzt ist unbestritten
mein Herr Papa drum wohlgelitten.
Bis weithin in den letzten Weiler,
da hat ihn jeder Geisterheiler
und Quacksalber ganz fest am Wickel
als zahlendes Versuchskarnickel.

Der ää verschreibt e Körnerkur,
der zweite macht Akupunktur,

der dritte probt den Psychotrip,
der vierte nimmt ihn uff de Schipp.
Und obwohl käa Diagnose
je uff 'en Krankheitsgrund gestoße',
stoßen die sich bis zur Stund
an seiner „Krankheit" kerngesund,

An jedem Wochenend', ich wett,
liegt unsern Schlaffi schlapp im Bett.
Dann gehn mer all, des sind käa Witze,
im Flüsterton uff Zehespitze,
dann ist es mäuschenstill im Haus,
die Midlife-Krise schläft sich aus.

Nach, drei, vier Stunde hört mer'n klopfe:
Mama, wo bleibe meine Tropfe?
Die ganze Zeit schon lieg ich hier,
und käa Deiwel guckt nach mir!
Allein und todkrank lieg ich hier da.
Kommt dieser Satz, ruft's laut: Hurra,
gemeinsam wie aus einem Mund.
Hurra! Er schennt, er ist gesund!

Trotzdem geht mit Begeisterung
er fast uff jed' Beerdigung
und stellt sich, wie net mehr ganz klor,
sein eigenes Begräbnis vor.
Er gäb was drum, wenn er nur wüsst,
wer kimmt, wer redd, am Flenne is,
und meistens ärgert er sich dann,
dass er des net erlebe kann.
Neulich , vor kaum 14 Tag,
schockt er uns mit 'em Kaufvertrag
von einer würd'gen Ruhestätte,
die er ausgesucht sich hätte.

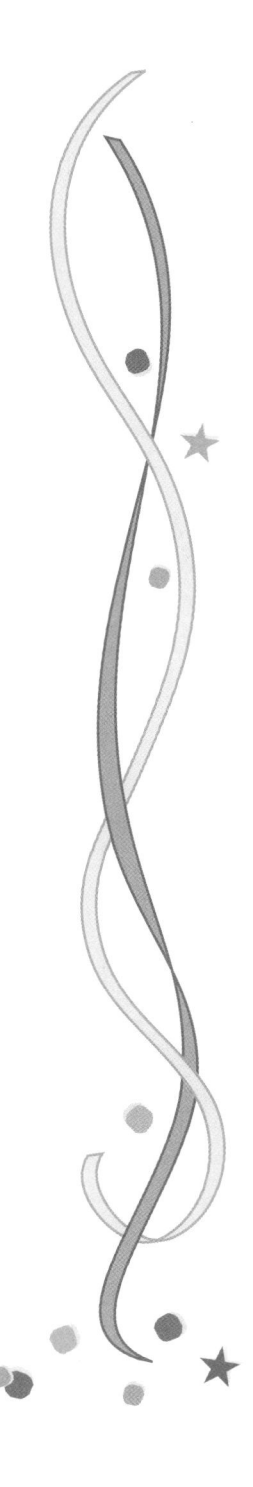

Ein Grab mit Blick auf Rhein und Reben,
fast noch schöner als im Leben.
Ei, wenn er 's könnt, da tät mei Alter
aach noch soi eigne Grabred halte.

Jeder Wissenschaftler weiß es,
dass des Mannes Midlife-Crises,
die um die vierzig kommt gewiss,
mit fuffzig meist zu Ende is.
Mein Vadder geht uff fufzig zu,
drum ham mer – Gott sei Dank – bald Ruh.
Die Ruhe vor dem Sturm, denn dann
fängt sein zweiter Frühling an.
Und damit ist für mich bewiese:
Der Mann werd alt, trotz Midlife-Krise.
Ich mag ihn trotzdem, ohne Witze,
denn: unsern Vadder, der is Spitze!

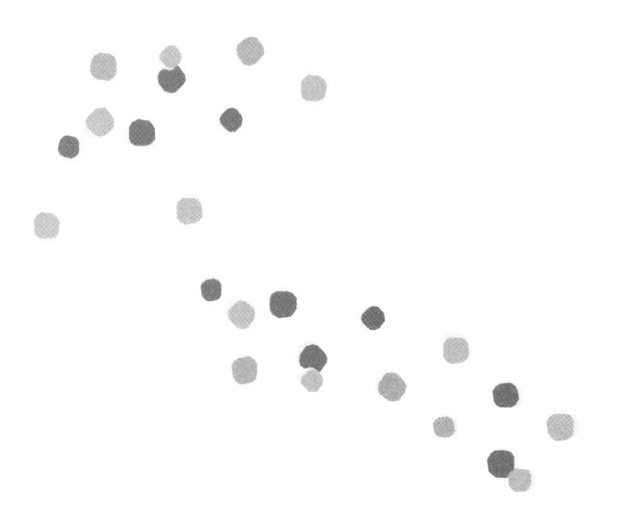

Eine moderne Ärztin

Ich bin praktische Ärztin, zugelassen für alle Kassen, außer Spar- und Darlehenskassen. Was ich so erlebe, das geht auf keine Kuhhaut! Gestern zum Beispiel kam ein Patient und klagte über starke Halsschmerzen. Ich leuchtete ihm den Rachen aus, da sagte der: „Fräulein Doktor, wenn Sie meinen Krankenschein suchen, der ist in der Brieftasche." – „Welchen Beruf üben Sie aus?", wollte ich wissen. „Anstreicher." – „Haben Sie es aber gut", sagte ich da zu ihm, „wenn Sie mal was falsch machen, kratzen Sie die Farbe einfach ab, und alles ist wieder gut." Da meinte er: „Sie haben es noch besser, Frau Doktor, wenn Sie mal was falsch machen, dann besorgt der Patient das Abkratzen selbst."
Das Telefon schellte, am Apparat ein kleines Mädchen: „Frau Doktor, kommen Sie bitte schnell! Der Papa ist krank, die Mama ist krank, die Oma ist krank, und meine Schwester hat es auch schwer erwischt!" Ich fragte: „Und du? Bist, bist du denn nicht krank?" – „Nein", antwortete sie, „weil ich nicht brav war, habe ich keine Pilze zum Mittag bekommen."
Apropos Gift! Ein Mann kam und klagte über Schmerzen im ganzen Körper. Ich sagte: „Herr Stibbelich, da besteht kein Zweifel: Sie sind vergiftet." – „Um Gottes willen, mit welchem Gift denn?" – „Nun regen Sie sich mal nicht weiter auf", beruhigte ich ihn, „das werden wir bei der Obduktion genau feststellen."
Als nächstes kam ein Ehepaar. Der Mann klagte: „Nun sind wir schon zehn Jahre verheiratet und haben immer noch keine Kinder." Ich riet ihm: „Schicken Sie Ihre Frau einmal vier Wochen in Urlaub." Nach drei Monaten waren sie wieder da: „Frau Doktor, nun war ich mit meiner Frau vier Wochen in Italien, es hat aber immer

Eine Damenrede. Sie kommt im weißen Kittel und Arztköfferchen.

noch nichts genützt." Ich habe ihn mir von oben bis unten angesehen und gesagt: „Wenn Sie mitgefahren sind, will ich das gerne glauben."

Gestern schellte wieder das Telefon, diesmal ein junges Mädchen: „Frau Doktor, habe ich bei Ihnen nicht mein Höschen liegen gelassen?" Ich sagte: „Hier ist nichts dergleichen." – „Ach entschuldigen Sie, dann kann es nur beim Zahnarzt liegen."

Kam ein Mann mit einem blauen Auge. Ich fragte ihn: „Wie kommen Sie denn da dran?" – „Ach", sagte der, „als wir gestern beim Vaterunser an die Stelle kamen: ‚und erlöse uns von dem Übel', hab ich meine Frau angesehen, die muss das falsch verstanden haben."

Neben meiner Praxis bin ich auch im Krankenhaus tätig. Wir haben tüchtiges Personal: Kleinere Fälle, wie zum Beispiel Blinddarmoperationen, erledigt bei uns der Pförtner. Wir behandeln nach den modernsten Erkenntnissen der Wissenschaft. Erst gestern sagte ich zu einem Patienten: „Morgen werde ich Sie operieren. Wenn Sie aus der Narkose erwachen, setzen Sie sich auf die Bettkante. Am Abend gehen Sie fünf Minuten im Zimmer auf und ab, und übermorgen können Sie im Park spazieren gehen." – „Aber meine liebe Frau Doktor", fragte der da, „warum operieren Sie mich nicht gleich im Stehen?"

Ich erinnere mich: Ein Assistenzarzt musste an einer Puppe eine Zangengeburt demonstrieren. Als der fertig war, sagte der Professor: „Wenn Sie jetzt noch dem Vater die Zange über den Schädel schlagen, dann haben Sie die ganze Familie ausgerottet."

Wir Ärzte erleben die tollsten Sachen. Kommt eine junge Frau mit einer Riesennase: „Frau Doktor, was kostet die Verschönerung meiner Nase?" – „Etwa tausend Mark!" Darauf meinte sie: „Das ist aber teuer!" – „Ja", sagte ich, „wenn Sie es billiger haben wollen, dann laufen Sie ein paarmal gegen einen Briefkasten."

Was sagen Sie dazu? Kommt ein Herr zu mir, etwa 58 Jahre alt. Er steht in der Blüte seiner Arterienverkalkung. „Sie brauchen dringend Entspannung", sagte ich zu ihm, „unternehmen Sie etwas." Da sagte der: „Das habe ich schon versucht, aber Sie glauben nicht, wie meine Alte aufpasst."

Und zum Schluss was Unglaubliches: Ein Herr kam und verlangte die Medizin, die ich ihm vor zwei Wochen verschrieben hatte. Ich fragte: „Hat Ihnen denn das Mittel so gut getan?" – „Gut ist gar kein Ausdruck, Frau Doktor", antwortet er begeistert, „mein Rheuma ist weg, die Schweißfüße von meiner Frau sind weg, dem Hund seine Flöhe sind eingegangen, sämtliche Möbel haben wir damit poliert, und den Rest habe ich in mein Moped geschüttet, das läuft wieder wie eine Rakete."

Sie hält eine große Flasche mit der Aufschrift „Rizinusöl" hoch.

Alaaf!

Ein Arzt erzählt

Der Vortragende erscheint im weißen Kittel. Er sollte möglichst auch ein Stethoskop bei sich tragen.

Sie wissen ja, der Blinddarm hat für den Menschen keine lebenswichtige Bedeutung, es sei denn, der Mensch ist Chirurg! Also richten Sie sich danach!

Also, ich kann Ihnen was verraten, aber sagen Sie es nicht weiter! Inzwischen läuft meine Praxis so gut, dass ich dem einen oder anderen Patienten auch mal sagen kann, dass ihm gar nichts fehlt!

Kam vor einiger Zeit ein Mann in meine Praxis und sagte: „Fieber habe ich gehabt, Herr Doktor, Fieber …! Also, ich sage Ihnen, das Thermometer ist gestiegen und gestiegen. Ich fürchtete, gleich kommt das Quecksilber oben heraus. Können Sie sich vorstellen, Herr Doktor, wie sehr ich mich geängstigt habe?" – „Nein, warum denn?" fragte ich. „Ein neues Thermometer kostet doch höchstens zehn Mark!" – „Ach, und noch was, Herr Doktor", meinte er, „Herr Doktor, letzte Nacht hatte ich einen fürchterlichen Traum. Ich träumte, ich wäre eine Kuh und würde einen ganzen Haufen Gras fressen." – „Aber das ist doch nicht so schlimm!" erwiderte ich. „Ja, das sagen Sie!", meinte er, „als ich heute Morgen aufwachte, war meine Matratze weg!" – „Oh", sagte ich, „das ist ja dann doch bedenklich!" – „Ach", meinte er daraufhin, „das ist ja alles halb so schlimm. Meine Frau, Herr Doktor, will den ganzen Tag nur Äpfel essen." – „Aber", sagte ich, „das ist doch wirklich nicht schlimm, viele Leute essen gerne Äpfel." – „Ja, schon", meinte er, „aber doch nicht von der Tapete!"

Kurz darauf kam eine Frau in meine Praxis und sagte: „Herr Doktor, was soll ich bloß machen, mein Sohn kaut Nägel." – „Tja," habe ich gesagt, „geben Sie ihm doch mal ein paar Schrauben!" Sie ist ganz beleidigt wieder abgezogen.

Aber ich werde ja nicht arbeitslos. Kaum war sie weg, kam die nächste Frau zur Tür rein. War noch recht jung. Nach der Untersuchung habe ich ihr einen Stuhl angeboten und sagte: „Sie können Ihrem Herrn Gemahl sagen …" Aber da unterbrach sie mich: „Ich bin nicht verheiratet!" Machte ich einen neuen Versuch: „Sie können Ihrem Verlobten sagen …" Wieder unterbrach sie mich: „Ich bin nicht verlobt." – „Dann sagen Sie Ihrem Freund …" – „Ich habe auch keinen Freund. Ich habe noch nie etwas mit Männern zu schaffen gehabt, Herr Doktor!" rief sie jetzt ganz erregt. Das erschien mir denn doch bedenklich, schweigend erhob ich mich und ging zum Fenster, öffnete es und schaute hinaus. Zwei Minuten, drei Minuten, fünf Minuten … Jetzt wurde die Dame sehr nervös. „Ist was, Herr Doktor?" wollte sie wissen. Ich schüttelte den Kopf und sagte ganz gelassen: „Eigentlich nichts; nur als das, was Ihnen da passiert ist, schon einmal passierte – das war vor rund 2000 Jahren – ging am Himmel ein großer leuchtender Stern auf. Und nach dem suche ich gerade!"

Neulich kam ein Mann in meine Praxis und sagte: „Herr Doktor, Sie müssen mich unbedingt krank schreiben." – „Nun mal langsam, mein Herr", sagte ich, „was fehlt Ihnen denn?" – „Ein paar Tage Urlaub!" erwiderte er. „Ach, übrigens", wollte ich dann von ihm wissen, „haben Sie eigentlich meinen Rat befolgt und nachts nur noch bei geöffnetem Fenster geschlafen?" – „Ja, Herr Doktor, das habe ich", antwortete er. „Und sind Sie nun Ihre Atemnot los?" fragte ich. „Nein, das nicht, aber den Schmuck meiner Frau und unsere Stereoanlage!" Plötzlich fing er ganz fürchterlich an zu husten. „Ach ja, übrigens fällt mir dabei ein", fragte ich, „was tun Sie eigentlich gegen Ihre Erkältung?" – „Oh, ich trinke jeden Tag acht Gläser Rum!" – „So, so", sagte ich, „das genügt aber nicht! – „Was?" fragte er erstaunt, „das genügt nicht – acht Gläser Rum? Mehr bringe ich aber nicht runter,

Herr Doktor!" – „Na", fragte ich dann, „sonst haben Sie aber keine Beschwerden und fühlen sich gesund?" – „Ach, Herr Doktor", meinte er dann, „immer wenn ich mit den Händen zu den Knien hinunterfasse und dabei den Rücken krümme, ein Bein hebe und die Hände dann langsam wieder hochziehe, dann habe ich fürchterliche Schmerzen im Kreuz! Sie müssen mich also unbedingt krank schreiben." – „Mann, dann lassen Sie doch solche Kunststücke!" habe ich ihm geraten. „Wie bitte? Kunststücke, Herr Doktor!", empörte er sich, „wie ziehen Sie sich denn morgens die Hose an?"

Kurz darauf kam einer in meine Praxis. Auf dem Kopf eine belegte Pizza, über den Ohren hingen Cocktailwürstchen. „Nehmen Sie Platz!" forderte ich ihn auf. Meinte er: „Das ist nicht nötig, Herr Doktor, es handelt sich um meinen Bruder!" Daraufhin habe ich ihn aber dann doch etwas genauer untersucht. Nach der Untersuchung habe ich zu ihm gesagt: „Meine Diagnose steht fest: Sie haben eine kleine ganz hässliche und bösartige Bazille." Flüsterte er ganz erschrocken: „Leise, leise, meine Frau sitzt doch nebenan im Wartezimmer!"

Ein paar Tage später kam eine Frau in meine Praxis und sagte: „Herr Doktor, jetzt bin ich seit über drei Wochen wegen meiner bösen Herbstdepressionen bei Ihnen in Behandlung, und alles war umsonst!" – „Ach, da kann ich Sie trösten", habe ich ganz zuversichtlich gesagt, „das war ganz bestimmt nicht umsonst, warten Sie nur meine Rechnung ab!" Dann meinte sie: „Sie müssen unbedingt was unternehmen, Herr Doktor, mein Mann bildet sich ein, der Wolf aus dem Rotkäppchen zu sein!" – „Ist das so schlimm?", habe ich gefragt. „Schlimm!" stöhnte die Frau verzweifelt auf. „Er hat jetzt Appetit auf Großmutter!"

„Und noch etwas, Herr Doktor", fuhr sie fort, „mein Sohn sitzt dauernd im Sandkasten, spielt mit Schippe und Eimer und baut Burgen. Ist das eigentlich normal?"

– „Aber sicher ist das normal!" – „Ich meine das ja auch", meinte die Frau erleichtert, „aber meine Schwiegertochter will sich deswegen scheiden lassen!"
Neulich, ich wollte gerade nach Hause gehen, da kommt noch eine Frau in meine Praxis. Fuhr ich sie an: „Konnten Sie nicht früher kommen! Die Sprechstunde ist längst beendet!" – „Tut mir aufrichtig leid, Herr Doktor", erwiderte Sie, „aber der blöde Köter hat mich nun mal nicht früher gebissen!" Als ich sie fertig versorgt hatte, meinte sie: „Bitte, bitte, Herr Doktor, Sie müssen meinem Mann unbedingt helfen. Er hat einen ausgesprochenen Jagdtick! Kaum eine Woche vergeht, in der er nicht wenigstens ein Zebra oder einen Löwen oder etwas Ähnliches erlegt!" – „Ach", fragte ich nach, „ist er Safariteilnehmer?" – „Eben nicht!", meinte sie verzweifelt. „Er schießt sie im Duisburger Zoo!"
Man kann in einer Arztpraxis schon Dinge erleben, das ist sagenhaft. Neulich kam einer zu mir in die Praxis und legte zwei Holzlatten auf den Tisch. „Was soll das denn?", wollte ich wissen. „Ja, aber Herr Doktor", meinte er, „ich sollte doch eine Stuhlprobe mitbringen!"

Helau!

Weiber in der Bütt

Karnevalistisches in Prosa und Reim speziell für Frauen

Kommt hierher, Mädels

Mädels, lasst euch dieses sagen,
Missmut in den tollen Tagen,
Arbeitsstress, ein schwerer Kopf
sind überflüssig wie ein Kropf.

Wenn der Stress beginnt am Morgen,
fangen auch schon an die Sorgen:
Töchterchen blockiert das Bad,
Sohnemann find't Aufstehn fad,
der Göttergatte will noch schnarchen
(schläft bis zum Herbst des Patriarchen) –
litt die Familieneintracht sehr,
lasst alles liegen, kommt hierher!

Ist am Morgen wieder Stau
auf allen Straßen, und genau
wie an jedem Morgen droht
die nächste Ampel schon mit „Rot",
ist vorm Büro zu guter Letzt
jeder Parkplatz schon besetzt –
macht euch damit den Tag nicht schwer,
lasst alles liegen, kommt hierher!

Bricht der Chef gleich Streit vom Zaune,
hat er furchtbar schlechte Laune,
weil am Umsatz was nicht stimmt,
(wird Zeit, dass der mal Urlaub nimmt,)
schmeckt der Kaffee ohne Süße
echt wie eingeschlaf'ne Füße –
fällt die Arbeit heute schwer,
lasst alles liegen, kommt hierher!

Sind die Kollegen im Büro
(manchmal so und manchmal so)
nur heute mal besonders pampig,
war die Putzfrau wieder schlampig,
und liegt nichts am rechten Fleck,
ist der Taschenrechner weg –
wiegt der Ärger sonst auch schwer,
lasst alles liegen, kommt hierher!

Kommt der Jüngling aus Haus drei
heute wieder mal vorbei,
um uns Mädels anzumachen
(der sagt so galante Sachen,
manchmal kriegt man weiche Knie;
der Ehemann sagt sowas nie) –
fällt Widerstehn auch heut sehr schwer,
lasst alles liegen, kommt hierher!

Schmeckt das Essen, das wir kriegen,
wieder mal wie Schitt mit Fliegen,
ist der Nachtisch Gelatine,
Schlangenfraß à la Kantine,
ist der Kaffee wieder heller
als ein frisch gespülter Teller –
schreit der Magen auch nach mehr,
lassts zurückgehn und kommt her!

Geht im Büro – wer mag das schon –
fortgesetzt das Telefon,
rufen Kunden aus Burundien
ständig an, sich zu erkundi'en,
ob die Lieferscheinbelege
schon per Luftfracht auf dem Wege –
fällt die Antwort dann auch schwer,
legt einfach auf und kommt hierher!

Kommt Kollege Schnickenrieder
gerade aus dem Urlaub wieder,
schwärmt von prallen Frauenbrüsten
an diversen Südseeküsten
und reißt dauernd blöde Witze
und hält seinen Charme für Spitze –
fällt Beherrschung dann auch schwer,
hört nicht hin, kommt einfach her!

Und die gut gelaunte Susi,
die dem Chef ist sein Gespusi,
protzt mit neuen Goldgeschmeiden,
die sie an den Händen beiden
trägt – die passen so zu ihr
wie'n Auerochs auf ein Klavier –
fällt das Lächeln dann auch schwer,
schaut nicht hin, kommt einfach her!

Naht dann bald der Feierabend,
der erquickend ist und labend,
naht auch Kollege Gotthart Kramm –
der ist heut besonders klamm –,
um die Runde anzupumpen;
ach, wer ließe sich da lumpen –
fällt das Zahlen auch sehr schwer,
lasst ihn stehn, kommt einfach her!

Wenn wir schon beim Zahlen sind:
Das Finanzamt kriegte Wind
von den Nebenbei-Geschäftchen,
die das Konto etwas kräft'gen,
und schrieb einen harschen Brief;
da sinkt der Mut gleich extra tief –
schenkt dem Finanzamt kein Gehör,
lasst es warten, kommt hierher!

Wenn ihr in der Schlange steht
und es gar nicht vorwärts geht,
weil so'n Depp sucht an der Kasse,
wo er denn sein Geld gelasse,
und die Butter schmilzt im Wagen,
und die Wut staut sich im Magen –
fällt der Einkauf noch so schwer,
lasst alles liegen, kommt hierher!

Klebt am Auto dann ein Brief,
weil die Parkuhr ab schon lief:
„Drei Minuten überschritten,
zwanzig Demark, darf ich bitten",
haben alle Politessen
heute den Humor vergessen –
fällt das Lachen noch so schwer,
lasst alles liegen, kommt hierher!

Ist beim lieben Ehemann
wieder Kegelabend dran,
steht der Müll noch wie am Morgen,
auch Getränke zu besorgen,
hat der Liebste glatt vergessen,
und im Kühlschrank nichts zu essen –
knurrt der Magen noch so sehr –
lasst ihn knurren und kommt her!

Sind die Kinder ausgeflogen
und zur Dance-Night abgezogen,
hat die Miezekatz kein Futter,
denn beim Einkauf – Gott, die Butter! –
ward auch dieses glatt vergessen,
muss sie Trockenfutter fressen –
ist ja alles kein Malheur,
lasst alles liegen, kommt hierher!

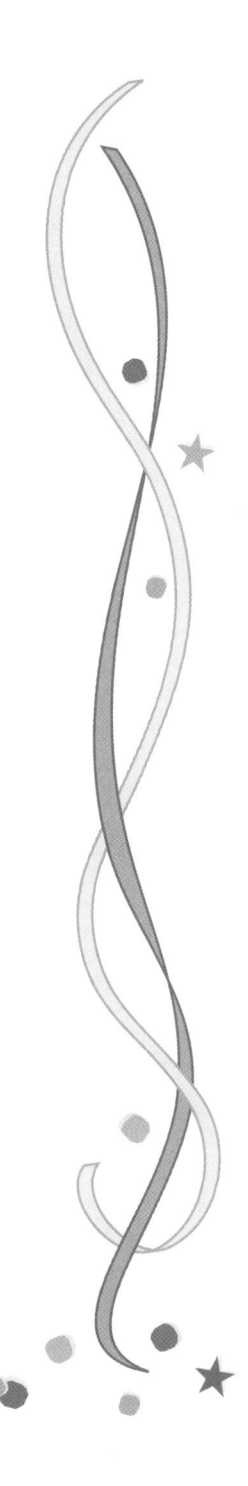

Mädels, fühlt euch nicht geneppt,
hier ist mein Geheimrezept:
Lasst die Arbeit stehn und liegen
und 'ne bunte Kuh heut fliegen!
Der Göttergatte kegelt und
die Kinder tanzen sich gesund –
wieso fällt die Entscheidung schwer?
Lasst alles stehn und kommt hierher!

Wir feiern hier die tollen Tage,
machts Beste doch aus eurer Lage,
nicht jeden Tag, ich geb euch Brief
und Siegel drauf, geht so viel schief,
dass man mit reinlichstem Gewissen
sich sagen sollte – drauf geschissen!
Drum macht euch doch den Kopf nicht schwer,
schmeißt alles hin und kommt hierher!

Das „schwache" Geschlecht

Alle mal herhören, meine Damen!
Es wird immer behauptet, wir seien das schwache Geschlecht. Dabei machen wir unsere ganze Hausarbeit allein. Glauben Sie ja nicht, dass mich mein Mann auch nur einmal dabei unterstützt. Dafür ist er angeblich zu schwach, wenn er von der Arbeit kommt! Aber hinter meinem Rücken unsere junge Nachbarin auf den Arm nehmen, das kann er.
Wir feierten unsere Hochzeit in Schaffhausen, darum ist meine Ehe wohl auch ein richtiger Reinfall. Zwar wurde mir die Mitgift gutgeschrieben, aber mit dem Mann wurde ich belastet.
Mein Mann hat sich seinerzeit so richtig in unsere Familie hineingeschmuggelt; so mit Blümchen, Konfekt und Sekt. Meine Eltern waren schier begeistert. Ich wollte ihn eigentlich gar nicht haben. Wir stritten uns schon immer. Einmal tobte er: „So einen Mann wie ich einer bin, hast du gar nicht verdient!" – „Ich weiß", lächelte ich, „dass ich so einen Mann nicht verdiene. Aber leider habe ich ihn bekommen!"
Wenn wir Streit haben, müssen wir vorher die Wände zur Nachbarwohnung mit Matratzen verkleiden, unsere Wohnung ist sehr hellhörig. Einmal gabs einen irren Krach, als mein Mann zu früh aus dem Urlaub zurükkkehrte – wir fahren nämlich getrennt in Urlaub. Er schlich sich leise ins Schlafzimmer. Hier fand er mich mit seinem besten Freund innig umschlungen. Wütend brüllte er: „Was machst du denn hier, Klaus?" Zuckersüß erwiderte ich: „Was soll er schon machen, Schatz. Er arbeitet deine Rückstände auf!"
Kennen Sie eigentlich den Unterschied zwischen dem Freund des Hauses und dem Hausfreund? – Der

Bei Erscheinen auf der Bühne sollte sie sich bewusst robust geben. Sie könnte z. B. als Bardame auftreten.

Freund des Hauses kommt, wann er will. Der Hausfreund will, wenn er kommt.

Seitdem ich verheiratet bin, gehe ich nie mehr vor drei Uhr morgens schlafen, dann kommt mein Mann nämlich erst nach Hause. Als er neulich wieder erst morgens nach Hause kam, habe ich ihm mit dem Nudelholz einen „Scheitel" gezogen. Danach lag er mir zu Füßen. Ich beugte mich zu ihm hinunter und sagte: „Liebling, entschuldige bitte, ich habe ganz vergessen, dass du heute Nachtschicht hattest."

Mein Mann war früher Dompteur beim Zirkus. Er war der tapferste Mann, den ich kenne. Wenn ein neues wildes Tier kam, beschäftigte er sich sofort mit ihm. Schon nach zwei Tagen legte er so einem Löwen oder Tiger den Arm in den Rachen. Die Kollegen nannten ihn den Ritter ohne Furcht. Das war früher! Heute heißt er Pedro, der Einarmige.

Kürzlich fragte mich die Nachbarin: „Fehlt Ihnen was? Sie sehen so schlecht aus." – „Ach", erwiderte ich, „ich habe drei Nächte lang nicht schlafen können, mein Mann hustet so furchtbar, wenn er heimkommt." – „Ja, Frau Müller, da sollten Sie denn doch einen Arzt kommen lassen." – „Das ist nicht nötig", entgegnete ich, „ich verreise ja heute für drei Wochen."

Sie kennen das: Die Herren der Schöpfung überlassen dem schwachen Geschlecht wirklich alle Sorgen. Auch wenn es Ärger mit dem Nachbarn gibt. Zum Beispiel vergeht kaum ein Tag, an dem Frau Schulte nicht aufkreuzt, um etwas zu borgen. Ich war fest entschlossen, diesen Zustand zu beenden. Wieder kam Frau Schulte an. „Guten Tag, Frau Müller", sagte sie freundlich, „brauchen Sie heute Abend Ihren Rasenmäher?" – „Ja, den brauche ich sehr dringend", log ich wütend. „Mein Mann und ich wollen heute abwechselnd im Garten den Rasen schneiden." – „Das ist aber fein! Nein, wie gut sich das trifft", strahlte Frau Schulte. „Dann können

Sie mir doch sicher mal Ihr Fahrrad ausleihen?" Diese Frau Schulte ist eine komische Person. Ich glaube, die „tickt" nicht richtig.

Ja, das Studium der Weiber ist schwer! Selbst die eigene Tochter kennt man nicht wirklich, sagte einmal die von mir sehr geschätzte Frau Eierschmalz. Stellen Sie sich vor: Zwei Jahre haben die Eltern ihre Tochter Anna nicht mehr gesehen. Dann besuchten sie die junge Frau in ihrem schicken Appartement in der Großstadt. Frau Eierschmalz bestaunte das intime Boudoir, das französische Bett mit der Seidenwäsche, die rote Beleuchtung, die vielen Perücken und die raffinierten teuren Kleider. Der Vater bestaunte den rasanten Sportwagen vor der Tür sowie die Hi-Fi-Anlage. Frau Eierschmalz strahlte: „Mein Kind, du hast es geschafft, wie bist du zu diesem Wohlstand gekommen?" – „Ganz einfach, ich bin Vertreterin", erklärte die hübsche Tochter. Der Vater wurde neugierig und fragte: „Was vertrittst du denn?" – „Nun", lächelte das Mädchen, „Ehefrauen, Freundinnen und andere müde Weiber."

Es gibt aber nicht nur müde Weiber, meine Damen, es gibt auch müde Männer. Oh ja, ich habe so einen. Einmal kam mein Schatz von einer Reise zurück, stürzte ins eheliche Schlafzimmer und schrie mich an: „Elende, ich weiß alles!" Gelassen erwiderte ich darauf: „Gib doch bloß nicht so an! Wann war denn die große Schlacht im Teutoburger Wald, he?"

Ich sage Ihnen, wenn unsere Männer nur über Dinge sprechen würden, von denen sie etwas verstehen – das Schweigen wäre bedrückend!

Mein Mann ist dauernd beim Arzt. Angeblich tun ihm sämtliche Knochen weh – innen wie außen. Ich habe ihm geraten: „Schließe doch endlich eine anständige Lebensversicherung ab, dann brauchst du nicht ständig zum Doktor zu laufen." Aber nein! Da könnte ich ja was von haben. Sein ganzes Geld gibt er für Toto und Pillen aus. Ich kann mir überhaupt nichts leisten. Wenn das so weitergeht, muss ich mich bald auf dem Pariser Flohmarkt einkleiden. Stellen Sie sich vor, nur einmal in meinem Leben war ich in einem Hutgeschäft. Vor lauter Freude darüber habe ich achtundsiebzig Hüte aufprobiert, für einen habe ich mich dann entschieden. Als ich mit dem neuen Hut nach Hause kam, sagte ich zu meinem Mann: „Jetzt kannst du nicht mehr sagen, dass ich aussehe wie eine alte Frau." – „Nein", erwiderte er gehässig, „jetzt siehst du aus wie ein alter Mann." Ja, so ist der zu mir!

Einmal hatte ich ein wenig Hoffnung auf ein besseres Leben. Mein Mann war ein halbes Jahr verschwunden. Kopfschüttelnd schaute mich der Wachtmeister an: „Wieso haben Sie denn das Verschwinden Ihres Mannes nicht gleich der Polizei gemeldet?" Treuherzig erwiderte ich: „Wissen Sie, lieber Herr Wachtmeister, man kann ja in der ersten Freude nicht an alles denken!" – Verständnislos sah der mich an: „Liebe Frau, Ihrem Mann kann doch was Tödliches zugestoßen sein." – „Ach, Sie, reizen Sie mich nicht zum Lachen", erwiderte ich, „ich habe aufgesprungene Lippen!"

Eine selbstbewusste Frau

Uns Frauen nennt man, und das mit Recht,
schon ewig und immer das schöne Geschlecht!
Wir Frauen sind einfach herrlich gelungen,
erosdynamisch und locker geschwungen!
Guckt mich doch mal an, guckt richtig, ihr Leut,
guckt ruhig genau – aber bitte, kein Neid!

Der flammende Blick, exzellent das Profil,
die leuchtenden Zähne, so weiß wie Persil.
So adlig und niedlich die klassische Nase,
wenn ich mich betracht, komm ich in Extase!
Betracht' euch genau meinen samtenen Täng,
nur leider sind mir ständig mein' Kleider zu eng!
Zur Wahl der „Miss Merzig" will ich trotzdem hingehn;
denn ich kann mir net helfen – ich finde mich schön!

Dreimal die Woche geh ich zur Massage,
schmier täglich mir „Faltenfrei" in die Fissage,
zwanzig Kniebeugen, erst rauf und dann nieder,
trag von Triumph ein extra stark' Mieder!
Ich wandere täglich bis auf den Berg Ell,
rauf gehts zwar langsam, dafür runner ganz schnell.
Im Hallenbad schwimm ich rum wie ein Fisch,
so bleib ich gesund, stets knackig und frisch!

Darum auch alle Männer den Kopf nach mir drehn,
ich kann mir net helfen – ich finde mich schön!

Was finden Sie eigentlich an den Überschlanken?
Wär ich mal so dürr – ei, ich tät mich bedanken!
Jahre habe ich gebraucht, bis ich so war, wie ich bin,
und auf einmal soll dick nicht mehr Mode sin?

Die Dürren, die kann man getrost doch vergessen,
die sind doch ganz einfach zu faul nur zum Essen!

Die sollen doch ruhig in Modellkleidern gehen,
ich kann mir net helfen – ich finde mich schön!

Beim Schönheitswettbewerb vom Damenverein,
da hab ich gedacht, der Titel ist mein!
Ich wüsst nicht, wer mich da könnt übertrumpfen,
ich werf alles ab, sogar die alten Lumpen!
Ich kleid mich neu ein – alles der letzte Schrei!
Mein Schnuck bezahlt und ist glücklich dabei!
Ich lass mich noch knipsen beim Fotograf in der Stadt.
Ei, war der erstaunt, wie der mich gesehen hat.
Er knipst mich von vorne und dann von der Seit',
auf einmal, da schreit der: „Ach du liebe Zeit!"
Setzt sich auf 'nen Stuhl und springt wieder uff:
„Mein liebe Frau", sagt er, „sie sind nur halber druff!"

„Mit Ihnen, das wird nix! Sie sind nicht fotogen!"
Ich kann mir net helfen – ich finde mich schön!

Wenn ich mich so im Spiegel begucke,
bin ich ganz überwältigt und muss mich gleich hucke.
Ganz sicher, man sieht mir mein Alter nicht an;
jeder hält mich für zwanzig, das kann ich euch sag'n!
Ich trage mit Vorliebe Jeans und Ringelsocken,
wenn ich mich so zeige, bleibt kein Auge trocken.
Ich trage nur T-Shirts, möglichst schön straff,
mein Schnucki sagt nur, „Ei, was bist du für ein Aff!"

Er stöhnt, er habe schon Schöneres gesehn,
doch ich kann mir nicht helfen – ich finde mich schön!

Neulich, da war ich mal richtig in Fahrt,
sofort hab ich zu meinem Schnucki gesagt:

„Heut Abend, da führst du mich aus,
die ganze Woche daheim, das halt ich nicht aus!"
Ich mach mich auf Jugend, ich zieh mich doll an.
Wir ab in die Disco „Zum knackigen Mann"!
Die Musik fing an, niemand konnt mich mehr halten.
Ich fand an so 'nem Hiphop-Jüngling Gefallen!
Ich zerr den auf die Tanzfläch', eh der sich versieht,
probier ich mit dem gleich den neuesten Schritt.

Der sieht mich bloß an und fängt an zu stöhn'.
Ich kann mir nicht helfen – ich finde mich schön!

Heut Abend, da bin ich so richtig in Schwung,
so ein lustiger Tag macht uns all wieder jung!
Bei Trauer und Trübsal, da tu ich gern passen,
Die Flitschen kann man ja immer noch hängen lassen!
Vorläufig sind wir noch all jung und schön,
ich hab hier jedenfalls noch keine Oldies gesehn!
Ab fünfzig, sagt meiner, gehört jede Frau erschoss',
ab fünfzig, da wär mit uns nichts mehr los!
Wir würden dann schlampig, müd und auch blass.
Lauter so Dinger hat der losgelass'!
Das lass ich dir nicht durchgehen, hab ich geröhrt.
Der Kerl ist doch verrückt, der ist doch verstört!

Wenn ich dem nicht gefall, dann kann er ja gehen,
denn ich bleib dabei – ich finde mich schön!

Die einfältige Christine

Sie kommt bieder verkleidet, langsam und schüchtern auf die Bühne. Nach etwas zaghaftem Beginn sollte sie im Verlauf der Rede ihre Verklemmtheit etwas ablegen.

Das waren schlimme Zeiten, als ich damals auf die Welt kam. Ich bin gar nicht geboren. Mich haben sie in der Kleiderkammer des Bundeswehr-Regiments gefunden. Meine Mutter war überhaupt nicht zu Hause. Mein Vater war in der Kneipe und trank Schnaps. Eine Kälte war in der Bude, meine Güte. Da bin ich aufgestanden und habe erst mal den Ofen angemacht. Anschließend habe ich mich dann auf die Wickelkommode gelegt. Das hätte ich nicht tun sollen, denn nun versuchte man mich dauernd einzuwickeln.

Meine Mutter wusste gar nicht, wo sie mit mir hin sollte, zuletzt stellte sie mich in den Vogelkäfig, damit mich die Katze nicht kriegte.

Ich weiß bis heute noch nicht, wer mein Vater ist, aber meine Mutter hat schon einen gewissen Verdacht.

Der Kompaniechef sagte damals zu meiner Mutter: „Mädchen, nur keine Angst, wir werden den Vater Ihres Kindes schon finden." Dann ließ er die ganze Kompanie antreten. Meine Mutter schritt erhobenen Hauptes die Front ab. „Der dritte von rechts und der zweite von links", flüsterte sie. „In Ordnung", sagte der Hauptmann, „die beiden könnten es also sein?" – „Nein", protestierte meine Mutter, „eben nicht. Die beiden sind noch nicht lange genug hier. Das sind die einzigen, die nicht in Frage kommen."

Ich war ein sehr ruhiges Kind, sagt meine Mutter. Ich bin immer still sitzen geblieben, in der Schule sogar dreimal. Die anderen Kinder hatten nur Einser oder auch mal eine Zwei im Zeugnis, ich hatte meistens eine Fünf und im letzten Schuljahr sogar oft eine Sechs. Einmal sollten wir zeichnen, was wir sein möchten, wenn wir erwachsen sind. Ich rührte keinen Finger. Auf die Frage der Lehrerin gab ich zur Antwort: „Wenn ich groß bin, will ich eine glückliche Ehe führen. Wenn ich zeichne, wie ich mir das vorstelle, kriege ich von Ihnen bestimmt einen Eintrag!"

Als ich einmal einen Tag gefehlt hatte, fragte mich die Lehrerin nach dem Grund. Ich antwortete: „Mein Opa ist gestorben." – „Nanu?", staunte die Lehrerin, „den habe ich doch heute noch an eurem Schlafzimmerfenster gesehen?" Ich sagte: „Stimmt, Fräulein. Da lassen wir ihn auch noch drei Tage lang, damit wir die Rente für diesen Monat noch kriegen!"

Einmal sollten wir einen Aufsatz schreiben, in dem das Wort „Palaver" vorkommt. In meinem Aufgabenheft stand danach zu lesen: „Ich habe zu Hause noch zwei heranwachsende Schwestern. Beide haben einen Wandkalender, auf dem alle vier Wochen ein roter Strich zu sehen ist. Das letzte Mal ist der rote Strich aber ausgefallen – da war bei uns vielleicht ein Palaver!"

Ein anderes Mal wollte die Lehrerin einen griechischen Dichter von mir wissen. Ich antwortete: „Achilles."– „Achilles war doch kein Dichter", tadelte die Lehrerin. „Wieso denn nicht", erwiderte ich, „er wurde doch durch seine Ferse berühmt." Daraufhin gab sie mir einen Groschen und sagte: „Geh in die Apotheke und kaufe für zehn Pfennig Verstand!" In der Tür drehte ich mich noch einmal um und fragte: „Soll ich sagen, dass es für Sie ist?"

Dann hatten wir natürlich auch Biologie. „Nachdem wir in der vorigen Stunde die Wasservögel durchgenommen haben, sind heute die Sumpfvögel dran", erläuterte die Lehrerin. „Christine, kannst du uns etwas über den Storch sagen?" Ich erwiderte: „Das kann ich schon, aber hier in der Klasse?" Daraufhin wollte die Lehrerin dringend mit meiner Mutter sprechen.

Niemals vergesse ich den Tag, an dem ich aus der Schule kam und zu meiner Mutter sagte: „Mami, stell dir vor, unsere ganze Klasse ist heute vom Schularzt untersucht worden. Nur eine von uns ist noch Jungfrau!" Meine Mutter freute sich: „Ja, ja, mein Kind, du warst immer ein braves Mädchen." Verdutzt erwiderte ich: „Wieso ich? Die Lehrerin!"

Eigentlich habe ich ein sehr gutes Abschlusszeugnis bekommen. Darin stand: „Christine ist zu allem fähig." Die Rektorin meinte zum Abschied: „Christine, ich fürchte, du bekommst nie eine gute Lehrstelle." So ein Quatsch! 15 Stück habe ich gehabt.

Macht die „langen Finger", zeigt die Zunge, langt mit der Kelle kräftig zu usw.

Zuerst war ich bei einer Handschuhmacherin in der Lehre. Die war aber gar nicht zufrieden mit mir. Sie sagte: „Dich schmeiß ich raus, du machst mir immer zu lange Finger."

Danach war ich Verkäuferin in einem Schuhgeschäft. Eines Tages bediente ich so eine reiche Ziege, über und über mit Gold behängt und von oben herab. Ich habe alles an Schuhen herangeschleppt, was wir im Lager hatten. Nichts war der Dame gut genug. Nach vier Stunden meinte sie: „Können Sie mir noch etwas zeigen?" Patzig erwiderte ich: „Ja, die Zunge!"

Sehr gerne wäre ich Serviererin geworden. Drei Wochen habe ich in so einem superfeinen Restaurant gearbeitet, wo die Portionen ganz klein und die Rechnungsbeträge ganz groß sind. Dann habe ich aber mit der Köchin Krach bekommen, weil ich den Gästen immer noch Nachschlag gegeben habe.

Später war ich dann als Verkäuferin in einem Miederwarengeschäft angestellt. Eines Tages kam der Chef zu mir und sagte: „Frau Christine, ich habe die Kasse überprüft, es fehlen genau 60 DM." Ich gab zur Antwort: „Herr Chef, nur Sie und ich haben einen Kassenschlüssel, da legt eben jeder von uns 30 DM wieder hinein und dann sprechen wir nicht mehr darüber."

Dann versuchte ich mich als Verkäuferin in einem Waffengeschäft. Eines Tages betrat eine junge hübsche Frau schluchzend die Waffenhandlung und erklärte: „Mein Mann ist tödlich mit seinem Auto verunglückt." Ich flüsterte: „Mein aufrichtiges Beileid, gnädige Frau. Aber ich verstehe nicht, wieso Sie deshalb zu mir kommen." Darauf entgegnete sie: „Na, ich möchte Ihnen natürlich den Revolver zurückbringen, den ich gestern hier gekauft habe. Ihr Tipp mit dem Bremskabel hat prima funktioniert." Daraufhin entließ mich der Chef wegen Geschäftsschädigung.

Anschließend war ich im Städtischen Krankenhaus als Krankenschwester tätig. Eines Abends ging der Stationsarzt noch einmal durch seine Abteilung. In diesem Moment stürzte ich mit wirrem Haar, offener Bluse und rotem Gesicht aus dem Zimmer eines Privatpatienten. „Nanu", fragte der Arzt erschrocken, „ist etwas passiert?" Darauf erwiderte ich: „Wie soll ich denn das jetzt schon wissen?" Ich wusste nicht, dass jeglicher privater Kontakt zu den Privatpatienten untersagt war.

Ein halbes Jahr war ich Gärtnerin bei einem reichen Fabrikanten. Eines Tages kam es zum Streit mit der Frau des Hauses. Ich sagte: „Also gut, wenn Sie mich schon rauswerfen, weil ich bei Ihrem Mann einmal schwach geworden bin, dann sollen Sie auch wissen, dass man mir gesagt hat, ich sei eine viel bessere Liebhaberin als Sie." Die Frau schnappte nach Luft: „Unerhört! Wann hat mein Mann das gesagt?" Ich grinste: „Nicht Ihr Mann, sondern der Chauffeur."

Zum Schluss war ich Aushilfe bei einem älteren Apotheker. Ganz plötzlich kündigte ich. „Aber Christine", meinte die Frau des Apothekers sehr erstaunt, „was ist denn in Sie gefahren? So plötzlich wollen Sie uns verlassen?" – „Ja", sagte ich nicht ohne Freude, „ich will doch heiraten!" – „Ach, heiraten wollen Sie? Ja, und glauben Sie, liebe Christine, dass Sie es dann besser haben werden?" – „Besser wohl nicht, gnädige Frau, aber öfter!", erwiderte ich.

Nun ist das bei uns zu Hause auf dem Dorf so Mode, dass am Hochzeitstag die Braut ihren Jungfernkranz trägt und vom Kirchturm herab die große Glocke läutet. Wenn die Braut ausnahmsweise keine Jungfrau mehr ist, dann braucht sie keinen Jungfernkranz mehr zu tragen und es läutet auch nur ein kleines Glöcklein. Das ist dann aber auch billiger. Als es endlich so weit war, sagte der Herr Pastor zu mir: „Nicht wahr, Fräulein Christine, bei Ihnen können wir doch die große Glocke nehmen?" Gelassen erwiderte ich: „Herr Pastor, mir und meinem Bräutigam kommt es auf ein paar Mark nicht an. Nehmen Sie ruhig die große Glocke und bimmeln sie mit der kleinen ab und zu dazwischen."

Nach der Trauung unternahmen wir eine sehr schöne Hochzeitsreise. Wir drehten eine Runde auf der Achterbahn. Mein Mann war glücklich wie ein satter Säugling an der Mutterbrust. Er war ein schöner Mann! Gnädige Frau, da hätten Sie auch nicht Nein sagen können.

Christine fixiert eine Dame im Publikum.

Die Männer heiraten, weil sie müde sind, die Frauen, weil sie neugierig sind. Wir haben uns auf der Hauptstraße kennen gelernt. Ich drehte mich um und sagte: „Laufen Sie mir nicht hinterher, Sie unverschämter Kerl, womöglich rufen Sie mich auch noch unter 7 66 31 72 an, was?"

Wir erwachten dann am anderen Morgen im Hotel. Da seufzte ich: „Klaus, ich muss dir etwas gestehen: Ich bin keine reiche Millionärstochter." Da lachte mein Schatz: „Das macht nichts, Süße. Du warst auch nicht meine erste Frau."

Eines Tages kam mein Klaus zur Wohnungstür hereingestürzt. Er hatte etwas ungemein Gieriges im Blick. Aufgeregt rief er mir zu: „Schnell, schnell, Schatzi! Lass die Rollläden runter und zieh die Vorhänge zu, ich muss dir etwas zeigen!" Hocherfreut und zittrig tat ich, wie mir geheißen, und riss mir in aller Eile meine Kleider vom Körper. Nackt stand ich im Dunkeln und flüsterte

heiser: „Komm, Klaus!" Mein Klaus tappte ungeschick zu mir herüber und sagte: „Guck doch mal, wie prachtvoll das Leuchtzifferblatt meiner nagelneuen Armbanduhr im Dunkeln leuchtet!"
Leider dauerte unser Eheglück nicht lange. Eines Tages klingelte ich bei unserer Nachbarin und klagte: „Frau Piepenbrink, stellen Sie sich vor, ich schicke meinen Mann zum Kaufmann, er soll mir eine Dose Erbsen holen. Der dumme Kerl geht über die Straße, schaut nicht links und nicht rechts, ein Omnibus kommt – tot ist er." – „Um Himmels willen, Sie Ärmste!", rief die Nachbarin bestürzt, „was machen Sie denn jetzt?" – „Ach Gott, es ist nicht weiter schlimm, ich habe noch eine Dose Bohnen im Haus."

Zwei gute Freundinnen

Amei und Gret sind angezogen wie feine Damen, sie wirken in den eleganten Sachen jedoch wie „verkleidet". Gret kommt völlig erschöpft und derangiert auf die Bühne, wo Amei schon auf sie wartet.

Amei: Hallo, Gret! Ja sag mal, wie siehst du denn aus!? Du machst ja so einen müden Eindruck! Ist dir der Sonntag nicht bekommen?

Gret: Doch! Ich war sogar beim Pferderennen. Und wie ich mir die Pferde im Stall angesehen hab, ist mir meine Handtasche runtergefallen.

Amei: Ja, davon kannst du doch nicht so müde sein?

Gret: Und ob! Denn wie ich mich nach meiner Handtasche bück, kommt so ein kurzsichtiger Jockey und wirft mir 'nen Sattel über.

Amei: Und was hast du gemacht?

Gret: Ach, bloß den dritten Platz! – Aber stell dir vor, ich hab vier Hufeisen gefunden, was das wohl bedeuten soll?

Amei: Ist doch klar! Jetzt läuft irgendwo ein Pferd barfuß rum! Also, ich hab mir am Sonntag „Tannhäuser" angesehn!

Gret: So? Ich wusste ja gar nicht, dass du bauen willst!

Amei: Von Kultur und Kunst hast du ja noch nie 'ne Ahnung gehabt, Gret! Also ich steh ja unheimlich auf Mozart!

Gret: Hör doch auf, du mit deinem Mozart. Das einzig Gute, was der je geschrieben hat, ist doch „Tristan und Isolde".

Amei: Tristan und Isolde? – Aber, Gret, meine Gret! Das ist doch von Wagner!

Gret: Na siehste, noch nicht mal das hat dein Mozart hingekriegt! Aber sag mal, wenn du so in der Kunst bewandert bist, dann kennst du doch ganz bestimmt auch Beethovens „Neunte"?

Amei: Ja, natürlich kenn ich die!

Gret: Jetzt sag nur noch, der hätte das Weib geheiratet?

Amei: (Amei verdreht die Augen.) Nein, die „Neunte" ist ein Musikstück. Aber wenn wir schon mal beim Thema Kunst sind, was hältst du denn von Shakespeare?

Gret: Ehrlich gesagt, ich trink lieber Karlsberg-Bier! Oder noch lieber 'nen guten Wein! – Übrigens, Amei, mein Sohn hat 'ne neue Freundin! Die ist ein Zwilling!

Amei: So!? Und wie kann er die dann von dem anderen Zwilling unterscheiden?

Gret: Oh, ganz einfach! Ihr Bruder hat einen Bart!

Amei: Wieso hat denn dein Sohn eine neue Flamme? Ich denk, die Sache mit dem Lisabeth war ernsthaft?

Gret: Ja schon, aber das war nicht das Richtige. Das Lisabeth war ihm auf die Dauer zu kostspielig!

Amei: Wieso? Was heißt denn kostspielig, Gret? Hat sie zu hohe Ansprüche gestellt?

Gret: Ja, denk dir, das Mädchen wollte immer Geld. Die war unersättlich, Amei. Morgens wollte sie Geld, mittags Geld und abends wollte sie auch noch Geld!

Amei: Ja, was hat die denn mit dem vielen Geld gemacht?

Gret: Kann ich dir nicht sagen, mein Sohn hat ihr ja keins gegeben!

Amei: Siehst du, ich sag ja immer: Es gibt keinen Unterschied zwischen einer Jungfrau und einer Hausfrau! – Beide sehnen sich nach dem Ersten!

Gret: Du, Amei, hättest du keine Lust, mit mir zusammen in Urlaub zu fahren?

Amei: Lust hätt ich schon – aber kein Geld.

Gret: Och, ich wüsste schon, wo wir zwei ganz billig Urlaub machen könnten.

Amei: So? Wo denn?

Gret: An der Nordsee!

Amei: Du spinnst wohl! Gerade dort ist es doch sehr teuer. Die haben doch nur gesalzene Preise. Das kann ich mir nicht leisten.

Gret: Wir könnten dort einen Job annehmen und damit unseren Urlaub finanzieren.

Amei: Das wird ja immer schöner. Ein Job?

Gret: Nein, doch nur einen ganz leichten, angenehmen Job!

Amei: Ah so, ein ganz leichter Job? Und als was bitte soll das sein, wenn ich fragen darf?

Gret: Wir beide jobben als NA–NA–GIRL!

Amei: Als was?

Gret: Ja, du hast richtig gehört. als NA–NA–GIRL! – Wenn es abends dunkel wird, gehen wir zwei von Strandkorb zu Strandkorb und sagen: „Na, na, – das dürfen Sie aber nicht tun!"

Amei: Unsinn! Dafür gibt uns doch niemand Geld! – Du, Gret, meine Schwester hatte doch 'ne Menge Annoncen aufgegeben, Heiratsannoncen! Erfolg gleich Null!

Gret: Wieso? Ich denk, die hat jetzt einen Bräutigam?

Amei: Ja! Aber das ist doch die Null!

Gret: Hat denn der Bräutigam von deiner Schwester wenigstens einen ordentlichen Beruf, der ein bisschen was hermacht?

Amei: Ja! Der ist Deckoffizier bei der Marine!

Gret: Donnerwetter! – Ich hab ja gar nicht gewusst, dass die Marine ein eigenes Gestüt hat! Da hat sie 's doch aber wirklich gut getroffen.

Amei: Na, wenn du es so siehst. – Also, ich muss ja sagen, ich hab überhaupt keine Probleme mit den Männern. Ich erobere jeden Mann im Sturm!

Gret: So? Und was machst du bei schönem Wetter?

Amei: Da! Da! Sieh doch! Da hinten hat mich schon gerade wieder einer angelacht!

Gret: Ist ja gut, ich glaub dir ja. Wie ich dich zum ersten Mal gesehen hab, da musste ich auch lachen!

Amei: Weißt du, es gibt fünf Stellen, wo ich mich mal gerne von einem Mann küssen lassen würde.

Gret: Oh, là, là! Und wo sind die?

Amei: (verträumt) Florida, Bahamas, Malediven, Honolulu, …(eigener Ort)! – Gret, hast du eigentlich gewusst, dass es unheimlich viele Männer gibt, die überhaupt nicht heiraten wollen?

Gret: (tut sehr erstaunt) Nein, aber woher weißt du denn das?

Amei: Ei, ich hab sie alle gefragt!

Gret: Apropos! Ich habe da so allerhand von dir gehört.

Amei: Ach! Was denn?

Gret: Von wegen deinem bewegten Liebesleben und so.

Amei: Ach, das ist doch nichts Besonderes! Von wegen bewegt. Ich wünschte, da wäre etwas Bewegung.

Gret: Ja, aber genau das habe ich gehört! Das mit der Bewegung und so.

Amei: Wie kannst du sowas glauben? Also, du bist doch vielleicht beschränkt, meine Liebe! Du bist der größte Blödmensch hier im Saal!

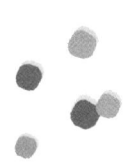

Gret: Wie kannst du das denn behaupten? Du kennst doch die Leute hier gar nicht alle!

Amei: Mensch, du bist aber wirklich dämlich!

Gret: Was? Ich und dämlich? Gerade neulich hab ich sogar noch eine Enzyklopädie gekriegt!

Amei: Ja, hattest du dich denn nicht dagegen impfen lassen?

Gret: Du, gestern ist mir doch vielleicht ein Ding passiert! Kommt doch Meyers Tochter zu mir und will von mir 500 Mark pumpen!

Amei: Was? 500 Mark wollt die bei dir pumpen? Was hast du denn zu ihr gesagt?

Gret: Ich hab gesagt, sie soll sich gefälligst 'ne Dümmere suchen!

Amei: Hach! Das war gut! – Und was hat sie da gemeint?

Gret: Sie würde es heute bei dir probieren!

Amei: Jetzt reichts mir aber, Gret! Kannst du mir einen Satz mit „Wannsee" sagen?

Gret: Kenn ich: Wannsee – Wann seh ich dich wieder?!

Amei: Komisch, komisch! Kann ich da nur sagen!

Gret: Wie bitte?

Amei: Ja! Komm ich heut nicht, komm ich morgen!

Gret: Ja, wenn das so ist, dann Tschüs!

Von Männern und Frauen

Wir armen, armen Mädchen sind, ach, so übel dran. Ich wollt, ich wär kein Mädchen, ich wollt, ich wär ein Mann.
Meine Güte, wie oft habe ich mir das schon gewünscht. Wenn ein Mann viele Liebesabenteuer hat, dann ist er ein interessanter Schwerenöter und ein Herzensbrecher. Hat hingegen eine Frau viele Liebesabenteuer, dann ist sie ein Flittchen, ein anormales Geschöpf. Geht ein Mann gern und viel aus, dann ist er lebenslustig. Eine Frau ist im gleichen Fall vergnügungssüchtig. Heiratet ein Mann nicht, dann ist er ein gescheiter Junggeselle. Heiratet aber eine Frau nicht, dann ist sie eine alte Jungfer, die gerne heiraten wollte, aber keinen Mann bekam. Ein Mann um die fünfzig ist angeblich in den besten Jahren. Eine Frau im gleichen Alter ist eine alte Schachtel. Der Mann, der sich im Pensionsalter noch einmal verliebt, erlebt den zweiten Frühling. Eine Frau in der gleichen Lage ist nach Meinung der anderen mannstoll und von der Torschlusspanik besessen. Wenn ein Mann mit der Faust auf den Tisch schlägt, dann ist das ein Beweis dafür, dass er die Hosen anhat. Bei einer Frau würde man sagen, sie ist streitsüchtig und hysterisch. Ein Mann, der keinen besonderen Wert auf sein Äußeres legt, ist salopp gekleidet. Eine Frau in der gleichen Lage lässt sich gehen und ist eine Schlampe.
Nun zu einem anderen Thema. Sehen Sie: Das Ankleiden ist für Mädchen im Alter von 15 Jahren eine Arbeit; für Frauen zwischen 20 und 30 Jahren ein Vergnügen, für Frauen über die 40 aber eine Kunst. Eine Freundin sagte kürzlich zu mir: „Monika, wie reizend du wieder aussiehst, meine Beste! Was musst du für eine Mühe gehabt haben!" – „Nicht der Rede wert", gab ich höhnisch

Hier steht die „ganz normale" Frau im Mittelpunkt. Kostümieren Sie sich nach Ihren Vorstellungen.

zurück, „dein Kleid ist übrigens auch ganz reizend. Je öfter ich es an dir sehe, meine Liebe, desto besser gefällt es mir. Wirklich!"

Können Sie nun verstehen, warum ich gerne ein Mann sein möchte? Ein Mann, der in Gesellschaft nicht von der Seite einer Frau weicht, ist ein aufmerksamer und treuer Ehemann. Eine Frau, die das Gleiche tut, ist eine unbeholfene, dumme, eifersüchtige Gans. Man kann unzählige Beispiele aufführen, die beweisen, wie unendlich weit wir Frauen noch von der viel gerühmten Gleichberechtigung entfernt sind. Wie viele Männer geben das Geld leicht aus, ohne gleich schief angesehen zu werden. Das sind keine Hochstapler, sie sind auch nicht leichtsinnig, nein, sie sind großzügig. Eine Frau dagegen kann nicht wirtschaften und ist verschwenderisch. Ein Mann, der nur selten Geld ausgibt, ist kein Schotte, der ist auch nicht knauserig, nein, er ist ein sehr treu sorgender Familienvater. Von der Frau würde man sagen: Die ist geizig, die sorgt nur für sich. Ein Mann, der viel redet, ist geistig rege, ein guter Unterhalter und über alles bestens orientiert. Was würde man in diesem Falle von einer Frau sagen? Diese Schnattergans, dieses Klatschweib geht mir auf die Nerven. Wenn die den Mund aufmacht, dann lügt sie, und wenn sie ihn zumacht, dann hat sie gelogen. Wie lange wollen wir uns das noch gefallen lassen?

Und überhaupt: Die Männer sind komische Burschen. Vor der Ehe tun sie, als wäre alles erlaubt und in der Ehe, als wäre alles verboten. Vor einigen Jahren hat mir doch so ein Knabe während der Eisenbahnfahrt den Geldbeutel gestohlen. Zur Bahnpolizei habe ich gesagt: „Als Dieb kommt nur der Herr in Frage, der mit mir im Abteil gesessen hat." – „Wo hatten Sie den Geldbeutel?", wollte der Beamte wissen. Empört antwortete ich: „Hier, in meinem Ausschnitt! Ich dachte, der Mann hätte ehrliche Absichten, Herr Schaffner."

Wir Frauen haben anständige Männer wirklich sehr gern, aber an den Windhunden hängen wir mit abgöttischer Liebe! Wem sage ich das?

In meiner Jugend hatte ich einen wirklich viel versprechenden Anfangserfolg: In vierzehn Tagen war ich schon zweimal verlobt. Meine erste Verlobung ging wegen meines Papageis in die Brüche. Er rief immer: „Gib mir noch ein Küsschen, Bernd!" Doch mein Verlobter hieß Stefan.

„Darf ich dich küssen, Monika?" fragte mich mein anderer schüchterner Verehrer. Ich aber schwieg. „Bitte, nur einen einzigen Kuss!", bettelte er weiter. Ich schwieg immer noch. „Bist du denn taub?", fragte der junge Mann schließlich. „Nein", erwiderte ich, „ich bin nicht taub, aber du scheinst gelähmt zu sein. Wer gut küssen kann, kommt ohne viele Worte durchs Leben."

In einem Monat musste ich dreimal den Verlobten wechseln, so unbeständig sind die Männer. Das beste Mittel für eine Frau, nicht an gebrochenem Herzen zu sterben, besteht darin, es stets nur in Bruchstücken zu verschenken. Davon habe ich reichlich Gebrauch gemacht! Einer war so wahnsinnig in mich verliebt, dass er mich am liebsten aufgefressen hätte. Ja, dem hatte der Doktor reizlose Kost verordnet.

Die Männer sind wie Zähne. Erst kriegt man sie unter Schwierigkeiten, und wenn man sie hat, bereiten sie Schmerzen und Ärger. Verliert man sie, hinterlassen sie eine große Lücke.

Wegen meines Mannes musste ich neulich auch den Arzt aufsuchen. Ich sagte: „Herr Doktor, ich mache mir Sorgen um meinen Mann. Manchmal kann ich stundenlang auf ihn einreden, um dann feststellen zu müssen, dass er überhaupt nicht zugehört hat." – „Liebe Frau", erwiderte der Arzt, „das ist doch keine Krankheit, das ist eine Begabung." Begabung nennen die Herren der Schöpfung das! Dass ich nicht lache! Wenn die

Männer nur einen Bruchteil der guten Eigenschaften hätten, die sie sich andichten, dann wäre es ein Vergnügen, mit ihnen zu leben. Aber so, wie die Herren sich das denken, so geht es nicht, meine Damen! Wir dürfen uns das nicht gefallen lassen!
Erst kürzlich war ich beim Anwalt: „Mein Mann und ich wollen uns scheiden lassen, und zwar wegen Willensgleichheit." – „Wegen Willensgleichheit?", staunte der Anwalt. „Da brauchen Sie sich doch nicht scheiden zu lassen. Wenn beide Partner in der Ehe immer dasselbe wollen, dann geht die Ehe doch gut." – „Nein", sagte ich streng, „sie geht eben nicht gut. Die Willensgleichheit besteht bei uns darin, dass ich Herr im Hause sein will und mein Mann auch."
Mein Mann ist jetzt um die fünfzig und der zweite Frühling meldet sich stürmisch. Gestern abend ging er, eine geschäftliche Verabredung vorschützend, wieder allein aus. Ich war darüber sehr wütend und zischte: „Das eine sage ich dir: Wenn du mich betrügst, springe ich aus dem Fenster!" Erst heute morgen kehrte er heim. Ich stand am Fenster, als er den Garten betrat. Lächelnd winkte er zu mir hinauf und rief gut gelaunt: „Spring, Liebling, spring!"

Die Frau von 40 Jahren

Seht mich nur an, wie ich hier steh,
ich bin jetzt schon 40 und immer noch schön!

Wir Frauen von 40, das hat man erkannt,
sind rumdherum sexy und haben auch Verstand!
Wir haben die Schwächen der Männer entdeckt,
in der Küch' und im Schlafzimmer, da sind wir perfekt!
Wir trinken keinen Schnaps, wir leben gesund!
An uns gibts keine Ecken, da ist alles rund!
Zum Abnehmen brauchen wir keine Kur!
Wir haben das nicht nötig mit unserer Rubens-Figur!

Kein Wunder, wenn die Männer so auf uns stehn!
Wir Frauen von 40 sind halt immer noch schön!

Mit 40, da wird sich auch nicht mehr geziert.
Die Jahrgäng' sind meistens schon emanzipiert!
Das hat unser Selbstbewusstsein wohl gestärkt!
Nur die Männer, die haben das bis heut nicht bemerkt!
Wenn die spät abends aus der Kneipe heimkommen,
sind sie schlecht gelaunt und tun nur noch brummen!
Da sagen wir kein Wort! – Die kluge Frau schweigt!
Wir haben unsre Gewerkschaft! Da wird halt gestreikt!

Nach 4 Tagen, ihr Frauen, das wissen wir doch,
kommen die Brüder auf den Knien angekroch'!
Und spätestens dann, das merken die glatt,
das Schönste ist immer das, was man hat!
Denn wir haben Erfahrung, das muss man verstehn,
wir Frauen von 40 sind immer noch schön!

Wir Frauen tun Haus und Hof verwalten!
Haben noch keine Runzeln und auch keine Falten!
Ein ganzer Industriezweig ist heut erblüht,
der sich um die Schönheit von uns Frauen bemüht!
Wir Frauen sind gegen das Alter immun,
weil wir für die Schönheit doch alles tun!

Wir haben unsere Mittel und die sind nicht umsonst!
Die tun wir benützen, das ist doch keine Kunst!
Wir haben Puder, Creme und französisches Parfüm!
Damit wir gut riechen, tun wir Spray ans Kostüm!

Bevor wir ins Bett gehen – so ganz im Vertraun,
machen wir uns eine Maske von Gurken auf die Au'n!
Am anderen Tag tun die Männer uns beneide,
wir haben nämlich 'ne Haut wie Samt und wie Seide!
Da kommen wir an wie Sofia Loren!
Wir Frauen von 40 sind halt immer noch schön!

Wenn wir uns – ihr Frauen – mal richtig vergleichen
mit den Mannsleut, die jetzt erst die 40 erreichen;
dann zählen die Brüder doch schon zu den Alten!
Sie haben all' Wehwehchen und das Gesicht
                        voller Falten!
Sie riechen nach Schnaps, Zigaretten und Rauch;
dann werden sie rund und bekommen 'nen Bauch!
Sie verlieren die Haar' und schmatzen am Tisch!
Ohne uns Frauen wären die doch überhaupt nix!

Was haben wir mit denen eine himmlisch Geduld.
Die sind an ihr'm Elend doch selber schuld!
Der Adam im Paradies, das ist doch der Fluch,
der war doch dem Herrgott sein erster Versuch!
Und meistens, so ist es doch im Leben,
der erste Versuch geht immer daneben!

Nach der, wie wir wissen, sehr schwachen Leistung,
da kam unserm Hergott erst die Erleuchtung!
Und in dieser Phase, das weiß man heut genau,
hat er 's nochmal versucht und erschuf die Frau!
Der Versuch war dann Klasse,
drum sind wir Frauen von 40 'ne tolle Rasse!

Wir ziehen uns an, wir machen uns chic!
Wir sind zwar ein bisschen mollig – aber nicht dick!
Das ist bei uns doch nur der Babyspeck;
denn mit 40 ist der noch lange nicht ganz weg!
Dafür sitzen an uns, das ist doch kein Schand',
die Blusen und Jeans auch immer schön stramm!
Was man da an uns sieht, das steht doch wohl fest,
an Frauen von 40, da ist alles noch echt!

Alle anderen Männer, die merken das fix,
nur bei unsern zu Haus, da rührt sich nix!
Ich mach mich abends immer schön und adrett
und zieh ein Negligé an für ihn im Bett!
Da liegt dann mein Männchen, der alte Ganove,
die Augen zu und tut, als würd er schlofe!
Der traut sich noch nicht mal zu gucken – das ist doch
                                    kein Sünd!
Der ist nicht nur alt – der ist auch noch blind!
Das soll heut ein Mensch noch verstehn!
Wir Frauen von 40, ei, wir sind doch noch schön!

Wir fahren in Urlaub im Sommer alljährlich,
da leben wir Frauen von 40 gefährlich!
Wenn wir im Bikini am Strand uns zeigen,
tut manch andre uns um unsre Reize beneiden!
Wir haben was zu bieten, da kommt was raus!
Ei, sehen wir denn nicht wie die Teenager aus?
Die Männer, die da am Strand rumsitzen,
die kommen von unsrem Anblick ins Schwitzen!

Ich war eines Abends, die Nacht war so klar,
mit meinem Mann am Strand an der Bar.
Da kommt so ein Playboy, ein ganz ausgekochter,
und fragt: „Verzeihung, mein Herr, ist das Ihre Tochter?
Ich such nämlich 'ne Frau, die so aussieht wie sie!
Wenn ich die nicht finde, dann heirat ich nie!"
Mein Mann war geschockt, seitdem ist der klein!
Und lässt mich niemals mehr fahren in den
                              Urlaub allein!

Wir Frauen von 40 sind immer noch fit,
wir sind noch aktiv und machen alles überall mit!
Vor allem in der Fastnachtszeit,
nur aus Spaß an der Freud!
Dann stehn wir mit heiterer Miene
als Fastnachtsjecken vor und hinter der Bühne!
Jed' Dekoration tun wir noch verschönen
mit unseren bunten, farbfrohen Tönen!
Was würden die Männer nur ohne uns machen?
Denn über die, da kann ja keiner mehr lachen!

Helau!

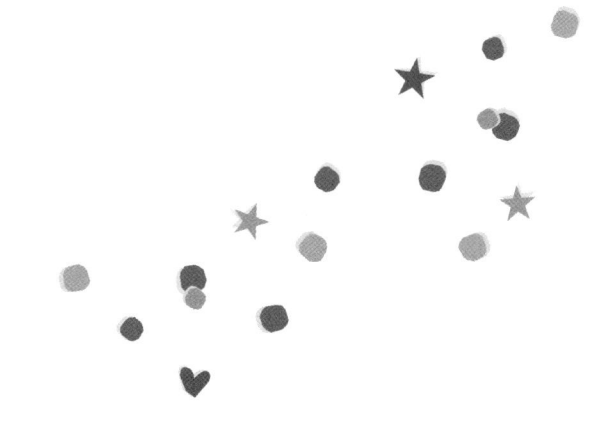

So sind nun mal die Männer

Was lange gärt, wird endlich Wut!
Meine Zunge sträubt sich, auch nur annähernd etwas Gutes über die Männer zu sagen. Ich halte die Männer für das Schlimmste seit Adam.
Es ist gar kein Geheimnis, meine Damen, das Leben eines Mannes zerfällt in drei Abschnitte: Im ersten fällt der Mann seiner Mutter, im zweiten seiner Frau und im dritten schließlich seiner Tochter auf die Nerven.
Beim Aussuchen eines Mannes sollten wir Frauen es wie beim Aussuchen eines Stoffes halten: Also nicht bei künstlicher Beleuchtung wählen! Der Unterschied zwischen einem Mann und einer Frau besteht ja darin, dass der Mann das Liebesleben leider nur als Sprint auffasst, für uns Frauen dagegen ist es ein Hindernislauf.
Kinder, Kinder, was bin ich gelaufen, und alle Männer hinter mir her. Aber keiner wollte sich trauen lassen. Man muss unterscheiden zwischen den Männern, die sich vorher trauen und denen, die sich trauen lassen.
Seien wir doch einmal ehrlich, meine Damen. Was haben wir denn davon, wenn wir heiraten? Was kommt dabei heraus? – Nichts als Kinder.
Böse Zungen behaupten, wir Frauen schauen gelegentlich unters Bett, in der Hoffnung, einen Einbrecher zu finden. Da kann ich nur sagen: Nicht nur unters Bett! Ja, was bleibt uns denn nach Jahren der Enttäuschung und Vernachlässigung anderes übrig?
Ist Ihnen schon einmal aufgefallen, dass im Tierreich die Männchen irgendwie viel schöner als die Weibchen sind? Diesen Fehler hat der liebe Gott beim Menschen leider korrigiert. Es mag vielen Männern zum Trost gereichen, dass sie manchmal nicht ganz so geistlos aussehen, wie sie tatsächlich sind.

Hier geht es den Männern im wahrsten Sinne des Wortes an den Kragen. Geben Sie sich herb und deftig in Wort und Gebaren.

Ich behaupte, die Ehemänner wünschen sich nicht die große Freiheit, sie wollen viel lieber viele kleine unanständige Freiheiten.

Zum Beispiel einen großen Büstenhalter hochhalten.

Nie ist ein Mann schwächer als in dem Augenblick, in dem eine schöne Frau sagt, wie stark er doch sei. Man kann einem Mann die törichtesten Dinge über seine Stärke sagen, er wird sie glauben. Junge Männer wollen treu sein – und sind es nicht. Alte Männer möchten untreu sein – und können es nicht. Also, das ideale Alter für einen Mann ist erreicht, wenn sich Frauen noch und die Armee nicht mehr für ihn interessieren.

Apropos Armee: Mein Mann war Obergefreiter bei der Bundeswehr. In einer Fragestunde beim Dienstunterricht erkundigte er sich: „Seit wie viel Jahren besteht die Bundeswehr, Herr Unteroffizier?" – „Seit 1955!" antwortete der. „Ich dachte", wunderte sich mein Mann, „seit 2000 Jahren. Schon in der Bibel steht: Sie legten seltsame Gewänder an und zogen planlos umher." Ja, so ist mein lieber Mann. Überall muss er seine Bildung heraushängen lassen.

Wussten Sie eigentlich schon, dass 59 Minuten eine schwache Stunde sind? Das nur nebenbei.

Auf gar keinen Fall darf man die Männer verwöhnen. Je mehr eine Frau einen Mann verwöhnt, desto weniger wird sie von ihm verwöhnt. Ich spreche da aus Erfahrung. Einmal ging ich mit einem Bekannten ins Kino. Am Büfett kaufte er für sich Schokolade. Der Film lief. Er knabberte unentwegt. Ich hoffte und hoffte. Schließlich fragte ich spöttisch: „Schmeckt es?" – „Ausgezeichnet! Sie hätten sich auch eine Tafel kaufen sollen!"

Schokoladentafel präsentieren und dann kräftig hineinbeißen.

Mein seliger Vater hatte diesen Herrn für mich ins Auge gefasst und sagte zu ihm: „Also, lieber Herr Lustig, Ihre enormen Schulden habe ich bezahlt! Nun steht doch einer Heirat mit meiner Tochter wirklich nichts mehr im Wege." – „Nein, eigentlich nicht, Herr Müller", erwiderte meine liebreizende Errungenschaft. „Ich bin allerdings noch nicht ganz von meiner Frau geschieden! Wenn Sie mich für Ihre Tochter haben wollen, müssten Sie das vorher auch noch für mich regeln." Ja, so sind nun mal die Männer!

Als ich noch jung und unerfahren war, fragte ich meine Mutter: „Du, Mutti, beginnen alle Märchen mit den Worten: Es war einmal?" – „Oh nein", erwiderte sie, „manche beginnen auch: Wir müssen heute Abend im Büro Überstunden machen."

Tja, meine Damen, die Männer sind wie Zwiebeln: Wenn man sich näher mit ihnen befasst, ist es zum Heulen. Meine arme Nachbarin ist auch schwer hereingefallen mit ihrer Errungenschaft. Ihr Mann ist Schlafwandler. – Er schläft mal hier, mal dort.

Ich sage immer, die zehn schönsten Lebensjahre eines Mannes sind die von 28 bis 30! Neunundvierzig Jahre lang haben die Männer Angst vor dem Tag, an dem sie fünfzig werden. Für viele beginnt dann der zweite Frühling. Einige wollen in einer Woche nachholen, was sie in zwanzig Jahren versäumt zu haben glauben. Hüten Sie sich vor diesen Männern, meine Damen. Nur eine Röntgenologin hat eine Chance, die Männer zu durchschauen.

Viele Männer heiraten ja, um eine bestimmte Frau zu vergessen. Dann laufen sie anderen nach, um die Frau zu vergessen, die sie mal geheiratet haben. Wir Frauen möchten in der Liebe Romane erleben – Männer sind eben mehr für Kurzgeschichten. Für uns Frauen ist die Treue eine Tugend, für Männer ist sie eine übergroße Anstrengung. Wirklich, Männer sind wie Streichhölzer. Wenn sie Feuer fangen, verlieren sie den Kopf. Zugegeben, es gibt auch wirklich sensible, feinfühlige Männer. Da las ich neulich in der Zeitung, dass so ein Mann sich Pfeil und Bogen angeschafft hat, um seine Frau umzubringen. Nun ja, der Knall eines Revolvers hätte doch die Kinder geweckt.

Eventuell eine Zeitung aufschlagen und auf einen Artikel deuten.

Da gibt es aber auch noch eine ganz andere Sorte Männer. Das sind die Kraftprotze, die zum Dame-Spielen kein Brett brauchen. Mein Mann glaubt, auch so einer zu sein. Kürzlich waren wir auf einer Party. Tags darauf habe ich ihm Vorwürfe gemacht und gesagt: „Du hast uns ja auf der Party gestern schön blamiert. Hoffentlich hat keiner gemerkt, dass du nüchtern warst."
Meine Mutter hat immer zu mir gesagt: „Hüte dich vor den Männern. Je dicker die Brieftasche, desto flacher der Kopf." Ja, so sind nun mal die Männer!
Ich meine, er gibt sich ja Mühe. Mein Mann tut alles, um mir zu gefallen. Jetzt hat er sich sogar einen Bart wachsen lassen. Nun ja, der Bart steht ihm ganz passabel, da weiß man wenigstens, wo vorne ist.
Mein Mann wird niemals einen Irrtum zugeben, außer einem – mich geheiratet zu haben. Tja, wir Frauen sind nur selten glücklich. Unser einziges wirkliches Glück bilden die Männer, die wir nicht geheiratet haben.
Ich bemühe mich redlich darum, meinem Mann beizubringen, dass es nur mich für ihn gibt. Aber ob es was nutzt? Sein Rheuma ist da sicher weit besser geeignet, ihn von Seitensprüngen abzuhalten. Trotzdem musste ich neulich annehmen, dass mein Mann mich betrügt. Ich stellte ihn zur Rede und sagte: „Erich, du hast eine Geliebte!" Er hob die Hand zum Schwur. „Red keinen Unsinn, Mausi, wie kommst du darauf, dass ich eine Geliebte habe?" – „Nun", erwiderte ich, „du hast dir in dieser Woche schon dreimal die Füße gewaschen!"
Mein Mann ist ja schon über fünfzig und da beginnt der zweite Frühling. Er hätte ja gern etwas Jüngeres. Aber ich habe zu ihm gesagt: „Merke dir, es sind die ältesten Geigen, die die schönsten Lieder spielen."
Nein, meine Damen, wir Frauen brauchen unser Licht nicht unter den Scheffel zu stellen. Wir Frauen wurden nach dem Mann erschaffen, weil Gott sich eine Steigerung vorbehalten wollte.

Zum Schluss, meine Damen, möchte ich sagen: Eine vernünftige Frau sollte sich niemals einen Liebhaber nehmen, ohne ihr Herz zu fragen, und nie einen Ehemann, ohne ihre Vernunft entscheiden zu lassen.

Einen Toast auf unsere Männer und unsere Geliebten! Mögen sie sich nie begegnen!

Arbeit macht das Leben süß

Arbeit macht das Leben süß, aber ich kann leider keine Süßigkeiten vertragen!
Als ich gestern etwas später im Büro erschien, sagte mein Chef zu mir: „Frau Müller, wie kommt es, dass Sie heute schon wieder zu spät kommen?" Kleinlaut erwiderte ich: „Ich bin die Treppe hinuntergefallen." – „Ach so", meinte er lakonisch, „dann hätten Sie doch eigentlich zu früh hier sein müssen, Frau Müller. Sie sollten pünktlich um acht Uhr hier sein." – „Wieso?", fragte ich. „War denn etwas Besonderes los?" Darauf wurde er ganz böse und schimpfte: „Sie behaupten doch immer, dass Sie für zwei arbeiten, nicht wahr? Deshalb ist es doppelt so schlimm, wenn Sie zu spät kommen." Er fuhr fort: „Sie kamen bereits am 20. Dezember 1995 zu spät und heute schon wieder. Das scheint sich bei Ihnen wohl langsam einzubürgern? Das wird Konsequenzen haben!"
Über der Tür zu unserem Büro hängt ein Schild mit folgender Aufschrift: „Die Damen und Herren werden gebeten, das Büro nicht früher zu verlassen, als sie gekommen sind!"
Einmal kam sogar unser Abteilungsleiter selbst zu spät. Vorwurfsvoll sagte der Chef: „Herr Schulte, ich an Ihrer Stelle wäre gleich ganz zu Hause geblieben!" – „Verzeihen Sie, Herr Direktor", entgegnete Herr Schulte, „aber dann haben Sie ein wenig entwickeltes Pflichtgefühl!"
Mein Chef war immer schon komisch. Als ich damals meine Kaufmannsgehilfenprüfung bestanden hatte, bat er mich zu sich und sagte: „Liebe Sabine, da heute deine Lehrzeit beendet ist, werde ich nicht länger *du* zu dir sagen. Du brauchst jetzt nicht mehr jeden Morgen Staub zu wischen. Das werden *Sie* von jetzt ab tun."

Wenn die Möglichkeit gegeben ist, richten Sie im Hintergrund mit ein paar Requisiten (Tisch, Papierkorb, Stuhl, Telefon etc.) ein Büro her. Falls das nicht möglich ist, genügen ein paar Ordner und eine Kaffeetasse als Requisiten.

Sauer war er auch auf mich, als er mitbekam, dass ich mir während der Bürostunden die Haare hatte färben lassen. Ich wurde von ihm dann weiterbedient. Er hat mir ganz gehörig den Kopf gewaschen.

Ja, Arbeit ist schön! Man kann stundenlang zusehen. Für mich ist die Arbeit das einzige Vergnügen. Aber wir sind ja nicht nur zum Vergnügen auf der Welt. Sehen Sie, ich sage mir, lieber vormittags nichts tun als nachmittags arbeiten. Einmal sagte mein Chef zu mir: „Frau Müller, was Sie da machen, ist keine Arbeit, sondern Krankengymnastik. Deswegen bekommen Sie von mir auch kein Gehalt, sondern Schonbezüge."

Auf mich ist der Chef sowieso sehr schlecht zu sprechen. Und das kam so: Wir hatten mal wieder ein Betriebsfest. Der Chef hielt eine lange Rede, die mit folgenden Worten schloss: „Es lebe das Personal!" Da bin ich aufgestanden und habe mit lauter Stimme gerufen: „Wovon denn, Herr Direktor? Bei den miesen Gehältern?" Unsere Chefsekretärin, hat es wirklich besser. Die hat schon wieder eine Gehaltsaufbesserung bekommen. Der Hausmeister hat sie dann gefragt: „Frau Krause, wie machen Sie das nur?" Schnippisch erwiderte sie darauf: „Selbst wenn ich es Ihnen sagen würde, es würde Ihnen wohl kaum etwas nützen!" O ja! Unsere Frau Krause ist eine tüchtige Kraft. Sie hat zwei Berufe. Am Tage ist sie im Büro und schreibt zweihundert Fehler in der Minute. Und in der Nacht ist sie Schriftstellerin, da macht sie Geschichten.

Ein paar Monate nach dem letzten Betriebsausflug betrat Frau Krause tränenüberströmt das Büro des Chefs: „Herr Direktor", schluchzte sie, „ich komme soeben vom Betriebsarzt. Ich erwarte ein Baby." – „Na, na, mein Kleines", tröstete sie der Chef, „so schlimm ist das ja auch nicht. Da wird eben geheiratet. Übrigens, wer ist denn der Vater?" Frau Krause wurde rot und meinte: „Genau weiß ich es nicht. Aber Herr Schulte ist es auf keinen Fall. Der war nämlich beim Betriebsausflug nicht dabei!" – Na, wenigstens einer im Büro, der nicht zittern musste. Aber, ich will nicht gehässig sein!

Im Krankenhaus habe ich sie dann besucht. Sie machte sich große Sorgen. Ich habe sie getröstet und gesagt: „Frau Krause, beruhigen Sie sich doch wegen Ihrer Stellung. Im Büro hat wirklich noch kein Mensch gemerkt, dass Sie fehlen."

Man hat schon seine Last. Neulich kam ich dazu, wie ein junger Mann ein Lehrmädchen küsste. Ich rief ihm zu: „He! Sie sind hier zwar als Stift angestellt, aber nicht als Lippenstift."

Na ja, Geist hat der Bengel noch nie besessen, höchstens Weingeist. Kürzlich fragte ihn der Chef: „Na, Herr Maier, haben Sie heute schon etwas eingenommen?" Darauf grinste er: „Ja, zwei Spalttabletten."

Wenn man den jungen Mann arbeiten sieht, dann möchte man glauben, er habe die Zeitlupe erfunden. Der hat bei uns alles so durcheinander gebracht, dass wir ohne ihn gar nicht mehr fertig werden. Kürzlich habe ich ihn einmal gefragt: „Herr Maier, geht denn bei Ihnen überhaupt etwas schnell?" – „O ja", lächelte er unbeirrt, „ich werde immer sehr schnell müde!"

Bevor ich bei meinem Chef gelandet bin, hatte ich mich an das Arbeitsamt gewandt. Sachlich fragte mich der freundliche Vermittler: „Können Sie Englisch?" Ich strahlte: „Jawohl! Ich habe ein ganzes Jahr lang die englische Krankheit gehabt! Aber leider muss ich zugeben, dass ich in Steno und Schreibmaschine nicht besonders flott bin. Es wäre mir sehr lieb, wenn Sie einen Chef für mich hätten, der stottert."

Der Vermittler schüttelte den Kopf und meinte: „Bei der Schwanen-Wäscherei ist noch etwas frei, dort könnten Sie sofort anfangen." – „Ich möchte schon", zögerte ich, „aber das eine muss ich Ihnen sagen, ich habe in meinem Leben noch nie einen Schwan gewaschen."

Meiner Vorstellung fieberte ich förmlich entgegen. Ich stellte mich vor den Chef, fegte mit meinem rechten Arm alles restlos von seinem Schreibtisch herunter und sagte: „So, Herr Direktor, nun will ich erst mal Platz für meine Empfehlungsschreiben schaffen. Hier habe ich zum Beispiel eine Empfehlung vom Herrn Pfarrer." – „Ach", unterbrach mich der Chef, „haben Sie nicht eine von jemand, der Sie werktags beobachtet hat?" Dann meinte er noch: „Wir haben gegenwärtig nicht genügend Arbeit für eine neue Kraft." – „Ach, wenn es nur daran liegt", rief ich erfreut, „Sie glauben gar nicht, mit wie wenig Arbeit ich schon zufrieden bin."

Der nächste Chef, bei dem ich vorsprach, rückte seine Brille zurecht, lehnte sich in seinen Sessel zurück und sagte: „Ihre Vorgängerin musste ich leider entlassen. Die halbe Zeit hat sie im Dienst geschlafen. Glauben Sie, dass Sie die Dame ersetzen können?" Freudig erregt erwiderte ich: „Aber sicher doch, Herr Direktor! Schlimmstenfalls kaufe ich mir ein paar Schlaftabletten." Dann ergriff ich die Initiative, kramte alle Unterlagen hervor und sagte: „Oh, Verzeihung, da habe ich Ihnen wohl ein falsches Blatt gegeben. Das bin ich im Badeanzug. Dies hier sind meine Zeugnisse." Der Herr Direktor sah es mit Wohlwollen, meinte aber: „Warum haben Sie denn keinen Lebenslauf eingereicht, Frau Müller?" – „Ach, Herr Direktor", lächelte ich, „den kann ich Ihnen doch heute abend bei einem Glas Wein erzählen." Dann wurde er ernst und fragte: „Was hatten Sie sich denn als Gehalt gedacht?" Zögernd erwiderte ich: „Für den Anfang 3 500." Der Chef nickte: „3 500? Mit Vergnügen, Frau Müller." – „Oh nein", sagte ich bestimmt. „Mit Vergnügen mindestens 4 500." Daraus wurde dann nichts. Endlich landete ich bei meinem jetzigen Chef. Als der mich wieder wegschicken wollte, begann ich einfach zu weinen. Daraufhin gab er nach. Welcher Mann kann schon eine Frau weinen sehen?

Kurz nachdem ich in der Firma angefangen hatte, durfte ich einen Überfall miterleben. Zwei maskierte Männer betraten unseren Kassenraum. Einer der Männer schrie: „Hinlegen, Überfall!" Alles ließ sich auf den Bauch fallen. Nur Frau Lieblich aus der Buchhaltung warf sich auf den Rücken. Ich sah das und rief ihr leise zu: „Frau Lieblich, Frau Lieblich, drehen Sie sich doch um. Das ist ein Überfall und kein Betriebsfest!"

Helau!

Die ambulante Wahrsagerin

Wie Sie mich hier so vor sich sehen, bin ich sozusagen das Opfer eines fundamentalanalytischen Irrtums. Sie meinen, eine Wahrsagerin dürfe sich nicht irren? Stimmt! Ich irre mich nie. Zumindest nicht in meinen Prophezeiungen.

Und gewissermaßen bin ich auch eher das Opfer der Wahrheit als des Irrtums. Das verhält sich so:

Da kam neulich ein gut aussehender Mann in den besten Jahren, also eigentlich schon mehr ein Herr, in meine Praxis. Ich habe ihn gleich wiedererkannt. „Sind Sie nicht einer von den beiden jungen Männern, die vor zehn Jahren zu mir kamen und sich aus der Hand lesen ließen?" Der Herr nickte nur. „Und hatte ich Ihnen nicht prophezeit, dass Ihnen eine steile Karriere in der Finanzdirektion bevorstünde und dass unter Ihrer Leitung die Gewerbesteuern auf 400 Prozent angehoben würden?" Er nickte wieder. „Damit haben Sie auch Recht behalten", meinte er dann. „Und jetzt bin ich zu Ihnen gekommen, um die rückständige Gewerbesteuer für die letzten Jahre in Höhe von 260 000 DM einzutreiben." Da musste ich aber lachen. „Hören Sie, mit so profanen Dingen wie Geld beschäftige ich mich gar nicht; damit habe ich meinen Steuerberater, Dr. Schneiderlein, beauftragt", sagte ich. Der Finanzbeamte nickte zum dritten Mal. „Ich weiß", sagte er, „das ist der andere junge Mann, dem Sie vor zehn Jahren prophezeiten, dass er es zu unverdientem Reichtum bringen würde, mit dem er eines Tages die Bahamas genießen könnte." – „Und?", fragte ich. „Nun", antwortete er, „Dr. Schneiderlein genießt die Bahamas."

Nach diesem Schreck brauchte ich erst mal etwas Hochprozentiges. „Dass es Sie selber betraf, konnten Sie wohl

Die Wahrsagerin kommt in einem charakteristischen Kostüm, in der linken Hand die Glaskugel, in der rechten das Pendel, auf die Bühne.

damals nicht aus seiner Hand lesen?", fragte mich der Finanzbeamte mit gespielter Anteilnahme. „Natürlich nicht!" sagte ich. „Der hatte sich nämlich in den Daumen geschnitten und trug ein dickes Pflaster. Mit dem Lesen seiner Handlinien musste ich vor der letzten Fortsetzung aufhören."

Kurz und schlecht: Ich musste meine Praxis aufgeben, um die Steuerschuld zu bezahlen, und jetzt bin ich eben hier – als ambulante Wahrsagerin.

Aber ich kann Ihnen sagen, als ambulante Wahrsagerin erlebt man vielleicht Sachen. Und ein Stress ist das, immer auf Jahrmärkten unterwegs, auf Weinfesten, bei Karnevalsvereinen. Da kann einem auch schon mal ein Missgeschick passieren. Nicht, dass Sie schon wieder denken, ich hätte mich geirrt. Nein. Ich irre mich nie. Aber da kam neulich ein junger Mann zu mir; ich nahm seine Hand und bekam gleich einen Schreck. „Junger Mann", sagte ich, „ich sehe ein schreckliches Ende Ihres Lebens voraus. Sie werden hinterrücks erschlagen, dann schneidet Ihnen jemand die Kehle auf und lässt Sie verbluten. Und anschließend wird Ihr Leichnam in kochendes Wasser ..." Da zog der Mann schnell seine Hand zurück und sagte: „Na, gute Frau, nun lassen Sie mich doch wenigstens erst mal meine schweinsledernen Handschuhe ausziehen!"

Wie gesagt, ich irre mich nie!

Manchmal bringt einen das Wahrsagen in ganz schön peinliche Situationen, kann ich Ihnen sagen. Kürzlich kam auf einem Wochenmarkt ein junges Mädchen zu mir und verlangte eine Iris-Analyse. Ich schaue der Kleinen also tief in die Augen und sage: „Ich sehe deutlich, dass ein junger Mann in Ihr Leben treten wird." Da war sie ganz glücklich. „Ist er groß und blond?", wollte sie wissen. „Nein, er ist eher klein und glatzköpfig", sagte ich. „Klein und glatzköpfig?", fragte sie entsetzt. Ich nickte. „Ja, so etwa 51 Zentimeter groß und acht Pfund

Nutzen Sie zwischendurch Ihre Glaskugel, das Pendel und Ihre Hand.

schwer." Das Mädchen war so verwirrt, dass es gleich zu bezahlen vergaß. Tja, so sind die jungen Dinger von heute. Selbst meine eigene Tochter – was soll ich Ihnen sagen – drei Jahre hat sie sich nicht bei mir blicken lassen. Plötzlich stand sie wieder vor meiner Tür und verkündete heulend: „Mama, ich bin schwanger." Na prima, denke ich und frage: „Wer ist denn der glückliche Vater?" Da schaut sie mich völlig entgeistert an. „Aber Mama, das fragst du mich? Was meinst du wohl, warum ich zu dir komme?" Ja, da stehen Sie da, so als allein prophezeiende Mutter. „Na gut", meinte meine Tochter nach einer Weile, „achtmal darfst du raten!" – „Ach, du lieber Gott!", entfuhr es mir. „Falsch", sagte sie, „noch siebenmal."

Wir haben uns dann wieder mal so richtig ausgesprochen. Und nachdem diese Sache ausgestanden war, mietete ich mir einen Stand auf einem Mittelalter-Markt, wie sie jetzt im Sommer immer stattfinden. Da ist immer so viel Hokuspokus, viel Gaukelei und Zauberei, da kann es zu keiner peinlichen Situation kommen. Dachte ich jedenfalls. Bis diese junge Familie zu mir an den Stand kam. Der Mann wollte sich gleich aus der Hand lesen lassen. Prima Linien, alles trat klar zutage. „Sie werden bis ins hohe Alter gesund bleiben", sagte ich zu dem Mann, „und Sie werden viel Freude an Ihren beiden Kindern haben." Da unterbrach mich der Mann: „Da irren Sie sich aber, ich habe drei Kinder!" Und stolz wies er auf die drei Gören, die wie die Orgelpfeifen aufgereiht im Hintergrund standen. „Ich irre mich nie!", sagte ich. „Sie haben zwei Kinder und leider kann ich aus Ihren Handlinien nicht ablesen, wer bei Ihrer Frau immer den Stromzähler abgelesen hat."
Ja, die Wahrheit ist manchmal eine harte Sache. Neulich war ich zum Bundespresseball eingeladen. Nein, nicht als Gast. Als Darbietung. Ich sollte im Auftrag des Rotary-Clubs auspendeln, wer in diesem Jahr den

S-Klasse-Mercedes gewinnen würde. „Der Gewinner wird wie in jedem Jahr wieder ein Mann sein", erpendelte ich, „und zwar ein Mann, der schon alles hat und der auch den Mercedes nicht mehr braucht." Diese Wahrheit wollte aber keiner so recht hören.

Ich kann nur von Glück sagen, dass ich nicht zu diesen neumodischen Hightech-Astrologen gehöre: Horoskop per Fax, computergestützte Aszendentenbestimmung, Handlesen auf Datex, Strichcode statt Kaffeesatz, Handauflegen im Flachbett-Scanner, Modulpendeln übers Internet. Danke, nicht mit mir! Wird ja alles immer teurer. Nein, bei mir wird die Wahrheit noch Auge in Auge gesagt. Auch wenns mal weh tut.

Jener jungen Frau zum Beispiel, der ich sagen musste, nachdem ich ihr die Karten gelegt hatte: „Gnädige Frau, Sie müssen jetzt aber sehr aufpassen, dass Sie kein Kind mehr bekommen." Sagte sie doch zu mir: „Wieso denn, mein Mann hat sich doch sterilisieren lassen." – „Ja, eben", sagte ich, „eben drum!"

Aber weiterbilden muss man sich natürlich. Da kommt man nicht drum herum. Auch als ambulante Wahrsagerin besuche ich regelmäßig die einschlägigen Fachkongresse. Schon um die Kollegen alle mal wiederzutreffen. „Weißt du", sagte neulich einer zu mir, den ich schon sehr lange kenne und der mit seinen Prophezeiungen sehr oft daneben liegt, „weißt du, ich kann jetzt auch in die Zukunft sehen." – „Seit wann?", fragte ich ihn. „Seit übermorgen."

Und was es so für Themen gibt auf den Kongressen! Hochinteressant! Richtige Koryphäen sprechen da – man kommt sich richtig mickrig dagegen vor. Und alles streng wissenschaftlich. Das Verhältnis von Orgasmushäufigkeit und Orgasmusdauer bei stiergeborenen Frauen mit Aszendent Wassermann in der Partnerschaft mit dem Widdermann Aszendent Steinbock unter besonderer Berücksichtigung des Vaterkonflikts bei latent homosexueller Objektwahl, verursacht durch dessen ödipale Traumatisierung, wenn der Mars im siebten Haus steht. Haben Sie was verstanden? Also, ich auch nicht. Als ich in dem Alter war – also, wie soll ich sagen –, da hieß das noch schlicht und einfach: „Machs mir härter, Liebling!"

Aber nützlich sind solche Kongresse doch. Man kann dann wirklich besser in die Zukunft sehen. Und deshalb bin ich ja eigentlich hier.

Sie wollen also wirklich wissen, was Ihnen die Zukunft bringt? Also gut. Dann will ich 's Ihnen sagen: „Am Aschermittwoch ist alles vorbei."

Die Regieassistentin

(Regieassistentin spricht durchs Megaphon zum Publikum) Achtung! Die Kleiderständer ... (räuspert sich) Kleindarsteller für den Fastnachtsspot bitte zum Set! (setzt das Megaphon ab und wendet sich dem Präsidium zu) Was machen die denn hier? (geht neugierig auf das zunächst sitzende Präsidiumsmitglied zu, dann laut durchs Megaphon) Runter vom Set! (Die Herren erschrecken und gehen ab; Regieassistentin wieder zum Publikum) Sehen Sie, klappt doch.
Können wir dann langsam mal? (Licht verändert sich) Was ist denn jetzt wieder mit dem Licht? Ach, Kinder! Aber so ist das ja immer beim Film. Die längste Zeit seines Lebens wartet der Regisseur vergebens. Und wer ist schuld? Natürlich immer die Regieassistentin.
Mal sind alle Kleindarsteller postiert, das Licht stimmt, Ton läuft, Kamera läuft, aber der Schauspieler bleibt stumm, weil er den Text vergessen hat. Oder alles läuft und plötzlich kommt ein Handwerker mit einer Leiter zum Set und fängt an, die Dekoration abzubauen. Aus! Oder alles ist im Kasten, der Regisseur ruft „Cut!" und der Tonmeister antwortet „Ton lief nicht mit!".
Aber es kann noch schlimmer kommen. Ich sage nur: Statisten. Das kommt nicht von Statistik, obwohl statistisch erwiesen ist, dass die meisten grauen Haare auf dem Haupte einer Regieassistentin den Statisten zu verdanken sind. Nein, das kommt von Statik. Was Statik ist, wissen Sie ja. Steht im Lexikon. „Teilgebiet der Mechanik, auf dem man sich mit dem Gleichgewicht von Kräften an ruhenden Körpern befasst." An ruhenden Körpern. Deshalb werden Statisten auch sehr häufig dafür verwendet, Leichen darzustellen. Gewissermaßen Ruhe-sanft-Körper. Neulich assistierte ich einem Regis-

Die Regieassistentin kommt, bekleidet mit Lederweste und Schirmmütze auf die Bühne, auf der das Präsidium sitzt. In der Hand hält sie ein Megaphon.

seur bei einem Mantel-und-Degen-Film. Als die Musketiere die Gardisten des Kardinals gerade schön zur Strecke gebracht und zu malerischen Leichenbergen drapiert hatten, brüllte der Regisseur plötzlich: „Aus! Aus! Aus!" und tobte wild herum: „Nicht nur, dass der Hauptdarsteller niest; jetzt rufen diese blöden Leichen auch noch „Wohlsein!"
Und wer war wieder wie immer schuld? Natürlich die Regieassistentin.
Bei historischen Filmen kann man überhaupt was erleben. Da soll ja alles möglichst originalgetreu sein. Neulich assistierte ich bei einem Historienschinken, irgend was mit Römer gegen Germanen. Ich kann Ihnen sagen, da ging es ziemlich lustig zu. Auf einmal hörte ich wieder dieses gefürchtete „Aus! Aus! Aus!" und sah den Regisseur auf einen Statisten zulaufen. Er riss dem armen Kerl fast den linken Arm aus, schüttelte ihm das Handgelenk und fragte drohend: „Was ist das?" Meinte der Statist ganz harmlos: „Eine Armbanduhr." Ich dachte, jetzt explodiert der Regisseur gleich: „Sind Sie wahnsinnig! Wir drehen hier einen künstlerisch wertvollen Film über den Untergang des Römischen Reiches und Sie tragen eine Armbanduhr!" Darauf der Statist in - Seelenruhe: „Aber sie hat doch römische Ziffern." Und wer war wieder schuld? Natürlich die Regieassistentin. (nach hinten) Wird das bald mal was mit dem Licht? Man ist ja als Regieassistentin Mädchen für alles. Vor allem muss man den Regisseur bei Laune halten. Dafür sorgen, dass der Regiestuhl an der richtigen Stelle steht, dass der Herr die Seiten im Drehbuch nicht verblättert, dass er nach seinen unausweichlichen Tobsuchtsanfällen ein Glas kühle Milch zu trinken bekommt und dass die enormen Rechnungen, die er abends im Gasthaus macht, von der Produktionsfirma als Betriebsausgaben verbucht werden. Daher kommt wahrscheinlich auch das Wort Milchmädchenrechnung.

Ich bin zwar froh, dass ich ein Mädchen bin – aber für alles … Alles hat schließlich seine Grenzen! Guckt mich doch mein Regisseur neulich nach Drehschluss mit solchen Kalbsaugen an und labert: „Schön, dass ich wieder so eine hübsche Assistentin in meinem Team habe." Darauf ich: „Manche Frauen sollen ja ganz scharf drauf sein, unter Ihnen arbeiten zu dürfen." Meint er lächelnd: „Tja, erst die Arbeit, dann das Vergnügen!" Erwidere ich: „Dass es ein Vergnügen war, hat allerdings bisher keine behauptet." Da war er ganz schön sauer. „Aber Schätzchen, wir könnten zusammen einen Oscar bekommen!" Habe ich geantwortet: „Mein Sohn ist zwölf und meine Tochter zehn, die sind jetzt aus dem Gröbsten raus. Noch mehr Kinder will ich nicht."
Da hatte ich erst einmal Ruhe.

Die Augen weit aufreißen und die Mimik mit den Händen gestisch unterstützen.

Die Mädels rennen dem hinterher, kann ich Ihnen sagen. Erst neulich lauerte so ein junges Ding in den Kulissen auf ihn, stolperte natürlich und fiel planmäßig vor ihm hin, wobei sie es ganz geschickt anstellte, im Fallen noch das Röckchen hochzuzupfen. Sah ganz possierlich aus: Stolpern, Fallen, Zupfen und „Huch"-Sagen. Mein Regisseur spielte natürlich den Kavalier, hob sie auf und fragte: „Darf ich mir erlauben, Sie heute Abend zum Essen einzuladen?" Darauf lispelte die Kleine entzückt: „Aber, das steht doch ganz bei Ihnen!" Da konnte ich mich nicht mehr beherrschen und platzte dazwischen: „Sie meinen wohl, das hängt ganz von ihm ab!" – Mann, war der sauer! Sogar eine kühle Milch verwandelte sich vor Schreck in Quark.

Manchmal wird es ihm allerdings zu bunt mit den Mädels. Wer ist dann schuld, wenn er bei seinen Verabredungen nicht mehr durchblickt? Natürlich die Regieassistentin. Ich muss ihm die Damen dann vom Halse halten. Gar nicht so einfach. Kommt doch neulich so eine seltsam zurechtgemachte Dame – also, Sie müssen sich das mal vorstellen: Designerbrille von Colani und

Rüschenbluse von Hertie und im gesamten Erscheinungsbild eine Kreuzung aus Kommunionkind und Kampfhund – kommt die also auf mich zugerauscht: „Ich muss sofort Herrn Dingenskirchen sprechen!" – „Das ist leider nicht möglich!", sage ich. „Erlauben Sie mal, ich bin seine Frau!" – „Aha", sagte ich, „Sie sind heute schon die dritte." Sie ließ sich aber nicht abweisen. „Sie können wirklich nicht zu ihm rein!", rief ich ihr hinterher, „Herr Dingenskirchen hat gerade eine Inspiration!" Darauf sie: „Soll er doch 'ne Aspirin nehmen, dann geht sie wieder weg." Hab ich versucht, es ihr anders zu erklären: „Nein, ich meine, Herr Dingenskirchen wird gerade von der Muse geküsst." Meint sie erbittert: „Na, das Flittchen kann was erleben, mit meinem Mann rumzuknutschen."
Aber am schlimmsten sind die Stars. Die leisten sich Dinger, die könnte kein Klatschreporter erfinden. Die Leute denken ja immer, die Schwierigkeit beim Film wäre, genügend Stars zusammenzubringen. Dabei ist das Problem gerade, sie wieder auseinander zu bringen, wenn sie sich in den Haaren liegen.
Höre ich neulich aus den Künstlergarderoben zwei kreischende Frauen. „Du dumme Pute", kräht die eine, „du bist ja so dämlich, dass du nicht mal weißt, wer deine Mutter ist, wahrscheinlich war sie eine Straßendirne." Darauf keift die andere Stimme zurück: „Rede nicht so schlecht von meiner Mutter, vielleicht bist du es ja."
Kaum hatten die sich beruhigt, gerieten auf dem Weg ins Atelier wieder zwei Damen aneinander. „Oh, ich habe jüngst Ihre Memoiren gelesen", sagt die eine, „sehr nett, ich wusste gar nicht, dass Sie schreiben können." Meint die andere pikiert: „Schön, dass Ihnen das Buch gefallen hat. Wer hat es Ihnen denn vorgelesen?"
Kurz darauf fragt mich der Regisseur, wo die Hauptdarstellerin bleibt. Ich also in die Garderobe, da sitzt sie ratlos vor dem Spiegel und fragt mich: „Sagen Sie mal,

liebes Kind, wie schminkt man sich eigentlich alt?" Habe ich die Nerven verloren und geantwortet: „Das ist ganz leicht, Frau Scherben, einfach das Make-up Schicht für Schicht abtragen."

Na, da war wieder was los. Und wer war schuld? Die Maskenbildnerin! Ist ja kein Wunder, dass die Filmstars immer jünger werden – bei den Fortschritten der modernen Kosmetikindustrie. Manchmal kommt das dann selbst den halbwüchsigen Töchtern komisch vor. Hat doch neulich die siebzehnjährige Tochter unserer Hauptdarstellerin gesagt: „Mutti, du wirst zwar vor jedem Pressetermin ein paar Jahre jünger; aber überleg mal: Solltest du nicht zwischen deinem und meinem Geburtstag wenigstens einen Abstand von neun Monaten lassen?"

Es passiert ja immer häufiger, dass die Stars ihre Gören mitbringen. Die sitzen dann hinter den Kulissen und tauschen Erfahrungen aus. Na ja, manchmal nicht nur Erfahrungen. Früh schnäbelt, was einmal ein Star werden will. Neulich hab ich mal zwei solche Schauspielerkinder belauscht. „Wie findest du denn eigentlich deinen neuen Papa?", fragte der eine. „Ach, so weit ganz okay." – „Fand ich auch", meinte da der erste wieder, „ich hatte ihn voriges Jahr."

(Licht verändert sich) Na bitte, geht doch. (nach hinten) Herr Dingenskirchen, wir können jetzt drehen! Was sagen Sie, Herr Dingenskirchen? Ihnen ist seit Wochen nichts Vernünftiges mehr eingefallen? Ja, diesen Film habe ich erst vorige Woche im Fernsehen gesehen, Herr Dingenskirchen.

(zum Publikum) Apropos: Was ist das, wenn in ... ein Regisseur mit seinem Team in eine Kneipe kommt? Ein Regieeinfall.

(durchs Megaphon) Alles auf die Plätze! Ton ab! Kamera ab! Klappe! Und Äktschn!

(Musik und ab)

Sie und Er im Karneval

Büttenvorträge
rund um die Liebe

Heiraten ist ein Risiko

Spielen Sie die vom Glück enttäuschte und beklagenswerte Ehefrau und lassen Sie das während Ihrer Rede deutlich genug und immer wieder anklingen.

Wär das eine Freude, wenn ich von meinem Mann auch einmal so leidenschaftlich empfangen würde wie hier von Ihnen. Hier weiß man wenigstens, dass man willkommen ist. Hoffentlich werden Sie für Ihre Vorschusslorbeeren nicht enttäuscht.

Eigentlich wollte ich gar nicht hier erscheinen, aber wie ich sehe, sind Sie ja doch gekommen.

Wir wollen heute sehr lustig sein! Aber ich sehe schon schwarz. Meine Großmutter hat immer gesagt: Feste feiern ist angenehmer als feste arbeiten. Da hinten in der letzten Reihe sehe ich einen Herrn dauernd lachen. Das scheint ein Optimist zu sein. Optimismus ist, wenn einer vom fünfundzwanzigsten Stockwerk hinunterfällt und sich beim fünfzehnten Stock sagt, eigentlich ist mir noch gar nichts passiert.

Aber wenn Sie wüssten, was mir tatsächlich schon alles passiert ist, dann würden Sie die Hände über dem Kopf zusammenschlagen. Dann kämen Sie aus dem „Händeklatschen" gar nicht mehr heraus.

„Gratuliere, junge Dame! Heute wird Ihr glücklichster Tag sein.", sagte seinerzeit mein Chef zu mir. Verlegen stotterte ich: „Ja, aber ich heirate doch erst morgen?" – „Eben drum, Frau Müller, eben drum!"

Wirklich schade, meine Damen, dass Sie meinen Mann nicht kennen. Nun, stellen Sie sich einen Mann vor: schlank, muskulös, braun, schön, romantisch, geistreich, strebsam, arbeitsfreudig, ehrlich, voll Güte, zärtlich, sanft und nachgiebig, groß, mit dichtem vollen Haar – und genau das Gegenteil davon, das ist er. – Als er kürzlich auf der Personenwaage stand, sagte ich: „Tja, mein Lieber, für dein Gewicht müsstest du drei Meter achtzig groß sein."

Mein Mann ist täglich viermal selig. Morgens geht er trübselig zum Dienst. Bei der Arbeit ist er saumselig, nach Dienstschluss glückselig und abends bierselig.
Als mich meine Mutter damals fragte, wen ich denn gerne heiraten möchte, sagte ich: „Am liebsten den Karl." – „Nee, Kind", meinte meine Mutter, „nimm den nicht, der säuft zu viel, und das wird später immer schlimmer." – „Dann den Rudi!", freute ich mich. Meine Mutter schüttelte den Kopf: „Den auch nicht. Der lügt und stiehlt, und das wird auch immer schlimmer." – „Dann nehme ich den Erich!" frohlockte ich. – „Ach den?", räusperte sich meine Mutter. „Der dir immerzu unter die Röcke fasst? Ja, den kannst du ruhig nehmen, denn das lässt in der Ehe nach!"
Mein Erich war ein richtiger Gentleman. Bevor er mich küsste, nahm er immer die Pfeife aus dem Mund. Einmal fragte ich ihn: „Erich, liebst du mich?" Darauf antwortete er: „Ja, gleich, ich muss erst ein Handtuch übers Schlüsselloch hängen!"
Wir haben uns durch die Zeitung kennen gelernt, und zwar durch folgende nette kleine Annonce: „Schwiegermutter gesucht! Netter junger Mann, 37 Jahre, sucht bei nicht unbemittelter Mutter einer reizvollen Tochter Stelle als Schwiegersohn." Das war unser Anfang vom Ende.

Präparieren Sie eine Zeitung so, dass sie alt und zerlesen aussieht. Aus ihr können Sie dann die Annonce „zitieren".

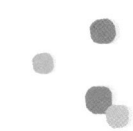

Dann kam er wochenlang zu mir und meinen Eltern zum Abendessen. Er konnte sich aber nicht dazu durchringen, endlich um meine Hand anzuhalten. Schließlich wurde es meinem Vater zu dumm, und so sagte er eines Abends: „Junger Freund, Sie kommen nun schon seit Wochen zum Essen zu uns. Sie können uns jetzt ruhig sagen, was Sie wollen." Darauf antwortete mein Erich: „Gut, dann möchte ich gern mal Hasenbraten mit Rotkraut."
Dieses Essen gab es dann an unserem Hochzeitstag. Spät abends packte mich mein frischgebackener Ehe-

mann, trug mich über die Türschwelle, warf mich aufs Bett, schaltete den Fernseher an und sagte: „Schön, du hast mich so lange warten lassen, bis wir verheiratet waren. Ich glaube nicht, dass es eine Zumutung ist, dich nun warten zu lassen, bis das Fußballspiel vorbei ist."
Als ich am nächsten Morgen erwachte, sah ich meinen Mann mit einem Tablett ins Schlafzimmer kommen. Darauf das Kaffeegeschirr, ein Kaffee-Hag, zwei weiche Eier, frische Brötchen, Butter, Honig und Marmelade. „Ach, wie lieb von dir, Erich!", rief ich entzückt. „Wie herrlich ist es doch verheiratet zu sein." – „Ja", erwiderte mein Angetrauter, „ich habe jetzt genau das gemacht, was du von nun an jeden Morgen zu erledigen hast!"
Die nächsten drei Monate ist er überhaupt nicht zur Arbeit gegangen. Wenn ich ihn darauf mal ansprach, meinte er nur: „Liebling, ich kann dich doch hier nicht allein lassen." Aus Rücksichtnahme blieb er bis mittags im Bett liegen. Er wollte mir bei der Arbeit nicht im Wege stehen. Einmal kam ich zu ihm ins Schlafzimmer und beklagte mich. Da tröstete er mich mit den Worten: „Schon gut, schon gut, wenn ich dir versprochen habe, das Geschirr zu spülen, dann halte ich das auch. Also bitte, bring es herein."
Einmal überraschte ich meinen Mann, als er unsere Hausgehilfin auf dem Arm hatte. Ärgerlich darüber rief ich: „Jetzt bist du wohl nicht krank? Aber wenn du den Mülleimer runtertragen sollst, dann stöhnst du."
Als unsere Perle sich seinerzeit bei mir vorstellte, fragte ich: „Lieben Sie Kinder?" – „Na, ja", meinte sie etwas gedehnt, „ich würde es aber vorziehen, wenn der Hausvorstand aufpasst!"
Das war eine ganz Schlimme, denn sie brachte mir immer Männer mit in die Wohnung.
Mein Biologielehrer sagte früher immer: „Man sieht jetzt nur noch selten Störche. Aber das ist kein Wunder, weil kaum noch ein Mensch an sie glaubt."

Unsere ersten Kinder waren Zwillinge. Einmal fragte mich die Nachbarin: „Wie halten Sie die beiden nur auseinander?" – „Ganz einfach", antwortete ich, „der eine hat die Mandeln 'raus!"

„Alle Nachbarn beklagen sich über unseren Jungen.", sagte ich mal zu meinem Mann. „Und leider haben sie recht, der Bengel ist zu frech!" – „Dann werde ich ihm eben ein Fahrrad kaufen", erwiderte mein Mann gelassen. Ich staunte: „Glaubst du, dass er dann sein schlechtes Benehmen ablegen wird?" – „Das nicht, aber er wird es auf einen größeren Raum verteilen."

Hier können Sie mit Requisiten spielen und Familienfotos zeigen.

Das große Mundwerk hat der Bengel von seinem Vater geerbt. Einmal mussten wir den Doktor zu meiner Mutter rufen. „Rainer", sagte der Arzt, als er das Krankenzimmer verließ, „deine Oma ist sehr, sehr krank. Sag ihr etwas recht Freundliches." – Da sauste Rainer an das Bett der Oma und sagte: „Willst du mit Musik begraben werden, Oma?"

Mit den beiden Mädchen habe ich eigentlich wenig Ärger gehabt. Kürzlich war ich wegen ein paar Erinnerungsfotos beim Fotografen. „Ich möchte gern meine Töchter fotografieren lassen", sagte ich. „Kann ich machen", erwiderte dieser. „Ich würde Ihnen vorschlagen, es so zu machen, wie es die meisten Eltern wünschen. Zuerst ein paar Aufnahmen in kurzen Hemdchen, die gerade noch bis zum Po reichen, dann ein paar Fotos auf dem Töpfchen, die wirken immer und sind bestimmt ganz lustig." – „Von mir aus", erwiderte ich etwas unsicher. „Aber das müssen Sie meinen Mädels schon selber sagen. Die eine ist zweiundzwanzig, die andere einunddreißig!"

Die Zweiundzwanzigjährige macht mir zur Zeit viel Kummer. Ich habe deshalb schon folgenden Brief an Frau Irene geschrieben: „Ich bin der Verzweiflung nahe, weil meine Tochter einen Mann heiraten will, der schon einmal im Gefängnis war, drei uneheliche Kinder in die

Die Vortragende holt einen Brief aus der Tasche und entfaltet ihn.

Welt gesetzt hat und außerdem säuft. Wie kann ich sie nur davon abhalten, ihn zu heiraten? Und, bitte, auf welcher Seite sitzt die Brautmutter in der Kirche?"
Als ihr der Doktor eröffnete, dass sie ein Kind erwartet, war sie entsetzt. „Ich kann nicht mehr nach Hause.", schluchzte sie. „Meine Mutter wird entsetzt sein, wenn sie davon erfährt." Darauf meinte der greise Arzt begütigend: „Sie können unbesorgt sein, liebes Kind. Ich habe Ihre Frau Mutter gekannt, ich habe auch Ihre Frau Großmutter gekannt – gehen Sie nur ruhig heim und erzählen Sie alles."
Nachdem mein Mann davon erfuhr, wurde er böse. Er brüllte los: „Was höre ich? Du kriegst ein Kind? Habe ich dir nicht immer geraten, nein zu sagen?" – „Hab ich ja auch, Vati.", heulte Susi. „Als Jürgen mich fragte, ob ich was dagegen hätte, habe ich laut und deutlich nein gesagt!"
Eines Tages stand der reiche Vater dieses jungen Mannes in der Tür. Er beschwor mich auf den Knien, nicht auf einer Heirat zu bestehen. Er werde großzügig für das Kind sorgen: „Wenn es ein Junge wird, werde ich für ein Studium bezahlen, bei einem Mädchen für eine reichliche Aussteuer!" sagte er. Darauf entgegnete ich: „Und wenn es nun eine Fehlgeburt wird, lieber Mann, dürfen wir dann Ihren Herrn Sohn noch einmal bemühen?"
So sind die Herren der Schöpfung. Sie denken nur an ihr eigenes Wohlergehen. Dabei ist es doch so: Erst die Frau ist es, die dem Manne das Leben schenkt. Meine Mutter sagte immer: „Ehemänner sind wie Gärtner, denn sie wissen, was ihnen blüht."
Aber damals konnte ich ja wirklich noch nicht ahnen, was mir alles noch blüht. Sie wissen ja, die Ehe ist eine Schlacht, die auf nur wenigen Quadratmetern Kriegsschauplatz entschieden wird.
So kam, was kommen musste, denn eines Tages standen wir vor dem Scheidungsrichter. Der Richter sagte

streng: „Ihre Frau behauptet, Sie hätten sie seit einem Jahr völlig ignoriert?" – „Das ist eine infame Lüge, Herr Richter", wandte mein Mann ein, „ich habe mit ihr seit einem Jahr weder gesprochen, noch sie auch nur angesehen, geschweige denn ignoriert!"
Darauf wandte sich der Richter an mich. Er sagte: „Frau Müller, warum wollen Sie sich denn unbedingt scheiden lassen?" Ich erwiderte darauf: „Nach jedem Ehestreit legt sich mein Mann vollständig angezogen ins Bett." – „Aber das ist doch kein Scheidungsgrund", meinte der Richter. Da gab ich zu bedenken: „Vergessen Sie bitte nicht, dass mein Mann Schornsteinfeger ist!"

Ein Dicker und seine Frau

Ich esse für mein Leben gern,
Essen stärkt doch Körper und Hern.
Fünf Eier und ein halb Pfund Speck
putz ich glatt zum Frühstück weg,
dann zwei Brote mit Belag
ich ohne Schwierigkeiten noch vertrag.

Ich frag euch, ist es da ein Wunder,
wenn nach 'ner Stund ich habe Hunger?
Bei meiner Läng, da geht was rein,
und Hungerleiden muss nicht sein,
und Ärger gibt es notabene
krieg ich nichts zwischen meine Zähne.
Zwei Frikadelle, ein halb Pfund Wurst
drei Bierchen gegen großen Durst,
dann bin zufrieden ich und still,
bis mein Magen es nächste will.

Zum Mittagessen nicht gelogen
wird beim Metzger abgewogen
ein Pfund Rippcher, zwei Pfund Stich,
weil ich so furchtbar hungerich,
dazu sechs große Wasserweck,
denn kleine Brötcher sind doch Dreck,
und eine Flasche Äppelwei
das soll fürs Erste genug dann sei,
dann bin zufrieden ich und still,
bis mein Magen es nächste will.

So ungefähr um drei Uhr dann
fängt der laut zu knurren an.

Ihn zu beruhigen ich versuche
mit nem ganzen Streuselkuche,
und gibt es dann noch keine Ruh,
kommt noch ein Bienenstich dazu,
dann bin zufrieden ich und still,
bis mein Magen es nächste will.

Drei Steaks am Abend mit Pommes frites
das ist bestimmt kein schlechter Witz,
zwei riesengroße Kopfsalat
hält mei Frau dann noch parat,
insgesamt vier Flaschen Bier
verschwinden nach und nach in mir,
zur guten Nacht dann drei Konjäcker,
zwei Pakete Salz- und Käseknäcker,
eine Tafel Schokolad'
liegt auf dem Nachttisch schon parat,
falls in der Nacht ich kriege Hunger,
jetzt beginnt der große Schlummer,
zufrieden bin ich und auch still,
bis mein Magen es nächste will.

Zu Hause arbeit ich alles ohne Murren,
manchmal sogar mit Magenknurren,
koche Kaffee, deck den Tisch,
ja so fleißig bin nur ich,
koch Mittagessen, spül Geschirr,
Hausarbeit lieb ich wie irr.

Meiner Frau erfüll ich jede Bitt,
will die essen gehen – geh ich mit,
bin zufrieden und auch still,
bis mein Magen es nächste will.
Meiner Frau, der schmeckt das nicht,
beschwert sich über mein Gewicht.

Ich fühl mich jederzeit voll Kraft,
alles wird mit Leichtigkeit geschafft.
Gegessen wird alles – dem Wirt nichts geschenkt
lieber sich einmal den Magen verrenkt,
zufrieden bin ich und auch still,
bis mein Magen es nächste will.

Die Frau antwortet:
Der Fresser da, das ist mein Mann,
hört sein Geschwätz euch ruhig an,
das einzige was der daheim schafft,
wo der rangeht mit aller Kraft,
das ist – ich sag es frei und frank –
Tiefkühltruhe und Kühlschrank.
Da beginnt der ohne ausreichendes Kaue
alles in sich rein zu haue.

Beim Frühstück fängt mein lieber Mann
mit dem großen Fressen an,
Eier, Schinken, Toast und Wurst,
Kaffee, Tee und Bier für 'n Durst,
und damit er kanns vertragen,
einen Underberg für 'n Magen.
Bewegen kann der sich nicht vor lauter Speck,
sein Magen nur, der schafft was weg.

Zu erzähle vergaß der bloß,
dass ich pack sei Pilledos,
denn er braucht an Pillen viel,
auch die frisst der in großem Stil,
für die Galle braucht er drei,
für 'n nervösen Magen zwei,
und damit der kann aufs Klo,
muss er nehmen täglich zwo.
Pillen braucht der für sein Herz,
und dann kommt noch, ohne Scherz,

auch 'ne Zuckerpille dran,
ja, so ist das bei mei'm Mann.
Bewegen kann der sich nicht vor lauter Speck,
sein Magen nur, der schafft was weg.

Seine Leber, seine Nieren
auch nur mit Pillen funktionieren.
Dabei wäre ohne Lachen
bei ihm wirklich was zu machen.

Sein Doktor, wo er neulich ging hin,
sagt: Mit halb so vielen Kalorien
könnt' er wieder Treppen steigen
und bei mir als Mann sich zeigen.
Bewegen kann der sich nicht vor lauter Speck,
sein Magen nur, der schafft was weg.

Es sind schon wahre Schicksalsschläg,
immer ist sein Bauch im Weg,
selbst die Schuh muss ich ihm binden,
denn er kann sei Füß nicht finden.
Deshalb beschloss der Arzt und ich,
jetzt kommt nur noch Diät auf den Tisch.

Morgens Müsli, Kaffee schwarz
und eine Pille Tannenharz,
und er frisst nicht mehr soviel,
weil die stoppt das Hungergefühl.
Mittags 'ne Scheibe Vollkornbrot
und 'nen Esslöffel voll Schrot.
Am Abend halt ich dann parat
schönen bunten Rohkostsalat.
Machen wir das ein halbes Jahr,
ist die Gesundheit wieder da.
Er hätte dann auch woanders noch Kraft,
sein Magen wär nicht der einzige, der was schafft.

Ich verspreche euch jetzt hier,
ich bring die Erfahrung zu Papier,
und nächstes Jahr im Karneval
treffen wir uns wieder all,
dann zeig ich euch, was ich erreicht,
dann ist er sexy und ganz leicht.

Doof Nuss im Ehestress

Die Liebe!
Für Liebe sagt man auch amore. Man kann auch viele Doppelwörter bilden: Liebeskummer, Liebesgabe, Liebestrank und, und, und.
Lieben ist ein Tätigkeitswort,
bei Verlobten ein Verhältniswort,
bei Verheirateten ein Bindewort,
bei älteren Menschen ein Fremdwort,
bei jungen Mädchen ein Umstandswort,
und bei meinem Vater war es ein Zahlwort.

Bevor ich mit meinem Vortrag nun beginne, möchte ich vorsorglich darauf hinweisen, dass der Applaus auch in fleißiger Form spendiert werden kann!
Ja, wissen Sie, heute ist mein zehnter Hochzeitstag. Das ist also gewissermaßen der zehnte Jahrestag der Machtergreifung durch meine Frau.
Na ja, Sie kennen das, meine Herren. Wir Männer suchen immer nach der idealen Frau und heiraten dann inzwischen.
Eine Ausnahme von dieser Regel hat eigentlich nur der Siegfried gemacht. Der hatte nämlich den Kampf mit dem Drachen zuerst, und dann hat er geheiratet.
Aber die Hauptsache ist ja, dass ich mich mit meiner Frau gut verstehe. Schon von Anfang an sind wir sehr gut verheiratet. Wenn wir mal weinen wollen, müssen wir ins Kino gehen. Ganz im Gegensatz zu unserer Nachbarschaft. Da ist immer Zank und Streit. Also, bei uns auf dem Flur wohnt noch ein Ehepaar, da ist immer Krach. Bei denen ist vor gut vier Wochen der Ölofen explodiert, und durch den Luftdruck sind die beiden zusammen zum Fenster rausgeflogen. Da sagte meine

Versuchen Sie hier den biederen, selbstzufriedenen Typ zu geben. Strickweste und Hausschuhe sind da hilfreich.

Frau zu mir: „Das ist auch das erste Mal, dass ich die zwei zusammen ausgehen sehe."

Wissen Sie, bei uns gibt es ja auch ab und zu kleine Differenzen. Die werden aber immer schnell bereinigt. Wenn wir mal so einen kleinen Disput haben, wird das eheliche Gleichgewicht schnell wieder hergestellt. Ein Beispiel: Meine Frau nahm blitzartig die Ziervase vom Klavier und feuerte sie nach mir. Ich riss ein Ölgemälde von der Wand und knallte es ihr auf den Mörser – dann war Ruhe. Unser Nachbar kam dazu und sagte: „Was ist denn heute bei Ihnen für ein Krach? Streitet Ihr?" Ich habe darauf geantwortet: „Sie verstehen uns miss. Wir sind nur bei den bildenden Künsten. Wir beschäftigen uns gerade mit Bildhauerei."

Man sollte immer spüren, dass Sie eigentlich ganz zufrieden mit Ihrer Ehe sind, auch wenn Sie mal was gegen Ihre Angetraute sagen.

Aber die Hauptsache ist ja, dass meine Frau gut kochen kann. Bei uns wird nicht gespart. Wenn meine Frau mal Frikadellen macht – also höchstens vier Brötchen, ja – das andere ist alles Fleisch.

Wie meine Frau das erste Mal Pfannkuchen gemacht hat, da ist ihr irgend etwas danebengegangen. Also, wie ich nach Hause kam, und die hat mir die Dinger serviert, da habe ich drauf herumgekaut und gesagt: „Liebe Frau, was du da gemacht hast, das kann man mit dem besten Willen nicht essen." Ja, es hat ein Wort das andere ergeben, es gab Streit, hin und her. Um dem Streit ein Ende zu machen, habe ich das Fenster aufgemacht und die Dinger in den Hof geschmissen. Da fängt meine Frau an zu heulen und sagt: „Heini, du liebst mich nicht mehr. Weißt du nicht, was der Pfarrer bei unserer Trauung gesagt hat?" – „Nein", sagte ich, „es ist schon zu lange her." „Er hat ausdrücklich gesagt: Die Liebe duldet alles, die Liebe trägt alles, die Liebe leidet alles." – „Ja", sagte ich, „er hat aber nicht gesagt: Die Liebe frisst alles."

Während wir noch bei diesem Disput sind, kommt der Sohn von unserem Hausherrn rauf und sagt: „Ich soll

Ihnen einen schönen Gruß von meinem Vater sagen, und Sie sollen nicht immer die alten Schuhsohlen in den Hof werfen."

Sehen Sie, so glücklich sind wir verheiratet. Nach und nach hat sich dann bei uns der Familienzuwachs eingestellt. Zuerst kamen drei Töchter, und dann kam endlich unser Stammhalter an. Wie ich auf das Standesamt gegangen bin, sagt der Beamte zu mir: „Wie soll denn der Sohn heißen?" Ich sag: „Nelkenheini". Da sagt der Beamte zu mir: „Das geht doch nicht. Nelkenheini ist doch kein Name für einen Jungen." – „Ja", sag ich, „warum soll das nicht gehen? Meine Tochter heißt doch auch Rosemarie."

Bei uns hat jeder in der Ehe so seine Passion. Die Passion von meiner Frau ist das ständige Sauberhalten der Wohnung. Also, die ist den ganzen Tag mit dem Staublumpen unterwegs. Ich kann Ihnen sagen, wenn ich nur einmal ein wenig dreckig lache, kommt die schon mit dem Staublumpen. Nun ja, mit den Jahren wird man einsichtig. Inzwischen schleppe ich so ein Staubding immer mit mir herum.

Ziehen Sie hier ruhig einen großen Putzlappen aus der Tasche.

Besonders in den ersten Ehejahren, wenn ich da nachts um halb eins oder um zwei oder um halb vier nach Hause gekommen bin, hat sie doch immer mit dem Schrubber hinter der Vorplatztür gestanden! Ja, und meine Passion, das ist der Apfelwein. Was kann das in unserer Gegend anderes sein? Bis ich morgens zum Frühstück komme, habe ich schon so zehn Gläser hinter mir. Was heißt da: „O je!" Man kann ja den Kaffee nicht so trocken runterschütten.

Und da sagt doch meine Frau zu mir: „Heini, warum trinkst du nur so viel Apfelwein?" – „Ja", sage ich, „nur aus lauter Sparsamkeit, meine Liebe. Sieh mal, ein Glas Bier kostet 3,80, ein Glas Apfelwein bei meinem Lieblingswirt aber nur 3,70, so spare ich doch an jedem Glas ganze 10 Pfennige, das sind bei 20 Glas am Tag immerhin zwei Mark und im Jahr 730 Mark. Das sind bis jetzt 7 500 Mark, und bis zur silbernen Hochzeit kann ich leicht ein reicher Mann sein."

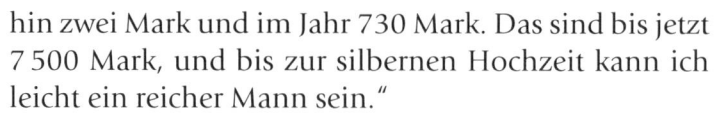

Nun haben wir heute unseren zehnten Hochzeitstag, und da hat meine Frau gesagt: „Heute geht es langsam mit dem Alkohol." Deshalb hat sie die Küche abgeschlossen und den Kellerschlüssel versteckt. Trotzdem war ich mittags wieder voll wie ein Veilchen. Wenn Sie mir versprechen, dass Sie meiner Frau nichts verraten, dann will ich Ihnen sagen, wo mein geistiger Bestand ist. Ich bin nämlich heute früh zu meiner Frau mit einem Blumenstrauß gekommen. Die hat gar nicht geahnt, dass ich dabei eine hinterlistige Absicht hatte, denn da ist mein geistiger Bestand drin. Meine Frau hat dann gefragt: „Heini, schenkst du mir auch etwas zum Hochzeitstag?" – „Ja", sag ich, „was hast du denn für einen besonderen Wunsch?" Darauf sagt sie: „Ich hätte so schrecklich gerne einen Ausziehtisch." Da habe ich gesagt: „Liebe Frau, zehn Jahre hast du dich auf der Bettkante ausgezogen. Warum willst du das jetzt unbedingt auf dem Tisch machen?"

Meine Frau hat mir etwas ganz Besonderes geschenkt, eine wasserdichte Armbanduhr. Da habe ich gesagt: „Das wäre doch nicht nötig gewesen, dass die wasserdicht ist." – „Doch", sagte sie, „die kannst du jetzt beim Geschirrspülen immer anbehalten."

Sehen Sie, so ergänzen wir uns gegenseitig ganz prächtig. Ich helfe ihr bei der Hausarbeit, und sie hilft mir bei der großen Wäsche.

Neulich hatte sie auf einmal einen neuen Pelzmantel an. „Du", habe ich gefragt, „wo hast du denn den Pelzmantel her?" – „Ja", sagte sie, „ich habe mir den ausgesucht. Das ist ein Bisam-Mantel." – „Was" sagte ich, „das ist doch kein Bisam-Mantel, den du da hast." – „Doch", sagte sie, „der Verkäufer hat ausdrücklich gesagt, bis zum Dreißigsten muss er bezahlt sein."

Im letzten Herbst war sie mal krank, da war sie im Spital. Ich bin in den Blumenladen gegangen, weil ich sie ja am Sonntag besuchen wollte. Ich sagte: „Geben Sie mir mal ein paar Blümchen für meine Frau, die liegt im Krankenhaus." Da sagte die Verkäuferin: „Ich habe nur noch wunderschöne Nelken da, die kosten das Stück zwei Mark." – „Nein, danke", habe ich gesagt, „so krank ist sie nun auch wieder nicht."
Für den Hochzeitstag habe ich mir extra ein paar neue Schuhe gekauft. In dem Geschäft war es sehr voll, und die Verkäuferin hat immer so drei, vier Kunden gleichzeitig bedient. Sie hat mir ein paar Schuhe gezeigt, und in einen bin ich reingeschlüpft. Da hatte sie aber die Zunge nicht rausgemacht, die war unten drin. Ich sagte: „Liebes Fräulein, so kann es aber nicht gehen, nehmen Sie doch die Zunge raus." – „Ja", sagte sie, „wenn Sie meinen, dass es dann besser geht." Ich will Ihnen mal was sagen. Ich kann ja nicht die ganze Familiengesellschaft zu Hause alleine sitzen lassen und bis zur silbernen Hochzeit hier bleiben.

Ich verabschiede mich mit Freud und Gut Stuss,
das wünscht euch von Herzen die doofe Nuss.

Strecken Sie die Zunge raus. Den Doppelsinn – Zunge aus dem Schuh, Zunge aus dem Mund – sollten Sie vorführen, damit der Wortwitz ankommt.

Mein Himmelhund

Vier Wochen alt war unsere Ehe,
mein Mann sprach mich nur zögernd an,
er möcht' gern solo gassi gehe,
einmal die Woche – so dann und wann.

Für mich, da brach 'e Welt zusamme,
sollt's Flittern schon zu Ende sein?
Ach, wär ich noch bei meiner Mamme,
wär ich doch noch bei ihr daheim!
Wenn manchmal auch die Träne fließe,
ich wollt den Mann – jetzt muss ich's büße.

Freudig traf mich bald die Kunde,
Bekannte verschenke junge Schäferhunde.
Ich hab mein Mann gleich weichgeknetet,
hab Tag und Nacht von de Vorteil' geredet,
er könne dann gerne mal gehe aus,
denn ich wär ja gut beschützt zu Haus'.

Nach vielem Hin und Her und ach,
da wurd' mein Mann nun doch noch schwach,
denn Männer sind eitel und tun erst besiegt,
wenn die Frau vor ihnen uff Knien liegt.

Ich durft' mei' Hundche hole,
freudestrahlend am nächsten Tag,
fünf Woche alt, kaum Zähn' im Maul,
des würd' bestimmt kein Plag'.
Der Hund, er wuchs, war kerngesund,
zu sehn war nix vom Schäferhund.
Ein stolzes Tier in seiner Art,
bei uns bekannt als Promenad'.

ähne kamen net viel später,
sen hat er täglich 'en Sweater,
Kleidungsstück war angenagt,
Kerl, der hat mich schön geplagt.

ilien waren plötzlich nicht mehr von Interesse,
fing der Köter an und wollt' an mir rumfresse,
hinter mir die Zähne bleckte,
an er mei' Rundungen entdeckte.
n Augenblick hatt ich net aufgepasst,
n Allerwerteste hat er mich gefasst,
rgeblich versuchte ich, ihm zu entfliehen,
Ein Winkelriss war der Lohn meiner Mühen.

Und da grad hat es unten geschellt,
mei' Hundche hat pflichtgemäß gebellt.
Ich musst' jetzt zur Tür, im Lumpengewand,
das Nötigste bedeckte ich nur mit der Hand,
vor Schreck war'n mir die Knie weich,
ein Glück, es war nur ein Bubestreich.

Prophylaktisch erhielt ich 'ne Tetanusspritze,
danach konnt' ich wieder drei Tag' net sitze.
Wenn manchmal auch die Träne fließe,
ich wollt' den Hund, jetzt muss ich büße.

Nach einer Party bei uns,
so gegen 2 Uhr in der Nacht,
da ham wir mit dem Hund
noch ein paar Freunde heimgebracht.
Wir Frauen gehen voraus, die Weißkirchner Straß'
mit Abstand zu'n Männern, und mit ihnen des Aas.
doch mein Hund will zu mir, die Lieb ist famos
mein Mann lässt dann einfach des Dierche los.

Der rast auch gleich fort, ich denk noch: Oh je,
der wird dich doch im Dunkle stehe seh …
… doch der Gedanke ward jäh unterbrochen,
denn ich lag bäuchlings auf meine Knochen,
wenn manchmal auch die Träne fließe,
ich wollt' den Hund, jetzt muss ich büße.

Und an unserem Zaun, mer sollt es net glaube,
was sich die Leut mit meinem Hundche erlaube.
Die geben ums Verrecken kei' Ruh!
Die fletsche die Zähn' und belle dazu.

Bis es ihm zu blöd wird, dann hippt er raus,
dann ist es mit seiner Gutmütigkeit aus …
Wege dem viele Gebell und Gegaffe
wollte mer endlich Abhilfe schaffe.

Gebaut wurde schnell ein Mattenzaun,
dass niemand mehr konnt drüberschaun,
und dieses Ding war ganz schön teuer,
von Schönheit keine Spur
und vielen war des net geheuer,
die tippten gleich uff Nacktkultur.

Ein Hausfreund hab' ich aach,
der Hund kanns eigentlich net verrate,
und trotzdem hat er mich ganz schön verbrate!
Denn bei Wind und Wetter, bei Regen und Schnee,
ein Hund muss immer Gassi geh'n,
ich sag' zu meinem Mann, du, Marschiern ist gesund,
geh du doch e'mal runner mit unserm Hund.
Ungläubig fragt er, was er da sollt,
den Butz, den hätt er net gewollt!

Mir ist es gelunge, ihn zu überreden,
sich mit uns zusamme die Füß zu vertreten,
doch das hätt' ich wirklich besser gelassen,
ich traf mein' Hausfreund, ich konnt' es kaum fassen.
Ich sprach auf mein Mann ein und lächelte charmant,
doch der Hasso hat den Hausfreund gleich erkannt!
Wenn manchmal auch die Träne fließe,
ich wollte den Hund, da musst' ich 's büße.

Ein Albtraumpaar

Die beiden kommen schon so richtig „geladen" auf die Bühne. – Sollte es „Dickerchen" an Körpermasse fehlen, kann man den Bauch ausstopfen. Auch die „Süße" hat einen dicken Bauch: sie ist schwanger.

Süße: Seit meinem Jawort in glücklichen Tagen,
liegen wir ständig uns in den Haaren!
Vorher war ich zu jeder Schandtat bereit –
bis ich eines Tages dann dich gefreit!
Ihr hier im Saal braucht gar nicht zu lachen,
denn meine Ehe mit diesem Drachen
hätte gar nicht erst den Anfang genommen,
wenn die mir nicht in die Quere gekommen!

Dickerchen: Ja meinst du denn, du Kümmerling,
die Ehe wär nur ein einseitig Ding,
wo ganz alleine nur der Mann
stets seine Meinung sagen kann?
Auch ich habe schon den Tag bereut,
der mich damals von meiner Freiheit befreit!
Ich sitz zu Haus und mach die Doofe,
wenn du gehst mit den Kumpels zum Schwofe!

Beide: Ich sage dir ganz unumwunden –
der Wirt legt Wert auf nette Kunden!
bring ich dich mit, Schockschwerenot –
krieg ich sofort ein Lokalverbot!
Denn du entwickelst seit einiger Zeit
'nen Mangel an Menschenähnlichkeit!
Versuch bei der Geisterbahn dich zu bewerben,
hoffentlich tut unser Kind das nicht erben!

Süße: Es gibt Kondome, das solltest du wissen –
dann hätten wir auch nicht heiraten müssen!
Ich hätt meine Unschuld heut immer noch
und dich nicht am Hals, du Hinternloch!
Doch so kleine Verhüter, das mein ich nicht böse,
die gibts leider nicht in deiner Größe!
Solche winzigkleinen Dinger
benutzt der Arzt für seine Finger!

Dickerchen: Das kann mich alles nicht berühren!
Tätest du nur richtig die Pille einführen!
Bei deinem komischen Gang, du Nase –
liegt beim zweiten Schritt das Ding auf der Straße!
So hast du mich ganz ungefragt
durch deine Blödheit zum Vater gemacht!
Und wäre dies nicht vorgekommen,
dann hätt' ich dich niemals zum Weibe genommen!

Süße: Stell du dich nur nicht hin als Sieger,
du bist doch ständig Unterlieger.
Auf Arbeit stets den großen Rand –
doch da, im Hirn fehlt der Verstand!
Mir willst du jetzt die Schuld zuschieben,
weil das Rezept dir fehlt zum Lieben!
Du kannst eben nicht bei solchen Sachen
einfach wie andre den Rückzieher machen!

Dickerchen: Ein solcher Blödsinn, unbenommen
kann nur aus deinem Halse kommen!
Du machst daheim nur Kuddelmuddel –
und mich ganz krank, du Labbeduddel!
Dann hast du nachts die Wickler drin
und meine Leidenschaft ist hin.
Ach, und wenn ich knipse an das Licht –
seh ich nur Creme – und kein Gesicht!

Süße: Wenn ich auf deine Liebe hoffe,
kommst du nach Hause, vollgesoffe.
Von Zärtlichkeit ist keine Spur –
du Blödmann kannst dich dann doch nur
noch schwankend in den Sessel quälen
und außerdem nur Scheiß erzählen!
Du Unhold bist nicht bloß ein Stoffel,
sondern die reinste Spritkartoffel!

Dickerchen: Ich glaube langsam, liebes Mäuschen,
du hast da oben was am Sträußchen.
In guten und in schlechten Tagen
kann ich dich nur im Suff ertragen!
Das wird ein jeder Mann verstehn –
nur wenn ich voll bin, bist du schön.
Dafür geb ich dir Brief und Siegel –
betrachte dich doch mal im Spiegel!

Süße: Mit diesem dämlichen Geplänkel
gehst du mir reichlich auf den Senkel,
Ich warne dich, mach mich nicht wild!
Guck dich mal an im Spiegelbild!
Der dürre Hals, der Bauch, die Glatze
und überhaupt die ganze Fratze –
das erinnert mich immerzu –
E. T. sah ganz so aus wie du!

Dickerchen: Manch Großmaul, wie du, stets übertreibt.
Weißt du denn, wie E. T. man schreibt?
Die war, das ist nicht übertrieben,
viermal in der Schule hocken geblieben!
Nix dazugelernt und wie Stroh so dumm –
wirft die jetzt hier mit Sprüchen rum!
Für meine Dumm-Gutmütigkeit
ist dies der Dank, Ihr lieben Leut!

Süße: Wofür erwartest du eigentlich Dank?
             Du hast wohl nicht alle Tassen im Schrank?
             Was kannst du denn mehr als Saufen und Skaten,
             du Knodderbüchs, du Satansbraten?!
             Du kaufst nie ein, putzt nie die Küche!
             Dein Magenwind sorgt für Gerüche,
             die ständig durch die Wohnung fliegen –
             mit dir zu leben, ist kein Vergnügen!

Dickerchen: Das war mir klar, dass du darauf pochst.
             Überleg aber mal, was du für mich kochst!
             Jeden zweiten Tag gibts Sauerkraut –
             so langsam geht es mir unter die Haut.
             Also kann es gar nicht anderes gehen –
             da müssen einfach die Winde wehen!
             Laufend Bohnen, Erbsen, Porree und Zwiebel –
             dein Schlangenfraß ist schuld am Übel!

Süße: Du bist nicht nur ein Super-Depp,
             ich denk mir, du bist einfach schepp!
             Wenn ich für dich nicht Woch' für Woche
             am Herd steh und das Essen koche,
             Selbst dafür bist du ja zu blöd,
             und weißt ja nicht, wie sowas geht!
             Du würdest nur am Kiosk lungern
             und eines Tages glatt verhungern!

Dickerchen: Da lach ich wie 'ne Gummihex,
             du selten dämliches Gewächs!
             Ich würde niemals hungrig bleiben,
             denn schließlich gibt es tausend Kneipen –
             und in der „Krone" ist auch noch die flotte,
             fesche Bedienung – die Lieselotte.
             Ich denk mir nur, du Trampeltier,
             die ist das Gegenteil von dir!

Süße: Die Babbel-Lies mit ihren Falten?!
Da tätest du besser mich behalten!
Bei mir, das sag ich ohne Mist,
weißt du genau, woran du bist!
Hier bei uns fliegen zwar die Fetzen,
wenn wir in Positur uns setzen –
doch glaube mir, auch anderswo
geht's dir bestimmt ganz ebenso!

Dickerchen: Genau, das wär ein Ehekrieg
mit andern Weibsleut, ohne dich!
Nun ja, ich muss dir eingesteh'n,
die meiste Zeit mit dir ist schön!
Wenn von uns beiden zwar jeder auch stöhnt –
viel besser ist es, wenn man sich ausgesöhnt.
Dann ist der Himmel wieder blau,
mit dir du süße, wilde Frau!

Beide: Drum Tschüs, ihr Narren, und
Helau!

Glücklicher Ehemann

Ehen werden doch im Himmel geschlossen. Ja, sicher! Was meinen Sie wohl, warum die Ehemänner hinterher immer aus allen Wolken fallen?
Aber bevor ich heiraten konnte, musste ich ja erst mal auf Brautschau gehen. Das war gar nicht so einfach, kann ich Ihnen sagen. Hatte ich mal ein wirklich tolles Mädchen gefunden, bin ich zu ihrem Vater gegangen und habe gesagt: „Ich rauche nicht. Ich trinke nicht. Ich rühre keine Karten an, und darum bitte ich Sie um die Hand Ihrer Tochter." Meinte ihr Vater: „Das kommt gar nicht in Frage!" – „Aber warum wollen Sie mir denn Ihre Tochter nicht geben?" fragte ich ganz entgeistert. „Ja, das ist doch wohl klar!" antwortete er mir. „Meinen Sie etwa, ich lasse mir meinen Schwiegersohn immer als gutes Beispiel vor Augen halten!"
Schließlich habe ich dann aber eine andere kennen gelernt. Als wir mal so richtig zärtlich wurden, habe ich sie gefragt: „Sag mal Schätzchen, hast du eigentlich vor mir schon jemals einen Mann geliebt?" – „Geliebt?" meinte sie. „Eigentlich nicht! Ich habe wohl schon Männer bewundert wegen ihrer Kraft, wegen ihrer Gewandtheit oder wegen ihrer Intelligenz, wegen ihres Äußeren oder wegen ihres Muts, aber in deinem Fall ist es schon Liebe, sonst nichts!" Nachher meinte sie: „Wenn wir erst verheiratet sind, werde ich alle deine Sorgen mit dir teilen." – „Aber, Schatz", habe ich geantwortet, „ich habe doch gar keine Sorgen!" Meinte sie: „Ich sagte doch, wenn wir verheiratet sind!"
Als wir eine Wohnung suchten, sind wir zu einem Immobilienmakler gegangen. Der meinte: „Zuerst sagen Sie mir mal, wie viel Miete Sie ausgeben können, dann lachen wir herzlich darüber und sehen weiter!"

An passender Stelle können Sie immer ein Schild mit der Aufschrift: „Glücklicher Ehemann!" hochhalten.

Wir haben uns dann aber doch eine Wohnung angesehen. Als wir zur Küche kamen, meinte meine Frau: „Ach je, ist die Küche aber winzig!" Habe ich gesagt: „Aber das macht doch nichts mein Schatz, das ist halb so schlimm! Dann bleibe ich einfach im Wohnzimmer, während du das Geschirr abwäschst!"

Nach der Hochzeit meinte sie: „So, jetzt muss ich sofort ausprobieren, wie mein neuer Name geschrieben wird! Hast du einen Scheck da, Schätzchen?"

Was habe ich für eine verständnisvolle Frau! Erst gestern hat sie noch zu mir gesagt: „Ach, Heinz, an deinem Geburtstag brauchst du die Wohnung doch nicht feucht aufzuwischen, mach es morgen!"

Und schlau ist meine Frau! Die wartet erst, bis ich in der Badewanne liege. Dann kommt sie an und sagt: „Schatzi, ich brauche noch mehr Haushaltsgeld!" Wenn ich dann frage: „Warum musst du mich denn damit in der Badewanne belästigen?" meint sie immer: „Weil du sonst wieder sagst, du säßest auf dem Trockenen!"

Und auf meine Sachen, da gibt sie ja unheimlich acht. Ja, sie sagt immer: „Wie du als Junggeselle rumgelaufen bist, ist mir egal! Aber jetzt dulde ich keine Löcher mehr in den Socken! Stopf sie dir gefälligst!"

Hier können Sie Stopfpilz und Socke demonstrativ aus der Hosentasche ziehen. Der kluge Mann hat eben immer alles dabei!

Das Namensgedächtnis meiner Frau ist einfach sagenhaft! Hatten wir doch jüngst meinen Chef zum Essen eingeladen. Ich komme mit dem fertigen Braten ins Wohnzimmer, da höre ich gerade noch, wie sie sagt: „Also, mein Mann hat mir schon viel von Ihnen erzählt, Herr Armleuchter."

Das hat vielleicht Zoff gegeben! – Als ich mit meinem Vater darüber sprach, tröstete er mich: „Alle jungen Ehepaare streiten sich. Deine Mutter und ich hatten zwei oder drei ernste Streitigkeiten, bis wir darauf kamen, dass grundsätzlich ich im Irrtum bin!"

Mit der Zeit bin ich ruhiger geworden und die Wogen haben sich geglättet. Prompt stellte sich auch was Kleines ein. Eine Tochter! Dabei hatte ich so sehr auf einen Jungen gehofft. Ja, der sollte mir im Haushalt beistehen.Der Junge ist dann doch noch gekommen. Aber was die Hilfe im Haushalt betrifft, da kommt er ganz nach seiner Mutter. Einmal kam er aus der Schule und sagte: „Wir mussten heute in der Schule einen Aufsatz darüber schreiben, wie unsere Eltern sich kennen gelernt haben." – „Oh", meinte ich, „wie gut, dass ich dir mal erzählt habe, dass es auf einer Berghütte war. Was hast du denn für eine Überschrift geschrieben?" – „Na", meinte er, „das war doch ganz einfach! Ich habe geschrieben: ‚Opfer der Berge'!"

Wie wäre es, wenn Sie hier ein Schild mit der Aufschrift: „Sehr Glücklicher Vater!" hochhalten?

Vor ein paar Wochen war ich beim Arzt. Ich sagte: „Ich will das Rauchen aufgeben, Herr Doktor!" – „Da brauchen Sie aber einen eisernen Willen." – „Das ist kein Problem.", antwortete ich. „Den eisernen Willen, den hat meine Frau!"

Meine Tochter ist auch nicht besser. Hörte ich sie doch vor kurzem zu meiner Frau sagen : „Ich hätte ja wirklich mehr Vertrauen in deine Ratschläge, Mutti, wenn du Papa nicht geheiratet hättest!"

Tschüs zusammen.

Die Krone der Schöpfung

Ihr Frauen passt auf, was ich euch heut sage,
dass wir die Krone der Schöpfung sind, ist keine Frage.
Jeder Mann glaubt, weil er eher da war,
könnt er jetzt spielen den großen Star.
Was wäre er denn, so ganz ohne Frau?
Ich will es euch sagen, und das ganz genau.

Keinen Morgen würden die Volleulen wach,
so wären vom Saufen die Kerle schwach.
Ihr Druckposten im Geschäft wär nach kurzer Zeit fort,
darauf gebe ich euch hiermit mein Wort.
Doch weil wir Frauen so blöd sind vor Liebe,
kommen die noch rechtzeitig in die Betriebe.

Wir legen die Wäsch' hin, die Socken, die Hose,
das Hemd und den Anzug und dann noch die Dose
mit Tabak, die Streichhölzer und auch den Kamm
und bringen mit Kaffee die Brüder auf Damm.

Und haben sie endlich ihr Resthaar sortiert,
ins Gesicht sich Aftershave geschmiert,
die Tasche, die Autoschlüssel geschnappt,
wird ohne Gruß zur Garage getappt,
sich großspurig hinter das Steuer gehockt
und Gas gegeben, dass die Mühl nur so bockt.

Die treten aufs Gas dann wie ein Idiot,
wechseln die Spuren, biegen ab trotz Verbot.
Und kommen trotz allem im Büro sie gut an,
dann spielen sie dort den großen Mann.
Sie sagen dann zu ihrer Mieze:
„Ach, bitte einen Kaffee, Sie kleine Süße."

Dann wird die Zeitung vorgenommen,
als wären sie zum Lesen hergekommen.
Und ist sie dann endlich ausgelesen,
fällt denen ein: Ach, bin ja noch gar nicht gewesen!

Und kommen sie vom Örtchen dann,
fangen sie mit dem Frühstück an.
Und das geht bis zum Mittag hin.
Nach Arbeit steht denen gar nicht der Sinn.

In der Mittagspause dann
wird gesucht der dritte Mann,
denn ein Skat wird nun gedroschen,
nicht um Pfennig, nein, um Groschen.

Schlägt die Uhr dann endlich zwei,
ist die Mittagspaus vorbei,
denn jetzt folgt die Konferenz
oder beim Chef die Audienz,
doch ist alles nur Bla-Bla,
keiner denkt hier an die Fraa.

Mit viel Alkohol und Zigaretten,
die man raucht, als wären sie Ketten,
dehnt sich diese Sitzerei
bis in die Abendstunden nei.

Ist das Abendessen längst verdorben
und man aus Angst um ihn schon fast gestorben,
hört man ihn trampeln auf der Trepp.
Da kommt er endlich, dieser Depp.
Eh man ihn zu Gesichte kriegt,
man den Alkohol schon riecht.
Er wirft den Koffer in die Eck
und die Schuhe, voller Dreck.

Dann stöhnt er: „Endlich nun zu Haus.
So ein Tag, das ist ein Graus."

Schalt den Fernsehkasten ein,
sieht nicht mehr sein Frauelein,
das für ihn sich rausgeputzt,
teuerstes Parfüm benutzt,
weil sie ihn gern für sich hätt –
doch dann stürmt der schon zum Bett.

Unterwegs, da lässt er falle
seine Kleidungsstücke alle.
Hat man die dann aufgeräumt,
der Superstar schon schnarcht und träumt.

Dann schaltet man das Fernsehen aus
und wieder mal fehlt Sex im Haus.

Wir Männer sind die Besten

Wir Männer sind schon arme Tröpf,
wenn wir nit spurn, gibts auf die Köpf.
Daheim, da kusche mir, sind still,
weil's unsre Alte halt so will!

Bei uns, da wird a nit gemuckt,
Kopf nach unne und geduckt,
in die Karnickelstellung halt,
so warte mir, bis blitzt und knallt.
Gewehr bei Fuß, die Hose voll,
gell ihr Fraue, des is toll!

Doch heut nehm ich kein Blatt vorn Mund,
euch Fraue mache mir heute rund,
den schlechte Ruf der Männerwelt,
der uns überhaupt nit g'fällt,
den schiebe mir, vorerst zunächst,
dorthi, wo der Pfeffer wächst!

Wir Männer sind zu unserm Glück
der Schöpfung bestes Meisterstück,
unser Geist, der ist genial,
und unser Charme wirkt allemal,
letztlich der smarte Körperbau
erhebt uns über jede Frau!

Unser Körper, ein Gedicht,
nicht nur die Form ists, was besticht,
bei uns ist alles gut sortiert
und am rechten Fleck platziert.
Die Hüfte schmal, die Fesseln schlank
und breite Schultern, Gott sei Dank,

drum sin die Fraue ganz entzückt
und nach uns Männer so verrückt!

Auf uns, da sind die Fraue stolz,
ja, wir sind aus bestem Holz,
trinkfest, stabil und sehr potent,
aufrichtig, mit Temperament,
sparsam, fleißig und galant,
sportlich-modern, aus erster Hand.
Unser Geist, der braucht kei Spritze,
wir Männer, wir sind einfach Spitze!

Ja, ihr Frauen, seid mal ehrlich,
wir Männer sind doch unentbehrlich,
im Haushalt stehen wir unsern Mann,
weil's einfach keiner besser kann!

Ach, wir sind ja so bescheiden,
dass wir fast schon drunter leiden,
wir sind edel, treu und bieder,
selbst Alkohol ist uns zuwider,
wir sind so, wie ihr uns wollt,
ordnungsliebend und treu wie Gold!

Wir sind, das ist keine Frage,
eure Existenzgrundlage!
Trainiert sind wir wie wilde Affen,
Tag und Nacht sind wir am schaffen
fürs Auto und für Haus und Hof,
eigentlich sind wir doch doof.
Wir schaffen, ohne müd zu werden,
euch das Paradies auf Erden!
Uns versucht man einzuengen,
uns vom Stammtisch zu verdrängen,
unsre Hobbys zu beschneiden,
das können wir schon gar nicht leiden.

Drum bleibt standhaft und flexibel,
denn es steht schon in der Bibel,
der Herr im Haus, das ist der Mann,
und das Weib sein Untertan!

Männer gibts, emsig wie Bienen,
die ihre Frauen stets bedienen,
die lesen Wünsche von den Lippen,
und wenn die Frau'n die Finger schnippen,
dann kuschen sie, sind gleicher Meinung –
Pantoffelheld heißt die Erscheinung.
Ja, überall gibts schwarze Schafe,
die verdienen ihre Strafe!

Ja wir sind ja so manierlich,
liebevoll und so possierlich,
großzügig, ja, das ist kein Scherz,
euch Frauen hüllen wir in Nerz
und krönen euch, wenn ihr es wollt,
mit Perlen, Edelstein und Gold.
Wir lieben euch und zum Beweis,
zahle mir den ganzen Scheiß!

Manchmal möcht ich mich verstecken,
nicht immer ists ein Honiglecken.
Am Monatsersten wirds noch flotter,
abgeliefert wird der Schotter,
da hilft kein Motzen und kein Klammern,
da hift kein Winseln und kein Jammern,
im Geldabliefern sind wir stark,
oft bleibt uns kei müde Mark –
ein kurzer Schrei von unsern Damen,
Geld her, Ende, Schluss aus, amen!

Wir Männer sind, ohne zu prahlen,
auf dieser Erde die Genialen.

Doch familiär ist es die Frau,
ich sags zum Abschluss jetz genau,
sie kämpft im Haushalt unterdessen,
sorgt für die Kinder und fürs Essen,
wäscht, bügelt, näht, stopft unsre Socken,
während wir beim Fernsehen hocken.

Seid mal ehrlich meine Herren,
wir ham doch unsre Frauen gern,
wir wern verwöhnt und stets bedient,
sind wir krank, wern wir gepflegt
und liebevoll von ihr gehegt,
sie verwaltet Haus und Kassa,
mit einem Wort: ein Tausendsassa!

Ein Frauensachverständiger

Studiert hab ich die Frauenwelt,
weil mir ihr Wesen so gefällt,
mit acht Semestern Theorie
und in der Praxis ein Genie,
als Bester war ich ein Phantom,
deshalb erhielt ich mein Diplom.

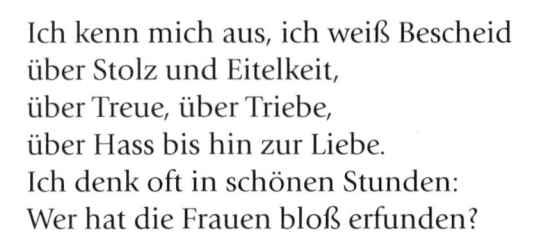

Ich kenn mich aus, ich weiß Bescheid
über Stolz und Eitelkeit,
über Treue, über Triebe,
über Hass bis hin zur Liebe.
Ich denk oft in schönen Stunden:
Wer hat die Frauen bloß erfunden?

Die Frau'n bestimmt man, das ist wahr,
nach der Farbe ihrer Haar'.
Da gibt es die kühlen Blonden,
abweisend stets an allen Fronten,
die Brünetten mit viel Charme,
anschmiegsam liegen sie im Arm,
die Schwarzen voller Stolz und Rasse,
die gehen letztlich auf die Kasse,
dann noch die Roten, wie man glaubt,
ein Betthupferl, das nur so staubt.
Doch das ist alles Fantasie,
und diese Thesen stimmen nie.
Die Frau hat man, was auch geschieht,
so, wie man sie am Anfang zieht!

Auch bei Frauen gibt es Normen,
denn entscheidend sind die Formen.

Make-up, Größe und Gewicht,
auch der Körperbau besticht,
und ein tolles Fahrgestell
reizt uns Männer generell.
Wir lieben Busen und den Po –
ihr Männer, ihr versteht mich scho'!

Es gibt liebe, zarte Wesen,
aber auch die bösen Besen –
da herrscht totale Diktatur,
von Männerherrschaft keine Spur,
kein Stammtisch und kein Sportverein,
ja, mancher ist ein armes Schwein.
Das Weib, das hat die Hosen an,
geknechtet wird der Ehemann.
Solche Männer sind am Zittern,
wenn sie bloß die Alte wittern!

Andererseits gibts Modepuppen,
welche sich sehr bald entpuppen,
die ihrer Schönheit stets bewusst,
ganz ladylike und selbstbewusst,
als Lebedame modisch flott,
eingehüllt im Ozelot,
die lieben Luxus und Geschmeide,
lieb anzusehn als Augenweide,
doch zu teuer auf die Dauer!
Such dir was anderes, sei schlauer.
Stets Lachs und Hummer auf dem Teller –
wer ist von uns schon Rockefeller?

Es gibt welche, die sind ledig,
die sind auf der Suche stetig,
die wechseln öfter ihren Freund,
es wird hin und her gestreunt,

was die Männer ihnen bieten,
damit sind sie nicht zufrieden.
So eine, die ist gar nicht klug,
keiner ist ihr gut genug,
sie verblüht, wird stumpf und stumpfer –
bleibt ewig eine alte Jungfer!

Dann gibts die Karrierefrauen,
die lässig auf die Männer schauen.
Erfolg und Aufstieg ist ihr Ziel,
Mut und Ehrgeiz ham die viel.
Sie schalten selbst die Männer aus
und booten sie noch eiskalt aus.
Die stellen ihre eignen Weichen
und gehen notfalls über Leichen!

Die Frau ist, sieht man 's unterm Strich,
eine Wissenschaft für sich!
Die Idealfrau zu entdecken
endet oft mit einem Schrecken.
Doch wissenschaftlich ist erwiesen,
und damit möchte ich auch schließen,
als Fazit dieser Übersicht:
Die Idealfrau gibt es nicht!

Helau!

Kättchen und Eulalia

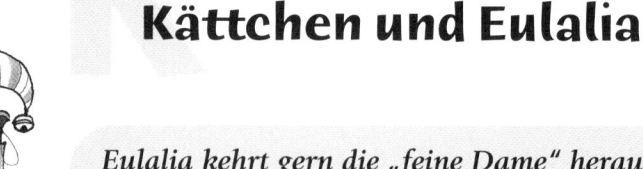

Eulalia kehrt gern die „feine Dame" heraus, sie trägt einen „schönen" Hut und Schmuck. Kättchen ist das ganze Gegenteil von ihr. Das „Outfit" der beiden, darf ruhig etwas ausgefallen sein.

Eulalia: Kättchen, sieh mal die vielen netten Leute hier! Was wäre das für eine Freude, wenn wir zwei daheim von unseren Männern auch mal so herzlich empfangen würden!

Kättchen: Ja, ja, meine Liebe. Hier weiß man doch wenigstens, dass man willkommen ist! Aber sag mal, ist dein Alter auch so ein Ekel?

Eulalia: Warum?

Kättchen: Och, meiner behandelt mich ja so schlecht. Neulich erst hab' ich mich bei ihm beschwert. Ich hab' ihm gesagt: „Schon seit zwei Jahren muss ich immer mit ein und demselben Kleid ausgehen!" Da gibt er mir zur Antwort: „Gleiches Recht für alle; ich muss schon seit 20 Jahren immer mit derselben Frau ausgehen!"

Eulalia: Kättchen, mach dir da nix draus! Meiner hat mich sogar schon vor unserer Hochzeit belogen! Er hatte mir erzählt, er wär von Beruf Tischler, und ich dachte, er meint Bau- oder Möbeltischler.

Kättchen: Und was war und ist er?

Eulalia: Stammtischler! Vergiss ihn.

Kättchen: Och, das geht dir nicht allein so. Meine Schwester ist ja mit dem ihren auch ganz schön reingefallen. Der ist Schlafwandler! Der schläft mal hier und mal da. Und außerdem ist der wie 'ne Briefmarke: Wenn der mal angefeuchtet ist, dann bleibt er auch kleben!

Eulalia: Also, ich traue meinem Göttergatten absolut überhaupt nicht mehr. Ich glaub, der hat 'ne Freundin!

Kättchen: So, so!? Wie kommst du denn da drauf? Woran hast du das denn gemerkt?

Eulalia: Ei, denk dir, der hat sich in der vorigen Woche doch tatsächlich dreimal die Füße gewaschen!

Kättchen: Ich muss sagen, im Großen und Ganzen bin ich mit meinem ja eigentlich doch zufrieden. Der macht alles, bloß um mir zu gefallen. Jetzt hat er sich sogar einen Bart wachsen lassen.

Eulalia: Und das gefällt dir?

Kättchen: Selbstverständlich! Dann sieht man wenigstens nicht mehr soviel von seinem dummen Gesicht!

Eulalia: Ich sag es doch immer: Männer sind genau wie Zwiebeln, wenn man sich näher mit denen befasst, dann kommen einem die Tränen!

Kättchen: Sag das net zu laut, Eulalia! Es gibt auch noch nette, freundliche, zuverlässige und treue Männer auf dieser Welt! Sogar richtige Kavaliere!

Eulalia: Sag bloß noch, dir wäre so ein Traummann über den Weg gelaufen!

Kättchen: Ja! Stell dir vor: Neulich bin ich doch mit dem Zug nach Saarbrücken gefahren. Im Abteil waren alle Plätze besetzt. Da steht doch tatsächlich ein junger Mann auf und hat mir seinen Platz angeboten!

Eulalia: Das gibt es nicht!

Kättchen: Wenn ich es dir doch sage! Ich habe mich auch ganz freundlich bei dem bedankt. Da meinte er: „Nichts zu danken, es ist schließlich Kavalierspflicht, einer Dame seinen Platz anzubieten. Die meisten Männer stehen zwar nur für junge, hübsche Frauen auf, aber ich mache da keinen Unterschied!" – Eulalia! Was ist denn mit dir los? Warum kratzt du dich denn dauernd am Kopf? Das ist doch unhöflich!
Vor all den Leuten!

Eulalia: Was soll ich denn machen? Es juckt mich schon die ganze Zeit so entsetzlich.

Kättchen: Ei, dann zieh deinen Hut aus und kratz dich einmal ganz richtig, dann hört es bestimmt auf!

Eulalia: Wie kommst du mir vor! Ich kann doch nicht meinen Hut ausziehen, bei all den Leuten! Du ziehst ja auch nicht deinen Rock runter und die Hose aus, wenn es dich am Hintern juckt!

Kättchen: Sag mal, Eulalia, stimmt es, dass man bei euch im „Kammerforst" ein junges Mädchen gefunden hat, das ganz verbissen und verkratzt war?

Eulalia: Ja, ja, sie war tatsächlich ganz verbissen und verkratzt – von den Hasen und Kaninchen – aber sie war selbst schuld. Sie hatte einen Haufen Grünzeug dabei, Möhren, Salat, Gurken und so Kram. Du weißt schon: Diät!

Kättchen: Weißt du, von wem ich schon lang nichts mehr gehört und gesehen hab? Von Zimmers Fränzchen! Was ist eigentlich aus dem geworden?

Eulalia: Der? Der lebt doch nur von der Hand in den Mund!

Kättchen: Wie schrecklich!

Eulalia: Was heißt schrecklich? Der hat 'ne gutgehende Zahnarztpraxis!

Kättchen: Du, ich hab gemeint, ihr wolltet umziehen. Habt ihr schon 'ne neue Wohnung?

Eulalia: Ja, fast! Gestern hab ich mir eine angesehn, die würde mir gut gefallen – groß und günstig. Ich muss bloß noch meinen Mann dafür begeistern!

Kättchen: Dann beeil dich aber; denn heutzutage findest du schneller 'nen neuen Mann als 'ne billige Wohnung! Meiers hatten doch auch so lange 'ne Wohnung gesucht und keine gefunden. Die haben dann schließlich die Sache selbst in die Hand genommen und ein eigenes Haus gebaut!

Eulalia: Kannst du mir sagen, meine Liebe, wovon die das Haus gebaut haben?

Kättchen: Ganz einfach, mit den Steinen, die die Baubehörde ihnen in den Weg gelegt hat!

Eulalia: Ach, die Baubehörde! Das ist so ein riesiges Amtsgebäude. Ich hab mich mal erkundigt, wie viel Leute dort eigentlich arbeiten.

Eulalia: Und?

Kättchen:	„Kaum die Hälfte", hat man mir gesagt.
Eulalia:	Also weißt du, ich hab sowieso den Eindruck, dass hier in ... nicht viel los ist. Hier kannst du noch nicht mal essen gehen, wenn du willst!
Kättchen:	Wieso?
Eulalia:	Ei, neulich hat mich doch mein „Goldstück" eingeladen, ganz groß in die Stadthalle essen zu gehen. Und stell dir vor, ausgerechnet an dem Tag hatten die zu!
Kättchen:	Ach! Warum seid ihr dann nicht zu ... gegangen? Bei dem kann man für nur fünf Mark zwanzig sogar drei Stunden essen
Eulalia:	Das ist ja enorm! Bist du sicher?
Kättchen:	Ja, im Fenster hat der doch ein Schild hängen: Mittagstisch von zwölf bis fünfzehn Uhr, Preis: fünf Mark zwanzig!
Eulalia:	Du, da fällt mir eben ein, seit wann betest du denn auf der Straße den Rosenkranz?
Kättchen:	Wie kommst du denn da drauf?
Eulalia:	Ei, liebe Eulalia, ich hab dich doch gestern morgen in der Kastaniengasse gesehen, da hast du mindestens fünfmal das Kreuzzeichen gemacht! Ja, kannst du mir das erklären?
Kättchen:	Ach sooo! – Ich hab nicht gebetet. Ich hatte nur keinen Einkaufszettel geschrieben und wollte mir behalten, was ich unbedingt noch kaufen sollte!

Kättchen: Heee? (macht langsam Kreuzzeichen) Ja, ein Kappeskopf, zwei Dosen Milch und ein Pfund Bauchlappen.

Eulalia: Hach, da fällt mir noch was ein! Wir wollten doch mit den Leuten hier im Saal singen. Ihr macht doch alle mit? Also, wir zwei singen vor, und ihr singt nach! Zuerst die Frauen, dann die Männer!

Beide: (singen laut) Wir fahren nach Amerika, schrumm, schrumm, schrumm!

Frauen: Wir fahren ...

Männer: Wir fahren ...

Beide: Ja, wenn ihr alle fortfahrt, dann können wir zwei ja jetzt gehen!

Helau!

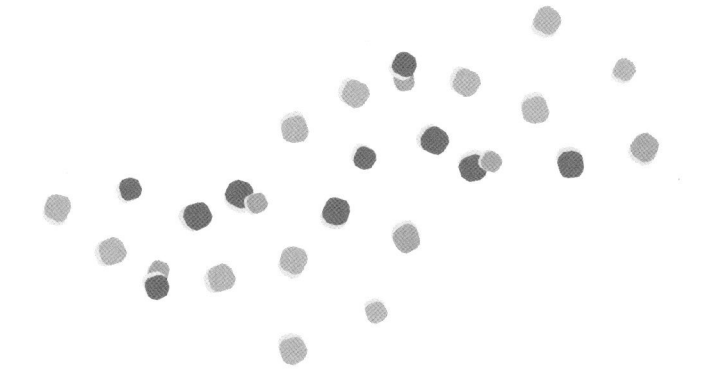

Karnevalisten-Doppel

Närrische Zwiegespräche
lustig querbeet

Zwei Putzfrauen

Frau Babbisch betritt langsam von links die Bühne, Frau Dreckisch eilt von rechts herbei. – Beide tragen Kittelschürze und Kopftuch; eine hat einen Besen dabei, die andere Schrubber und Eimer.

Babbisch: Ei, guten Tag, Frau Dreckisch!

Dreckisch: Ei, guten Tag, Frau Babbisch!

Babbisch: Sagen Sie mal, Frau Dreckisch, woher hat denn Ihr Herr Gemahl die beiden Veilchen an den Augen? War Ihr Herr Verehrtester vielleicht in eine Schlägerei verwickelt gewesen?

Dreckisch: Oh, wo denken Sie denn hin, Frau Babbisch, das sind nur zwei Heimkehrerdenkmäler. Beim linken Denkmal glaubte ich, es sei ein Einbrecher, und am rechten Denkmal war mein Mann selber schuld. Er hätte sich ja rechtzeitig bücken können!

Babbisch: O je, Frau Dreckisch, was war das gestern abend wieder ein Krach bei Ihnen! Die ganze Straße spricht ja davon.

Dreckisch: Das war weiter nichts Schlimmes, Frau Babbisch, da hat nur im Krimi einer laut die Haustür zugeschlagen, und da ist unser Fernseher umgefallen. Die Rechnung an das Zweite Programm in Mainz ist schon unterwegs!

Babbisch: Was ich Sie schon immer mal fragen wollte, Frau Dreckisch, wieso haben Sie sich denn acht Kinder angeschafft? Ich meine, bei der heutigen schlechten Lage ist

	die Erziehung und Finanzierung der Kinder fast schon eine unlösbare Aufgabe.
Dreckisch:	Wissen Sie, Frau Babbisch, mein Mann und ich haben an Weihnachten immer das schöne Lied „Ihr Kinderlein kommet" gesungen, und da ist dann auch eines nach dem anderen gekommen!
Babbisch:	Ja, Frau Dreckisch, und was singen Sie während der übrigen Zeit des Jahres?
Dreckisch:	Frei nach Beate Uhse: „Lasst uns froh und munter sein!" Übt das Ihr Mann nicht mit Ihnen?
Babbisch:	Sagen sie mal, Frau Dreckisch, böse Zungen in unserer Nachbarschaft behaupten, Ihr Mann sei kürzlich in der Justizvollzugsanstalt zu Gast gewesen!
Dreckisch:	Das sind alles üble Verleumdungen, Frau Babbisch, in der JVA ist kürzlich beim Tütenkleben jemand ausgefallen, und da ist mein Mann zuvorkommenderweise für den eingesprungen!
Babbisch:	Ist Ihr Mann, Frau Dreckisch, auch wieder arbeitslos? Meiner hat ja immer Pech mit seinen Jobs.
Dreckisch:	Über Tag, ja, Frau Babbisch, aber nachts, da arbeitet er für drei.
Babbisch:	Wo denn, Frau Dreckisch?
Dreckisch:	Ei bei mir im Bett!
Babbisch	Ist er denn noch so rüstig?

Dreckisch: Das können Sie glauben, Frau Babbisch, der sägt jede Nacht mindestens zehn Ster Holz. – Wann machen Sie denn endlich Ihren Führerschein, Frau Babbisch, Sie haben doch bereits 200 Fahrstunden hinter sich?

Babbisch: Das dauert noch ein bisschen, Frau Dreckisch, mein Fahrlehrer hat gemeint, ich soll zuerst noch den Jagdschein machen, damit ich später dann besser rückwärt in die Parklücke und am Stopschild über die Kreuzung schießen kann! – Sagen Sie mal, Frau Dreckisch, ich habe gehört, Ihr Mann hätte im letzten Jahr einige schwere Verkehrsunfälle erlitten.

Dreckisch: Da haben Sie recht, Frau Babbisch, bei zwei Kindern steht seine Vaterschaft bereits fest; beim dritten ist die Schuldfrage noch nicht geklärt!

Babbisch: Da kommen aber allerhand Alimente auf Sie zu, Frau Dreckisch!

Dreckisch: Nee, nee, Frau Babbisch, mit Ausländern geben wir uns nicht ab!

Babbisch: Frau Dreckisch, sagen Sie, ist Ihre Tochter immer noch mit dem rassigen jungen Mann verlobt? Das geht doch schon eine sehr lange Zeit, werden die denn nicht bald heiraten?

Dreckisch: Wissen Sie, Frau Babbisch, meine Tochter und ich haben an dem jungen Mann ein gemeinsames Interesse, und solange mein Mann nicht dahinterkommt, kann der derzeitige Zustand weiter erhalten bleiben!

Babbisch: Kommen Ihre Kinder in der Schule immer gut mit?

Dreckisch: Prima, Frau Babbisch, im Singen haben die alle eine glatte Eins.

Babbisch: Und in den anderen Fächern?

Dreckisch: Da kennt sich mein Mann leider nicht so gut aus!

Babbisch: Haben Sie schon gehört, Frau Dreckisch, die Frau unseres Nachbarn ist durchgebrannt?

Dreckisch: Ja, Frau Babbisch, und seitdem er das weiß, sitzt er im Gasthaus und löscht!

Babbisch: Warum, Frau Dreckisch, hat denn Ihr Mann am letzten Sonntag so geweint, als ich ihn am Fenster sah? Dem sind ja die Tränen nur so die Backen heruntergelaufen. Haben Sie in der Familie einen Trauerfall?

Dreckisch: Nee, nee, Frau Babbisch, er hatte nur für den Gulasch drei Kilo Zwiebeln geschält!

Babbisch: (kratzt sich) Sagen Sie mal, Frau Dreckisch, juckt es Sie neuerdings auch immer so?

Dreckisch: Keineswegs, Frau Babbisch, unsere Flöhe sind gut erzogen, die gehen nur an unseren Hund!

Babbisch: Meine liebe Frau Dreckisch, warum ist denn Ihr Mann neuerdings dauernd bei der Polizei und vor dem Gericht?

Dreckisch: Das ist wegen dem Justizirrtum, liebe Frau Babbisch. Mein Mann ist nämlich so dumm, dass sich bei ihm die Justiz nie irrt!

Babbisch: Sagen Sie mal, Frau Dreckisch, was halten Sie denn so von der Politik?

Dreckisch: Wenn Sie mich fragen, Frau Babbisch, nicht viel. Vor der Wahl tun sie verheißen, während der Wahl entgleisen und nach der Wahl auf die Versprechungen nicht mehr reagieren.

Babbisch: (zieht die Nase hoch) Mmm, Frau Dreckisch, riechen Sie nichts? Ich glaube es riecht wie angebrannt!

Dreckisch: Mein Gott, mein Rollbraten!

Babbisch: O du barmherziger Strohsack, mein Bügeleisen! Rufen Sie die Feuerwehr, ich rette derweil unsere Versicherungspolice.

(Abgang nach links und rechts)

Tünnes und Schäl

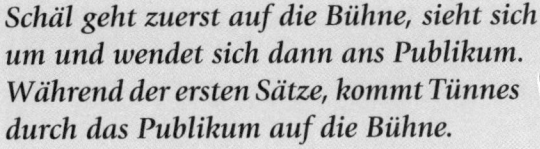

Schäl geht zuerst auf die Bühne, sieht sich um und wendet sich dann ans Publikum. Während der ersten Sätze, kommt Tünnes durch das Publikum auf die Bühne.

Schäl: Einen schönen guten Abend! – Habt ihr den Tünnes gesehen? Wir sind hier verabredet. Der kommt in letzter Zeit immer zu spät. – Ach, da ist er ja endlich. Jetzt aber schnell, Tünnes!

Tünnes: Immer langsam, ich habe gleitende Arbeitszeit. Oder gibt jemand einen aus?

Schäl: Ich glaube, du hast einen Nagel im Zylinder. Du denkst nur ans Saufen. Übrigens, ich habe dich schon lange nicht mehr gesehen.

Tünnes: Ich war ja auch für acht Monate verreist.

Schäl: Acht Monate? Das war doch sicher fabelhaft?

Tünnes: Nein, Einzelhaft.

Schäl: Was hast du denn schon wieder ausgefressen?

Tünnes: Beamtenbestechung.

Schäl: Dafür acht Monate? In Bonn ist das alltäglich.

Tünnes: Ja, in Bonn machen die es mit Geld, ich habe es aber mit einem Messer gemacht.

Schäl: Übrigens, ich habe gehört, du hast Arbeit angenommen. Für Geld machst du ja wirklich alles.

Tünnes: Ja, ich bin bei der Stadt, da muss ich die Friedhöfe sauber halten. Aber da habe ich keine Lust mehr drauf.

Schäl: Warum denn nicht?

Tünnes: Man liest dort den ganzen Tag nichts anderes als: „Hier ruht sanft" oder „Hier schläft in Frieden", ich war der einzige, der gearbeitet hat.

Schäl: Was machst du denn mit deinem Monatslohn?

Tünnes: Also, pass auf, 30 Prozent fürs Essen, 30 Prozent fürs Saufen, 30 Prozent fürs Rauchen und 30 Prozent bekommt meine Frau.

Schäl: Moment mal, das sind doch aber schon 120 Prozent.

Tünnes: Leider, Schäl, leider. Jetzt wollen mir die Brüder von der Bank auch nichts mehr geben. Nur weil sie die Anstreicher im Haus haben.

Schäl: Nur weil sie die Anstreicher im Haus haben?

Tünnes: Die haben mir mitgeteilt, dass mein Konto gestrichen wurde.

Schäl: Ja so ein Mist, Tünnes. Da bist du ja jetzt richtig Pleite. Was sagt denn deine Frau dazu?

Tünnes: Nichts, Schäl. Die hat doch ihr eigenes Konto von meinem Geld und gute Beziehungen zum Kassierer.

Schäl: Apropos Frau! Wo hast du deine Frau eigentlich kennen gelernt?

Tünnes: Ach, das war damals in der Dreigroschenoper.

Schäl: Da sieht man, du hättest besser ein paar Groschen mehr anlegen sollen.

Tünnes: Sie hat aber innere Werte.

Schäl: Dann würde ich sie mal wenden lassen.

Tünnes: Was macht deine Frau eigentlich inzwischen den ganzen Tag?

Schäl: Meine Frau ist nebenher Numismatikerin. Sie sammelt Groschen.

Tünnes: Sag doch gleich, dass sie als Klofrau arbeitet.

Schäl: Wer war eigentlich die Frau, die bei der Hochzeit deiner Tochter den Schleier getragen hat?

Tünnes: Das war die Schneiderin, die wollte die Klamotten nicht eher aus der Hand geben, bis alles bezahlt ist.

Schäl: Hast du schon von meinem Glück gehört? Die haben mir mein Auto gestohlen.

Tünnes: Und das nennst du Glück?

Schäl: Ja, meine Schwiegermutter saß drin.

Tünnes: Apropos Schwiegermutter, meine ist neulich gestorben. Was hat sie denn gehabt?

Schäl: Eine Küche und ein Schlafzimmer.

Tünnes: Blödsinn, ich meine, was ihr gefehlt hat?

Schäl: Ein Wohnzimmer.

Tünnes: Na, dann ist alles klar. – Man sagt, du hast deiner Frau ein Glas Honig an den Kopf geworfen.

Schäl: Ach, das war halb so schlimm. Auf dem Glas stand: Schleuderhonig.

Tünnes: Hast du schon von unserem Kegelbruder Karl gehört? Der soll angeblich fremdgehen.

Schäl: Na und, will er etwa nicht? – Mein Bruder geht übrigens auch fremd. Er hats gleich mit drei Frauen.

Tünnes: Mensch, Tünnes, ich wusste ja gar nicht, dass du einen Bruder hast.

Schäl: Sogar einen Zwillingsbruder. Ich bin eine halbe Stunde vor ihm geboren.

Tünnes: Ach, darum siehst du so komisch aus. Dein Bruder hat dir wohl neun Monate mit seinem Hinterteil im Gesicht gesessen.

Schäl:

Tünnes: Danke! – Also, meine Frau macht immer Ärger, wenn ich mal zu spät nach Hause komme. Gestern war es mal wieder so weit. Ich habe mich schon auf der Treppe ausgezogen und bin auf Zehenspitzen weitergelaufen.

Schäl: Und, hat sie etwas gemerkt?

Tünnes: Das nicht, aber ich. Als ich oben ankam, stand ich auf dem Bahnsteig im Hauptbahnhof.

Schäl: Ich dachte, du wolltest mit dem Saufen aufhören?

Tünnes: Will ich ja auch. Ich gehe nur noch in die Kneipe, wenn ich vorher eine Sechs gewürfelt habe.

Schäl: Das ist aber ein guter Vorsatz.

Tünnes: Gestern musste ich 68-mal würfeln, bis die erste Sechs kam. Dafür habe ich früher sechs Jahre solide gelebt. Kein Alkohol, keine Zigaretten, gar nichts.

Schäl: Warum hast du dann angefangen.

Tünnes: Ich kam in die Schule.

Schäl: Du, ganz im Vertrauen, Tünnes: Ich habe eine Frau kennen gelernt, die mich gleich mit in ihre Wohnung genommen hat. Sie sagte, ich solle mich ruhig schon mal ausziehen. Als sie zurück kam, hatte sie zwei Kinder an der Hand.

Tünnes: Das war sicher ein Schock für dich.

Schäl: Kann ich dir sagen! Sie zeigte nämlich auf mich und sagte: „Kinder, so seht ihr auch mal aus, wenn ihr kein Gemüse essen wollt!" Da lief nichts mit Liebe, Lust und Leidenschaft.

Tünnes: Mensch, Schäl, da warst du aber von den Socken, was? Von den Socken? Das war das einzige, was ich noch am
Schäl: Leib hatte.

Tünnes: Du, Schäl, das Allerneueste habe ich dir noch gar nicht erzählt. Der Schulte von der Gewerkschaft liegt bei Schwester Stefanie auf Station.

Schäl: So was. Was fehlt ihm denn?

Tünnes: Der braucht dringend eine neue Niere. Der Arzt da hat ihn gefragt, ob er eine schwarze oder lieber eine rote Niere haben möchte. Der Schulte hat nach dem Unterschied gefragt. Und weißt du, was der Doktor geantwortet hat? Die schwarze Niere arbeitet durch, die rote hat die 35-Stunden-Woche.

Schäl: Und so was will ein seriöser Arzt sein. Alles nur Schauspieler! – Aber sag mal, stimmt es, dass du im Lotto 1 000 DM gewonnen hast?

Tünnes: Ja, vor drei Wochen.

Schäl: Du hast das Geld bestimmt in Alkohol umgesetzt.

Tünnes: Bist du verrückt? Ich habe es zur Bank gebracht.

Schäl: Warum hast du es nicht einfach deiner Frau zur Verwahrung gegeben?

Tünnes: Und wenn die damit durchbrennt?

Schäl Sind dir das die 1 000 DM nicht wert?

Tratsch im Treppenhaus

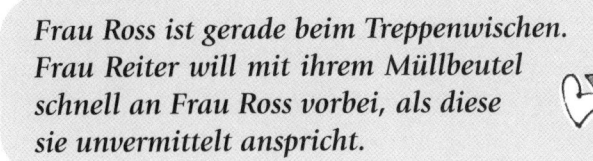

> Frau Ross ist gerade beim Treppenwischen. Frau Reiter will mit ihrem Müllbeutel schnell an Frau Ross vorbei, als diese sie unvermittelt anspricht.

Frau Ross: Ach, Frau Reiter, wer war denn gestern der Herr mit dem Glassplitter im Auge, der Sie besuchte?

Frau Reiter: Glassplitter? Meinen Sie den Herrn mit dem Monokel?

Frau Ross: Ja, den meine ich. – Ach, ein Monokel ist das. So ein Teil ist heutzutage schon sehr selten.

Frau Reiter: Das ist wohl wahr, liebe Frau Ross. Aber um ihre Frage zu beantworten: Der Herr war Staatssekretär Reinsch vom Verkehrsministerium.

Frau Ross: Wenn Sie das sagen. Und mit dem verkehren Sie? Fällt denn sein Monokel nicht runter, wenn er mit Ihnen – verkehrt?

Frau Reiter: Wo denken Sie hin, meine Liebe. Er hat das Ding doch an der Leine.

Frau Ross: Ich meine ja nur. Der Mann hat ja doch so einen schönen Bart. Wenn der ihn zum Beispiel im Nasenloch kitzelt, könnte das Monokel ja runterfallen.

Frau Reiter: Sie haben ja eine Fantasie, liebe Frau Ross! – Aber da Sie fragen: Der Herr Staatssekretär Reinsch hatte eine dringende Konferenz mit meinem Gatten.

Frau Ross:	Ach, mit Ihrem Gatten? Ist das Ihr Mann, Frau Reiter? Sonst sagen Sie doch immer „mein Berndchen" zu ihm.
Frau Reiter:	Man muss mit der Zeit gehen, wenn Sie verstehen, was ich meine.
Frau Ross:	Nein, was meinen Sie denn?
Frau Reiter:	Sie sind ja ganz schön neugierig. – Ich meinte, dass mein Gatte jetzt im Verkehrsministerium sitzt.
Frau Ross:	Ach was, der sitzt schon wieder? Aber warum denn? Er wurde doch gerade erst entlassen?
Frau Reiter:	Jetzt reicht es aber, Frau Ross. – Er war doch nur wegen eines Verkehrsdeliktes in Untersuchungshaft. Nicht im Gefängnis.
Frau Ross:	Ach, jetzt heißt es also Verkehrsdelikt. – Was macht er denn im Verkehrsministerium?
Frau Reiter:	Sie wollen ja wirklich alles wissen.
Frau Ross:	Na, wo wir doch Tür an Tür wohnen.
Frau Reiter:	So genau weiß ich es auch nicht, liebe Frau Ross. Ich darf es Ihnen ja sowieso nicht sagen, wegen des Datenschutzes. Sie verstehen.
Frau Ross:	Datenschutz?
Frau Reiter:	Na ja, also unter uns: Er sitzt in der Pförtnerloge. Da sieht er die Politiker live, die wir nur vom Fernsehen kennen.
Frau Ross:	Politiker Leif? In welcher Partei ist der denn?

Frau Reiter: Nicht Leif, sondern live. Das ist Englisch, man sagt so und ... (verlegen) ... und dann sieht er die Politiker im Verkehrsministerium rein- und rauskommen. (hat sich gefangen) Das sind die Minister. Einmal hat er sogar den Bundeskanzler gesehen. Jawohl, liebe Frau Ross.

Frau Ross: Ach, liebe Frau Reiter, könnten Sie Ihrem Mann nicht mal sagen, wenn wieder der Bundeskanzler an ihm vorbeigeht, dass er ihn fragen soll, ob er nicht auch eine Stelle für meinen Mann hat?

Frau Reiter: Das hat wohl keinen Zweck, Frau Ross. Ihr Mann müsste wirklich über etwas mehr Schulbildung verfügen.

Frau Ross: Warum denn nicht, liebe Frau Reiter? Er ist doch bei der freiwilligen Feuerwehr. Als das Gymnasium brannte, musste er dort löschen. Und wenn Sie den mit dem Glasauge an der Leine mal fragen?

Frau Reiter: Den kenne ich noch nicht lange genug. Vielleicht mal später, aber Ihr Mann müsste sich gewaltig ändern.

Frau Ross: Wieso ändern? Wir sind jetzt 16 Jahre verheiratet, und ich will ihn so behalten, wie er ist.

Frau Reiter: Ich meine ja nur, liebe Frau Ross. Für seine Gesichtsfarbe kann er nichts.

Frau Ross: Gesichtsfarbe? Gefällt Ihnen die denn nicht?

Frau Reiter: Sie erinnert mich an Rote Grütze. Wenn er redet, dann klingt das wie eine alte Schreibmaschine, die nicht mehr alle Tasten hat. Nein, nein liebe Frau Ross, das intelligenteste an Ihrem Mann ist doch sein Weisheitszahn. Und der genügt nicht für die Pförtnerlaufbahn im Verkehrsministerium.

Frau Ross: (erregt) Was heißt hier alte Schreibmaschine und Weisheitszahn? Kann Ihrer denn zwei und drei zusammenzählen?

Frau Reiter: Ist ja gut, liebe Frau Ross. – Seine Kleidung lässt ebenfalls zu wünschen übrig.

Frau Ross: Die Kleidung? Er hat doch erst fast neue Jeanshosen aus einem Secondhandshop bekommen. Sein Hemd kann ich ja vorher waschen, oder?

Frau Reiter: Es mangelt ihm auch an Umgangsformen. Neulich sah ich durch den Türspion, wie er Sie begrüßte. Besonders freundlich hat er Sie da nicht gerade angeredet.

Frau Ross: Wenn er zu mir „Alte" sagt, ist das ganz intim und geht Sie gar nichts an. Ich hab auch mal durch den Türspion gesehen, wenn Sie Ihren Mann begrüßt haben.

Frau Reiter: So, was haben Sie denn da gesehen, Sie … Sie Nachbarin Sie, wenn ich mal fragen darf?

Frau Ross: Geknutscht haben Sie ihren Mann, als ob Sie ihn waschen wollten. Wegen seiner Haare sollte der auch mal zum Gärtner gehen.

Frau Reiter: Wieso zum Gärtner?

Frau Ross: Der kann ihm die Haare mit der elektrischen Heckenschere schneiden.

Frau Reiter: Nun aber mal langsam, Frau Ross. Wenn ich meinen Mann etwas heftig küsste, dann war das ein Ausdruck meiner Freude. Er erzählte mir nämlich, dass der Herr Staatssekretär Reinsch uns besuchen kommt.

Frau Ross:	Natürlich, der Herr Staatssekretär vom Verkehrsministerium. Gratuliere, Frau Reiter. So weit habe ich es nicht gebracht. Gebe ich ganz ehrlich zu. Aber mit den hohen Herren ist nicht immer gut Kirschenessen. Da müssen Sie aufpassen. Meiner ist zwar nur bei der Städtischen Müllabfuhr. Doch er bekommt mal Pension, ja.
Frau Reiter:	Pah, Müllabfuhr!
Frau Ross:	Lachen Sie nicht! Er ist sozusagen mein Verkehrsministerium. Und was mein Mann an Bildung hat, liebe Frau Reiter, vielleicht haben Ihre beiden zusammen das nicht!
Frau Reiter:	Von der Müllabfuhr ist Ihrer also? So, so! Habe ich nicht gewusst, ehrlich. Dann ist er wohl sehr für Reinlichkeit?
Frau Ross:	Das können Sie glauben, meine Liebe. Wenn er kommt, tritt er sich jedesmal die Füße ab.
Frau Reiter:	Ach, der ist das! Der hat doch den alten Schlips um, den mein Mann früher getragen hat. Ich kann mich ja irren. Viel ist durch den Türspion ja nicht zu sehen.
Frau Ross:	Da könnten Sie recht haben. – Ich konnte auch nicht genau erkennen, wo der Staatssekretär überall hingegrapscht hat. Sie können mir ja mal erzählen, wie er so ist. Das fällt doch hoffentlich nicht unter den Datenschutz? Man lernt doch gerne was dazu.
Frau Reiter:	Es ist immer das gleiche, Frau Ross. Da kennen Sie sich sicher besser aus als ich.
Frau Ross:	Das glaube ich nicht. Wenn einer mit einem Monokel kommt, dann muss das wohl anders sein, meine ich. Haben Sie wegen dem das neue Kleid gekauft?

Frau Reiter: Was geht Sie denn das an?

Frau Ross: Irgendwo hab ich das schon einmal gesehen. Ich weiß nur im Moment nicht wo!

Frau Reiter: Das Kleid können Sie nicht „irgendwo" gesehen haben! Es ist ein Modellkleid!

Frau Ross: Jetzt fällt's mir wieder ein. Im Katalog vom Versandhaus hab ich es gesehen. Ja, ja, gleich auf der ersten Seite.

Frau Reiter: Versandhaus? Was reden Sie denn da!

Frau Ross: Tja, auch Staatssekretäre müssen sparen

Knolle und Bolle beim Bier

Auf der Bühne ein Stehtisch. – Knolle und Bolle sind zwei Berliner Rentner, denen im Laufe des Vortrags das Bier tüchtig zu Kopf steigt. Ein Ober bringt Getränke.

Knolle: Hallo, Bolle, trifft man dir ooch mal wieder, Trink 'n Bier mit!

Bolle: Ick bin Rentner, hab' keine Zeit. Wat willste denn?

Knolle: Früher bei de Arbeit haste doch imma Zeit jehabt.

Bolle: Muss zum Finanzamt – Steuererklärung abjeben. Na ja, Herr Ober, ein Bier, bitte!

Knolle: Wieso, verdienste denn so ville? Na prost!

Bolle: Prost! Ick nich, aber meine Frau. Einen Rat möchte ick dir noch ...

Knolle: Brauch ick nich, hab ja keene Frau nich. Prost!

Bolle: Also, ick sach dir: Wenn de über de Straße jehen tust, denn pass uff. Die Autofahrer sin jefährlich jeworn. Prost!

Knolle: Prost auch! Den Rat kannste dir spar'n. Jefährlich war'n die schon imma.

Bolle: Nee, nee, die kriejen jetzt 'ne Prämje, wenn se 'nen Rentner überfahr'n!

Knolle: Wieso denn det, Bolle?

Bolle: Weeßte, der Staat muss sparen! Zehn jesparte Renten, sind die Diäten für eenen Abjeordneten.

Knolle: Is ja een Ding, Mensch! – Oba! Noch zwee Bier für mich und mein Kumpel.

Bolle: Wieso bestellste denn schon wieda? Hast ja noch zwee janze Biere zu stehn. Willste dir wohl heute besaufen?

Knolle: Nee, will ick nich. Erst ma prost! Wenn de statt die zwee viere stehn siehst, denn biste besoffen. Prost!

Bolle: Oba', 'nen Klaren, bringste mir un meene zwee Freunde drei Klare!

Knolle: Mensch Knolle, wa-warum drei? Wat is denn los mit dir? Biste wirr?

Bolle: Erst ma prost! Eenen for mir un zwee for euch beede. Ick bin doch alleene. Du bist doch mit dein' Freund jekomm'. Na is ja ooch ejal. – Wat ick dir schon imma fragen wollte, Knöll-Knöllchen, haste nich och 'n Hoppü?

Knolle: Hop-Hoppü? Wat isn det? Prost! Zwee Klare un Bier, Oba! Mensch, Bolle, det weste nich?

Bolle: Doch, doch. Jetzt fällt mir det wieder ein. Hoppü is … wenn de so for Jeld, ick meene so for 'n paar hundert Piepen un noch wat nebenbei arbeeten tust, wa.

Knolle Jenau. Mach ick. Prost!

Bolle: Un, wo machste det?

Knolle: Ick jeh in det bei – wie heeßt det noch? Ach so, bei det Prähistorischdinosauriereierausbrütungsamt.

Bolle: Wat, so 'n Bandwurm is dein Hoppü?

Knolle: So isset. Prost! Ick brüte die Eier von de Dinos-Dinosauriers aus.

Bolle: Mensch, Knöllerich, is det nich furchtbar langweilich, so den janzen Tach uff de Eier sitzen?

Knolle: Nee, isset nich. Frauen brüten doch och da.

Bolle: Haste denn Erfolch mit deine Eier? Ick meine, haste son Prähistorisch-risch-risches-dinos-au-au-au-riereier … na, is da schon mal watt rausjekommen?

Knolle: Erfolch? Nee, Akkord. Prost!

Bolle: Vasteh ick nich. Is ja ooch ejal. – Du bist so'n richticher deutscher Rentner, Knolle.

Knolle: Wieso? Deutscher Rentner? Is det bei die andern nich och so? Jetze prost!

Bolle: Jut, prost! Wenn een deutscher Rentner morjens uffsteht, wa, denn steckt er sich een Flachmann inne Tasche und die Frü-Frühstücksbrote dazu und jeht uff die Arbeet. Bei die Franz-Franzosen is det anders.

Knolle: Mensch, wat redest du denn da? Hupp!

Bolle: Jenau, stimmt aba – hupp. Der französische Rentner, der steht och uff – prost! – aba denn iss'ter Keese – hupp – und trinkt dazu roten Landwein. Prost! Bei die Italieeners …

213

Knolle: Wat de nich sachst?

Bolle: Prost, sach ick. Bei die Italieners is det noch ville schöner, wa. Der ihr Rentner singt noch bei det Uffstehn.

Knolle: Wat singt der denn?

Bolle: Na Mensch, 'n Lied, wat soller sonst singen. Von die Jondels und von de Bella-Meechens – prost – un denn haut er sich 'n Fund Makka-Makkaronis inne Plautze, wa. Aba denn, denn, weeßte, denn macht 'er Amore.

Knolle: Amore,? – Warum setzte dir denn untern Tisch, Bolle?

Bolle: Wieso untern Tisch – hupp. Du bist doch uff'n Stuhl jeklettert.

Knolle: Mensch Bolle, du bist ja besoffen, wa. Hupp!

Bolle: Du quatscht aba dämlich, Knöller. Wat hälste von, wenn wa jetze demonstrian jehen?

Knolle: Demonstrian? Mensch, wo denn und für wat solln wa übahaupt demonstrian?

Bolle: For die Jrünen – hupp – die demonstrian doch imma irjendwo, wa.

Knolle: Mensch, mit den Affen bei de Jrünen?

Bolle: Is ejal ob jrün oda rosa – prost. Uff die Farbe kommtet ja nich an. Hau – hupp – Hauptsache wir jehn demonstrian.

Knolle: Na, denn jehn wa jleich.

Bolle: Sach ma, Knöt-Knötscher ...

Knolle: Wat issen Bolle?

Bolle: Ja, ja, is jut – prost. Vorher muss ick noch wat janz Priwatet von dich wissen. Det is sozusachen, also, det is intim, vaa-vasteehste mia?

Knolle: Wat haste denn? Prost!

Bolle: Wee-weeßte, kannste du noch uff die Frauens, Knolle? Wo du doch nu schon uff de Siebzich jehen tust.

Knolle: Jetze erst prost! Ob ick uff die Frauen kann? Mensch Bullrich, die könn'n uff mir. Oder wat meenste?

Bolle: Ach, Knolle, du hast et jut. Ick hätte dir jar nich fragen sollen. Nu wird mir janz depressiv ums Herze. Prost! Hupp! La-lass uns lieba jehn, Knolle. Meene Frau wird sonst akkressief wenn ick länga wegbleiben tu.

Knolle: Heute nich, Bolle. Die is noch bei mich zu Hause.

Bolle: (ganz nüchtern) Dich bring' ick um, du Verführer.

Knolle: (ganz nüchtern) Bleib ruhig, Bolle. Ick sehe nur so aus!

Mutter und Tochter

Die Mutter – eine typische Hausfrau – wartet schon auf der Bühne. Eva – Kaugummi, bunte Haare, Bauch frei, Plateauschuhe, Schulrucksack, kommt gemächlich angeschlendert.

Mutter: Ja, Eva, wo kommst du denn her? Ich denke, du hilfst Papa die Garage aufräumen.

Eva: Hab ich ja! Aber wie mir aus Versehen der Wagenheber auf seinen Fuß gefallen ist, hat Papa gesagt, ich soll mich zum Teufel scheren!

Mutter: Ah so! Und dann kommst du ausgerechnet zu mir? Und wie du wieder aussiehst! Und erst die Unordnung in deinem Zimmer! ... Ja, willst du mir nicht wenigstens antworten, Eva?

Eva: Ach, du hast es mit mir? Ich dachte, du sprichst mit Papa!

Mutter: Weshalb musstest du denn heute in der Schule nachsitzen?

Eva: Weil ich mich standhaft geweigert habe, jemanden zu verpetzen!

Mutter: Das verstehe ich nicht. Das war doch fair von dir. Um wen ging es denn?

Eva: Ach, der doofe Lehrer wollte unbedingt von mir wissen, wer der Mörder von Julius Cäsar war.

Mutter: Aber dafür allein musstest du doch bestimmt nicht nachsitzen!

Eva: Na ja, dann wollte der Lehrer auch noch von mir wissen, welche Eroberungen Karl der Große gemacht hat.

Mutter: Und?

Eva: Da habe ich gesagt: „Das Privatleben anderer Leute geht mich nichts an!"

Mutter: Du könntest ruhig fleißiger lernen, damit später etwas aus dir wird! Weißt du übrigens, dass die meisten berühmten Männer und Frauen völlig unbedeutende Eltern hatten?

Eva: Ach! Da habe ich ja die allerbesten Chancen!

Mutter: Also, wenn du dich weiterhin so benimmst, werden wir dich in ein Internat geben, damit du dort endlich Anstand und gute Manieren lernst!

Eva: Kann ich das denn nicht auch zu Hause lernen, Mama?

Mutter: Ich kann dir nur sagen, wenn du weiterhin so unartig bist, dann wirst du eines Tages auch ganz ungezogene Kinder bekommen!

Eva: Mama, jetzt hast du dich aber verraten!

Mutter: (sie überhört die Bemerkung) Du hast mir noch gar nichts von eurer neuen Lehrerin erzählt, Eva.

Eva: Ooch ... Was willst Du denn wissen.

Mutter: Wie sie zum Beispiel aussieht?

Eva: Ah, nicht besonders. (beschreibt die Mitspielerin etwas übertrieben) So wie du halt!

Mutter: Jetzt reicht es mir aber! Eine solche Unart will ich nicht noch mal von dir erleben. Du willst doch, wenn du erwachsen bist, eine Dame werden.

Eva: Nein, Mama. Ich will so werden wie du! Du bist mein absolutes Vorbild.

Mutter: Ach, lass die Scherze! – Was habt ihr denn heute so in Biologie durchgenommen?

Eva: Der Lehrer hat gefragt, ob wir wissen, wo die kleinen Kinder herkommen.

Mutter: Und?

Eva: Die einen haben gesagt, ein Engel bringt die Babys, die anderen, dass man einen Storch mieten kann.

Mutter: Was hast du gesagt?

Eva: Ich hab gesagt, dass wir arme Leute sind und Papa alles selber machen muss!

Mutter: Um Himmels willen, Eva! Wie konntest du so etwas sagen? Das ist doch peinlich!

Eva: Reg dich nicht so auf, Mama. Ich habe doch noch dazu gesagt, wir hätten einen noch viel ärmeren Nachbarn, der Papa für ein paar Mark dabei hilft!

Mutter: Übrigens, Eva, Papa kommt heute nicht zum Essen nach Hause. Da musst du mir beim Abwasch helfen.

Eva: Soweit kommt es noch! Schließlich bin ich nicht mit dir verheiratet! – Du, Mama, wenn ich groß bin, dann heirate ich den Peter, aber verrate ihm bitte nichts!

Mutter: Evchen, mein Kind, das wird schwer gehen, denn zur Heirat gehören immer zwei!

Eva: Na gut, dann nehme ich noch den Christian dazu!

Mutter: Weißt du, dein Freund Peter gefällt mir eigentlich nicht so richtig. Der sieht irgendwie so brutal aus. Ich fürchte, wenn der mal mit dir alleine ist, reißt er dir bestimmt alle Sachen vom Leib!

Eva: Oh, danke für den Tipp, Mama! Dann zieh ich ab jetzt doch wohl besser immer alte Klamotten an!

Mutter: Sag, was treibt ihr eigentlich immer so zusammen, du und dieser Peter?

Eva: Oh, Mutti! Der Peter hat es mir endlich beigebracht!

Mutter: Um Himmels willen, Kind! Und wo?

Eva: Zuerst haben wir es auf dem Hof probiert!

Mutter: Oh, Kind! Du bist doch noch viel zu jung dafür!

Eva: Wieso? In meiner Klasse können fast alle Mädchen Moped fahren! – Mama, was ist eigentlich der Unterschied zwischen Mann und Frau?

Mutter: Also, ich habe Schuhgröße 38 und Papa Größe 45. Der Unterschied liegt wohl zwischen den Füßen!

Eva: Mama, kannst du mir sagen, was eigentlich Erotik ist?

Mutter: Woher soll ich das wissen? Ich habe dich zu erziehen, den Haushalt und den Garten zu versorgen, da habe ich keine Zeit, mich um so 'nen Kram zu kümmern!

Eva: Mama, warum hat Papa nur noch so wenig Haare?

Mutter: Weil er so viel denken muss!

Eva: Und warum hast du so viele Haare?

Mutter: (sichtlich genervt) Was soll die ganze Fragerei! Mach lieber deine Schulaufgaben fertig, damit du wenigstens beim dritten Anlauf die 10. Klasse schaffst.

Eva: Habe ich schon gemacht. Nur hier musst du mir noch helfen: Schreibt man Pferd mit F oder mit V?

Mutter: Mmh, was die aber auch alles für kompliziertes Zeug von euch wissen wollen. Ja, weißt du … ach, schreib doch einfach Gaul!

Eva: Oh, immer diese sch … Schule! Ich wollt, ich wäre schon 18 Jahre alt.

Mutter: Tja Kind, daran ist dein Papa Schuld. Wenn der anfangs nicht so schüchtern gewesen wäre …

Eva: Du, Mama, heute haben wir einen Aufsatz darüber geschrieben, wie unsere Eltern sich kennen gelernt haben.

Mutter: Dann war es ja gut, dass wir dir mal erzählt haben, dass es in einer Berghütte war. Wie hast du denn deinen Aufsatz genannt?

Eva: „Opfer der Berge!"

Mutter: Ach, Kind, du bist wirklich unmöglich! – Du, Eva, stell dir mal vor, der Papa hat mir endlich den Pelzmantel gekauft, den ich mir schon so lange gewünscht habe.

Eva: Oh, i gitt! Wie hat das arme Vieh leiden müssen, bis du diesen doofen Pelz bekamst!

Mutter: Du freche Göre! Wie nennst du deinen Papa?

Eva: (auf Ablenkung aus) Du, Mama, heute hab ich im Radio gehört, das im Stadttheater noch Statisten gesucht werden. Was sind denn Statisten?

Mutter: Statisten sind Leute, die nur herumstehen und nichts zu sagen haben.

Eva: Mensch! Das wäre doch was für Papa! Apropos Theater: Ihr wart doch am Sonntag im Theater. Wieso seid ihr denn so früh nach Hause gekommen.

Mutter: Schön war es ja, aber wir hielten es nach dem 1. Akt dann doch für besser zu gehen.

Eva: Wieso das denn?

Mutter: Im Programmheft stand: „2. Akt: 1 Jahr später", so lange konnten wir doch nicht bleiben!

Eva: Oh, da fällt mir ein, ich soll dir sagen, dass morgen Elternbesprechung ist – im kleinen Kreis. Du sollst unbedingt hingehen.

Mutter: Wieso im kleinen Kreis? Ist etwas besonderes vorgefallen, wer kommt denn alles noch?

Eva: Du und der Direktor!

Mutter: Ach, Eva, was hast du denn nun schon wieder angestellt? Immer habe ich nur Sorgen mit dir! (zornig) Du gehst jetzt sofort ins Bett. Gleich kommt sowieso der Sandmann.

Eva: Mama, wenn du mir 10 Mark gibst, dann sag ich auch dem Papa nicht, dass der Herr Sandmann abends immer kommt!

Mutter: (macht Geste, als wollte sie Eva eine runter hauen) Mach, dass du ins Bett kommst!

Flipp und Flapp

Flipp und Flapp treffen sich auf der Bühne. Flipp ist gut gekleidet, Flapp – im Mantel (mit zwei leeren Flaschen) – ist mit Luftschlangen behängt und wirkt angetrunken.

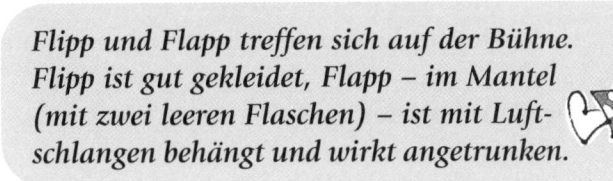

Flipp: Mensch, ist das ein herrliches Winterwetter. Seit Jahren hatten wir keine so schöne Sauerei auf den Straßen. Ich habe vier Stunden bis hierher gebraucht.

Flapp: Ja, was für ein Wetter! – Sag, Flipp, was ist der Unterschied zwischen dem Winter und einem Handwerker?

Flipp: Den kenne ich nicht! Gibt es da einen?

Flapp: Der Winter kommt bestimmt.

Flipp: Als ich klein war, Flapp, war ich fast ein Wunderkind. Meine Familie war schon direkt in Sorge.

Flapp: So, so, was du nicht sagst: Ein Wunderkind? Woran hat man denn das erkannt?

Flipp: Na, ich war mit drei Jahren schon so schlau wie heute.

Flapp: Ja, das ist wirklich bemerkenswert, Flipp. Da kann ich ja stolz sein, dass du überhaupt mit mir verkehrst. – Aber mal was anderes: Ihr fahrt dieses Jahr doch nicht nach Griechenland.

Flipp: Ganz falsch, Flapp. Nicht nach Griechenland sind wir im vergangenen Jahr gefahren.

Flapp: Und in diesem Jahr?

Flipp: Eigentlich wollte ich es ja keinem verraten. Weil du es bist: Dieses Jahr fahren wir nicht nach Hawaii. Aber vielleicht disponiere ich ja doch noch mal um.

Flapp: Wieso das denn?

Flipp: Ich habe gestern einen ungeheuer wertvollen Ring gefunden. Der ist gut und gerne ein paar Tausend wert.

Flapp: Sag, hättest du den Ring nicht doch aufs Fundbüro bringen sollen.

Flipp: Wollte ich auch.

Flapp: Aber!

Flipp: In dem Ring stand doch „Auf ewig Dein". Gegen sein Schicksal, soll man nicht angehen. Mit dem Geld erobere ich jedes Mädchen im Sturm.

Flapp: So. Und was machst du bei schönem Wetter?

Flipp: Ach, Flapp, du bist ein elender Wortverdreher. Du bist keinen Deut besser als meine Schwiegermutter.

Flapp: Ja und nun?

Flipp: Und nun? Sie kam zu Besuch.

Flapp: Ich verstehe!

Flipp: Habe ich dir eigentlich schon mal erzählt, wie es mit mir angefangen hat?

Flapp: Ich glaube nicht, Flipp.

Flipp: Also, am Anfang meiner Karriere hatte ich nichts als zwei leere Taschen. Heute habe ich drei Millionen.

Flapp: Oh, was machst du denn mit so vielen Taschen.

Flipp: Das du es zu nichts gebracht hast, dass wundert mich wirklich nicht. Sei mir nicht böse, Flapp!

Flapp: Ich habe immerhin meiner Frau schon mal die Meinung gesagt. Hast du das bei deiner auch schon mal geschafft?

Flipp: Na klar, vor 12 Jahren, soll ich dir mal die Narben zeigen? Sag mal, Flapp, kämpft deine Frau auch immer wie eine Löwin, wenn du sie lieben willst?

Flapp: Kann ich nicht sagen, ich habe noch nie versucht, eine Löwin zu lieben. Meine Frau ist Wassermann.

Flipp: Du, ich habe meiner Frau zu Weihnachten eine Kette gekauft.

Flapp: Eine gute Idee, meine Frau läuft auch immer fort.

Flipp: (verdreht die Augen) Mensch, Flapp, sie trägt die Kette am Hals!

Flapp: (bewundernd) Auwei, Flipp, du bist ja ein ganz harter Bursche bei den Frauen.

Flipp: Ach weißt du, Flapp, ich habe zur Zeit ganz andere Probleme. Du, stell dir vor, ich habe einen anonymen Brief bekommen.

Flapp: Ärgere dich nicht. Einfach nicht beantworten.

Flipp: (verdreht erneut die Augen) Sprechen wir nicht weiter von mir. Ich habe gehört, dass deine Frau nun schon drei Wochen verreist ist.

Flapp: Oh ja, das stimmt.

Flipp: Wie gefällt dir denn das Leben als Strohwitwer – so frei und ledig?

Flapp: Ganz prima, Flipp, ohne meine Frau geht alles viel bequemer.

Flipp: So, was zum Beispiel?

Flapp: Ja, ich kann meine Socken jetzt von beiden Seiten anziehen.

Flipp: Was, das ist alles?

Flapp: Was stellst du dir denn so vor, Flipp?

Flipp: Ja, andere Frauen vielleicht, wilde, sündige Nächte, Geld verjubeln.

Flapp: Ach, weißt du, bis ich da zum ersten Schuss komme, ist meine Frau bestimmt schon wieder zurück.

Flipp: Was denn, so schlimm steht es schon um dich?

Flapp: Ja, ich bin halt schon eine ganze Weile mit meiner Frau verheiratet, da kommt man halt aus der Übung. – Du, letzte Nacht hatte ich einen furchtbaren Traum. Ich träumte, ich wäre ein Ochs und würde einen Haufen Gras fressen.

Flipp: Nun ja, nur ein Traum. Das ist doch nicht weiter schlimm.

Flapp: Nicht schlimm! Du weißt nicht alles: Als ich aufwachte, war meine Matratze weg!

Flipp: Sag mal, Flapp, wodurch hat eigentlich der Müller Paul seine Gesundheit ruiniert?

Flapp: Tja, er hat zu oft auf das Wohl anderer Menschen angestoßen. – Du, Flipp, was ist eigentlich ein Exorzist?

Flipp: Sag mal Flapp, bist du jetzt völlig durchgeknallt? Wie kommst du denn jetzt auf Exorzist?

Flapp: Ach, ich habe da letztens so einen Film gesehen, in dem lauter so Leute vorgekommen sind – so schreiende kleine Mädchen, die in der Luft hingen, schreiende große Mütter, schreiende starke Väter … und alle riefen sie immer nach dem Exorzisten. Ich habe mich sehr gegrauselt, grad jetzt, wo doch meine Frau nicht da ist. Die kennt sich mit so 'nem Kram eher aus.

Flipp: Also, Flapp, ein Exorzist ist ein Theologe, der sein Fach auf Deubel komm raus studiert hat.

Flapp: Sag, wie ist denn gestern abend die Vorstandswahl bei deinem Verein ausgegangen?

Flipp: Sage mal, mein Flapp, du hast wohl mächtig an der Flasche genascht. Was du so zusammenredest: Exorzist und Vorstandswahl. Aber gut, wenn dich die Wahl interessiert: Ich bin zum 2. Vorsitzenden gewählt worden.

Flapp: Sag nur, was hat denn deine Frau dazu gesagt?

Flipp: Die hat gesagt, das ist ja nichts Neues, genau wie bei uns hier.

Flapp: Ich lese ja auch sehr gern. Im Augenblick begeistere ich mich für das Kapital von Karl May.

Flipp: Ach, Flapp, das Kapital hat doch Karl Marx geschrieben. Das Buch was du meinst, ist von Karl May.

Flapp: Ach so. Ich habe mich schon auch gewundert, dass so wenig Indianer vorkommen.

Flipp: Da fällt mir ein: Du solltest doch im vergangenen Jahr bei irgendeiner Gräfin eine gute Stellung bekommen. Ist denn daraus was geworden?

Flapp: Leider nicht.

Flipp: Wieso denn nicht?

Flapp: Zuerst musste ich meine Finger zeigen, die waren in Ordnung.

Flipp: Ja und weiter? Mensch, nun lass dir doch nicht jedes Wort einzeln aus der Nase ziehen!

Flapp: Meine Füße waren auch in Ordnung.

Flipp: Ja und dann?

Flapp: Als sie sagte, ich soll meine Reverenzen rausholen, muss ich etwas falsch gemacht haben.

Flipp: Mensch, Flapp, früher war einfach mehr los mit dir.

Flapp: Die Akustik in dieser Halle ist außerordentlich schlecht. Findest du nicht auch, Flipp?

Flipp: Nein, kann ich nicht sagen.

Flapp: Ich sehe auch plötzlich so schlecht. Alles verschwimmt mir vor Augen.

Flipp: Flapp, ich glaube du bist tatsächlich völlig betrunken. (fast in die Manteltaschen von Flapp und zieht zwei Schnapsflaschen heraus) Mensch, Flapp, wenn du die allein getrunken hat, mußt du wohl eine Alkoholvergiftung haben.

Flapp: Ach, Quatsch. Die hat mir bestimmt die Gardrobenfrau bei der anderen Veranstaltung in die Taschen gesteckt, damit ihr keiner draufkommt.

Flipp: Lass mal gut sein, alter Kumpel, ich bring dich nach Haus. – Helau!

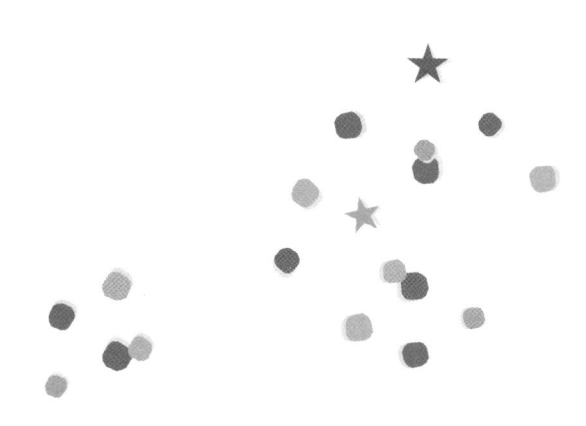

Zwei aus der „Linsegass"

Helga und Marianne kommen gemächlich auf die Bühne. Sie wirken, als würden sie schon einige Zeit miteinander plaudern. Mariane trägt einen wirklich verrückten Hut und eine auffällige Brosche.

Helga: Also Marianne, deine Kopfbedeckung, die du da aufhast, gefällt mir ja sehr gut.

Marianne: Ja, das ist das Pariser Modell „vorletzter Schrei".

Helga: Für was denn „vorletzter Schrei"?

Marianne: Ja, den letzten Schrei hat mein Mann ausgestoßen, wie er den Preis gehört hat.

Helga: Was hast du denn da für eine schöne Brosche an?

Marianne: Die habe ich von einem amerikanischen Millionär.

Helga: Wie heißt der denn?

Marianne: Woolworth.

Helga: Sag mal, wie ich auf dem Weg hierher war, hat mich ein junger Mann so freundlich angelächelt, das wird doch wohl kein Mädchenhändler gewesen sein?

Marianne: Oh, Helga, Mädchenhändler! Es wird wohl eher ein Antiquitätenhändler gewesen sein. – Stell Dir vor, wie ich hierher kam, sagte vor der Stadthalle ein junger Mann zu mir: „Fräulein". Denk mal Fräulein ...

Helga: Ja du lieber Himmel, wer denkt denn auch, dass dich jemand geheiratet hat?

Marianne: Ach, Helga, du bist ja wieder sehr nett zu mir? – Sag mal, ich habe unseren neuen Ortsvorsteher, den Bocks Herbert, in der letzten Zeit gar nicht gesehen. Weißt du was?

Helga: Also, wie ich ihn das letzte Mal gesehen habe, hat der nicht mal ein Hemd am Leib gehabt.

Marianne: Jesses, wo hast du den denn so gesehn?

Helga: Ja, im Hallenbad.

Marianne: Also, die letzte Zeit treibt mir mein Mann die Galle über. Mit dem war ich auf dem Arbeitsamt, Arbeit suchen. Jetzt ist er als Eisenbahner beschäftigt. Das ist der absolut richtige Posten für ihn: Jetzt kann er einen fahren lassen oder einen zurückhalten, gerad wie es ihm passt. – Spielt eigentlich dein Mann ein Instrument, Helga?

Helga: Na klar! Daheim die zweite Geige.

Marianne: Sag, hast du schon gehört, dass meine Tochter nächste Woche einen Gerichtsvollzieher heiratet.

Helga: Sag bloß? Na ja, sie ist ja auch das einzige, was bei euch noch zu holen ist. Kommt zu der Hochzeit auch euer dicker Onkel?

Marianne: Ja sicher, mein Sohn fährt gerade auf den Bahnhof, den Onkel abholen.

Helga: Der geht doch gar nicht in euer kleines Auto.

Marianne: Oh, dann fährt mein Sohn eben zweimal. – Habt ihr noch euer altes Auto?

Helga: Ja, ja. Dauernd haben wir Huddel damit. Wie mir das letzte Mal in der Werkstatt damit waren, sagte der Meister zu uns: „Wenn euer Auto ein Pferd wäre, müsste der Viehdoktor es glatt erschießen!"

Marianne: Sag mir nichts von den Doktoren, das ist da auch nicht mehr wie früher. Wie man 20 war, musste man sich immer ganz ausziehen, bei 40 nur noch oben frei, jetzt mit 60 muss man nur noch die Zunge zeigen. –
Aber sage Helga, was hast du denn da für eine riesige blaue Beule auf dem Kopf?

Helga: Gestern bin ich aus unserer Tür rausgekommen, schlägt mir einer auf den Kopf und sagt: „Beim Gongschlag ist es ein Uhr!"

Marianne: Da hattest du aber Glück, dass es nicht 24 Uhr war! –
Du hattest übrigens am Montag einen tollen Pelzmantel an. Wo hast du den denn her?

Helga: Ja, den Mantel habe ich von meinem Freund geschenkt bekommen.

Marianne: Sag bloß? Was hast du denn da machen müssen?

Helga: Oh, gar nicht viel, nur die Arme ein bisschen kürzen.

Marianne: Warum hat denn dein Walter dem Klaus sechs Zähne ausgeschlagen?

Helga: Na, der hat einfach nicht mehr im Mund gehabt.

Marianne: Ach, auch so einer mit Lottogebiss: 6 aus 32.

Helga: Sag mal, ich hab gehört, dein Schatz hat dir zu Weihnachten einen Wellensittich geschenkt!

Marianne: Oh ja, der schwatzt den ganzen Tag an einem Stück.

Helga: Ja, hat der denn überhaupt eine Chance gegen dich? – Stell Dir vor, drei Tage vor Weihnachten haben wir für Briefmarken in der Post Schlange gestanden. Kam doch die Marlies und rast an allen vorbei. Da sagte ich: „Hinten anstellen!" Da sagte sie: „Ich will nur Briefmarken." – „Ja", sagte ich, „meinst du, wir würden uns hier zur Polonaise aufstellen?"

Marianne: Ich hatte auch unlängst ein Erlebnis. Ich hatte einen Abstecher nach Trier gemacht. Im Abteil saß mir so ein Opachen gegenüber. Er sagte zu mir: „Oh, Sie riechen so gut, was für ein Duft ist das denn?" Ich sagte: „4711". Im Tunnel bekam ich einen Duft von dem Opa, der nicht von schlechten Eltern war. Ich sagte: „Was für ein Duft ist das denn?" – „Ja, 1990. Zwei Portionen Bohnensuppe à 9,95 DM!"

Helga: Warst du dieses Jahr auch in Urlaub? Wir waren in der Eifel, aber wir hatten keine Zeit den Eiffelturm zu besichtigen.

Marianne: Also, ich war in meinem Urlaub in einem ganz stink vornehmen Hotel. Stell dir vor, da musste man sich sogar in ein goldenes Gästebuch eintragen. Da stand doch tatsächlich: Gerhard Schröder, MdB. Ich habe gefragt, was das heißen soll. Sagte der Wirt: „Mitglied des Bundestags." Ich habe meinen Namen direkt darunter geschrieben: Marianne Meyer, MdO. Mitglied der Ortskrankenkasse.

Marianne: Sag, Helga, ich habe gehört, dein Mann käme nur an den Feiertagen heim.

Helga: Oh, Marianne, das ist nicht schlimm. Die paar Tage gehen auch noch vorbei.

Marianne: Hör mal, Helga, ich hatte doch da diese Party gemacht, wo auch deine Eltern eingeladen waren. Oh, ich hatte nicht mehr genug Kaviar. Da habe ich mit Schrot verlängert. Haben deine Eltern nichts gesagt?

Helga: Ja, jetzt geht mir ein Licht auf. Wie mein Papa sich am anderen Tag bückte, um die Stiefel anzuziehen, hat er unseren Hund erschossen.

Marianne: Am zweiten Weihnachtstag hatte ich im AW-Heim im Schinkenloch einen Besuch gemacht. Es wurde ein bisschen spät und da habe ich den Peter Meier gefragt – der wohnt ja da unten – ob ich über seinen Hof laufen dürfte, dann bekäme ich noch den Bus um ein Uhr. „Oh", sagte der, „Frau Meyer, ich lasse meinen wilden Stier aus dem Stall, dann bekommen Sie den Bus um halb eins noch!"

Helga: Du, Marianne, vor Weihnachten, da habe ich meinem Walter noch Unterhosen gekauft. Es gab ja tolle Muster. Veilchen, Schlüsselblumen, Margariten, Rosen, Lilien und so. Aber ich sagte: „Fräulein, die sind mir all zu munter. Haben Sie kein Modell mit Hängegeranien oder Trauerweiden?"

Marianne: Helga, das muss ich dir noch als letztes erzählen. Vorige Woche besichtigten wir mit der Volkshochschule ein Gefängnis. Also, da geht es vielleicht militärisch zu. Weißt du, wenn da die Wärter nach der Verdauung morgens fragen, dann geht das so:

Zelle 1: Stuhl? Ja! Wann? 9 Uhr! Wie? Dünn!
Zelle 2: Stuhl? Ja! Wann? 10 Uhr! Wie? Fest!
Zelle 3: Stuhl? Ja! Wann? Heut abend! Wie? Elektrisch!

Helga: Ach, du gehst immer noch auf die Volkshochschule?

Marianne: Ja, man muss sich doch bilden. Kennst du den Edison?

Helga: Nein, den kenn ich nicht.

Marianne: Ich sage es Dir: Das ist der Erfinder der Glühlampe. Kennst du den Gutenberg?

Helga: Keine Ahnung.

Marianne: Das ist der Erfinder der Buchdruckerkunst.

Helga: Kennst du denn die Bache Bibbi?

Marianne: Nicht das ich wüsste.

Helga: Ja, das ist das tolle Weib, das immer mit deinem Mann spazieren geht, wenn du auf der Volkshochschule bist.

Beide: Helau!

Karl-Heinz und Werner

Heinz und Werner sind zwei Durchschnittstypen. Sie treffen sich beim Einkaufen und kommen ins Plaudern. Sie haben Einkaufsbeutel oder -wagen dabei; Werner trägt einen Hut.

Heinz: Hallo Werner, dich habe ich ja ewig nicht mehr gesehen.

Werner: Ja, ich war im Urlaub, in Davos.

Heinz: In Davos?

Werner: Ja, nach da wo's nichts kostet: bei Verwandtschaft auf dem Land!

Werner: Stimmt es, dass du nicht mehr mit Marlene verlobt bist?

Heinz: Stimmt!

Werner: Warum denn nicht?

Heinz: Sie hat eine ordinäre Lache.

Werner: Ist mir nie aufgefallen, Heinz.

Heinz: Du warst ja auch nicht dabei, als ich ihr erzählte, was ich verdiene. – Aber sag mal, findest du nicht auch, dass hier eine furchtbar schlechte Akustik ist?

Werner: Meinst du? Also, wenn ich mir überlege, dass wir beide hier singen sollen! Ich habe das Gefühl, hier ist tatsächlich eine sehr schlechte Akustik.

Heinz: Ja, ich rieche es auch! – Sag mal, hast du dir eigentlich einen neuen Hut gekauft?

Werner: Nein, Heinz, der Hut ist schon fast zwölf Jahre alt.

Heinz: Das sieht man dem Teil aber wirklich nicht an. Der ist ja fast wie neu.

Werner: Das meinst du! Der Hut ist bestimmt schon dreimal chemisch gereinigt, viermal gewendet und zweimal umgepresst worden. Erst gestern habe ich ihn in einem vornehmen Lokal umgetauscht! (nimmt Hut ab)

Heinz: (mustert Werners Kopf) Sag mal, Werner, mir scheint du bist schon wieder gewachsen. Wann hörst du eigentlich damit auf?

Werner: So ein Quatsch! Ich wachse schon seit Jahren keinen Zentimeter mehr.

Heinz: Doch, doch, dein Kopf kommt immer mehr durch die Haare!

Werner: (setzt Hut wieder auf) Ha, ha. Selten so gelacht. Deine Witze waren früher auch schon mal besser.

Heinz: Jetzt hast du deinen Hut verkehrt herum aufgesetzt.
Werner: Was geht dich das denn an? Du weißt ja gar nicht, in welche Richtung ich gehen will! (will gehen)

Heinz: Mensch, sei nicht sauer. Bleib hier! (hält Werner zurück) – Du, Werner, ich werde nie angerufen. Kannst du dir vorstellen, woran das liegt?

Werner: Du hast doch auch gar kein Telefon.

Heinz: Stimmt, aber wer weiß das denn schon.

Werner: (Werner sieht amüsiert zu Heinz) Mensch, Heinz, da fällt mir gerade ein, eben vor der Tür hat sich eine ganz tolle Frau nach dir erkundigt.

Heinz: Werner, das ist ja Klasse! Was hat die denn gesagt?

Werner: Was ist das eigentlich für ein Blödmann, der immer mit dir auf die Bühne geht? – Was meinst du, Heinz, wie oft zieht sich ein ehrlicher Mann ein neues Hemd an?

Heinz: Jeden Tag, denke ich!

Werner: Und unser Pfarrer?

Heinz: Zweimal am Tag!

Werner: Und der Bürgermeister?

Heinz: Jede Stunde.

Werner: Und der Bundeskanzler?

Heinz: Ständig: Hemd an, Hemd aus, Hemd an, Hemd aus.

Werner: Ja, ja, die Politiker.

Heinz: Wie geht es eigentlich deiner Frau?

Werner: Sehr gut! – Meine Frau ist ja so hilfsbereit, sie zieht mir jeden Abend liebevoll die Schuhe aus!

Heinz: Wenn du nach Hause kommst?

Werner: Nein, wenn ich noch mal weggehen will!

Heinz: Hast du dich wirklich mit deiner Frau gestritten, nur weil das Badewasser zu heiß war?

Werner: Ja. Viel zu heiß.

Heinz: Aber das kann doch jedem einmal passieren.

Werner: Einmal? Es ist jedes Jahr dasselbe.

Heinz: Gegen meine Probleme ist das nichts. Mein Chef behandelt mich immer wie ein rohes Ei.

Werner: Das ist doch kein Problem sondern ein Glück.

Heinz: Das denkst du: Gleich zu Arbeitsbeginn haut er mich in die Pfanne.

Werner: Was ich dich noch fragen wollte: Was würdest du wählen, Geld oder Verstand?

Werner: (zögert nicht) Geld!

Heinz: Ich würde an deiner Stelle lieber den Verstand wählen.

Werner: Tja, jeder nimmt, was ihm fehlt.

Fünf-Sterne-Menü

Auf der Bühne stehen ein Tisch und zwei Stühle. Der Gast kommt herein, setzt sich und wartet. – Der Ober braucht noch eine hilfreiche Person, die ihm die Requisiten (Teller) reicht.

Gast: Na, ist denn hier niemand? – Bedienung, bitte!

Ober: Guten Tag, mein Herr, was darf's denn sein?

Gast: Die Speisekarte, bitte.

Ober: Ich habe Kalbshirn, Eisbein, Hasenleber, Lungenhaschee, Schwartenmagen, Ochsenzunge, Bauchspeck und Saure Nierchen.

Gast: Ich habe Kopfschmerzen, Ohrensausen, Hühneraugen und einen leeren Magen. Erzählen Sie dem Arzt Ihre Leiden, und bringen Sie mir was zu essen.

Ober: Da kann ich Ihnen unsere Spezialitäten des Hauses empfehlen: Austern, Hummer, Froschschenkel, Weinbergschnecken, Krabben ...

Gast: Ich bin nicht hierher gekommen, um Ihr Ungeziefer zu verzehren, ich möchte etwas Anständiges zu essen haben. Bringen Sie mir erst einmal die Tagessuppe.

Ober: (verschüttet die Suppe auf die Hose des Gastes) Ups!

Gast: Das ist ja unerhört. Können Sie denn nicht aufpassen?

Ober: Das macht gar nichts, von der Suppe haben wir noch mehr in der Küche. (Ein zweiter Teller wird serviert)

Gast: In der Suppe schwimmen ja zwei tote Fliegen.

Ober: (beugt sich über den Teller) Es ist nur eine Fliege tot, die andere ist noch kerngesund. Außerdem, was kann so eine kleine Fliege schon essen?

Gast: Sagten Sie nicht, es sei noch mehr Suppe in der Küche? Also bitte, ich verlange eine neue Suppe.

Ober: (serviert die Suppe und bleibt bei dem Gast stehen)

Gast: (führt den Löffel zum Mund und schreit auf) Die ist ja kochend heiß, wollen Sie mich verbrennen?

Ober: (krempelt den rechten Ärmel hoch, lässt seinen Ellenbogen auf den Teller sinken und sagt) Die ist gerade richtig. Kälter darf sie nicht sein.

Gast: (erwartet das Hauptgericht) Menschenskind nochmal, ich denke, ich bin hier in einem anständigen Lokal, nehmen Sie gefälligst Ihren Daumen von meinem Fleisch herunter.

Ober: Ich möchte nicht, dass mir das Fleisch noch einmal vom Teller fällt?

Gast: Auf der Speisekarte stehen doch zwei Stücke Fleisch, wieso bekomme ich nur eins?

Ober: Verzeihung, mein Herr, der Koch hat vergessen, es durchzuschneiden.

Gast: Ha! Das Beefsteak ist ja nicht zu genießen.

Ober: Vielleicht möchte der Herr ein Kotelett haben?

Gast: Aber ich habe von dem Beefsteak doch schon gegessen.

Ober: Das macht nichts, wir haben auch angefangene Koteletts da. (das Fleisch wird ausgetauscht)

Gast: Lieber Mann, das kann doch kein Mensch essen!

Ober: (nimmt das Kotelett in die Hand, beißt ein Stück ab, legt es wieder auf den Teller) Das Fleisch ist aber zart, das können Sie wohl essen.

Gast: Was sind das hier für Streichhölzer unter dem Kotelett?

Ober: Das sind keine Streichhölzer, das ist der Spargel.

Gast: Kann ich etwas Salz haben?

Ober: (fasst in die linke Hosentasche und streut loses Salz auf den Teller) Bitte sehr, mein Herr.

Gast: Herr Ober, kann ich ein wenig Pfeffer haben?

Ober: (fasst in die rechte Hosentasche und streut Pfeffer auf den Teller) Bitte sehr, mein Herr.

Ober: Und nun das Dessert. Ich wünsche guten Appetit.

Gast: Oh, Apfelmus esse ich für mein Leben gern. (nach einigen Augenblicken) Von welchem Tier war das Fleisch?

Ober: Es war alles vom Pferd, mein Herr.

Gast: Alles vom Pferd? ... Vielleicht ... am Ende ... auch das ... Apfelmus?

Trinchen und Julchen

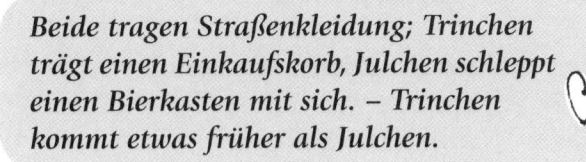

Beide tragen Straßenkleidung; Trinchen trägt einen Einkaufskorb, Julchen schleppt einen Bierkasten mit sich. – Trinchen kommt etwas früher als Julchen.

Trinchen: Also, ich erzähle Klatschgeschichten ja nicht gerne weiter, aber was soll man sonst damit machen? Übers Wetter reden?

Julchen: (kommt auf die Bühne) Hallo, Trinchen!

Trinchen: Hallo, Julchen! Schön, dich zu sehen. Fast hätte ich dich ja nicht erkannt.

Julchen: Das ging mir eben ganz genauso. Sind ja auch schon fast zwei Jahre her, dass wir uns trafen. Eigentlich habe ich dich nur an deinem Kleid erkannt.

Trinchen: Ich kann dir sagen, du warst ja ganz schön dumm, als du dem Erwin den Laufpass gegeben hast. Jetzt will er mich heiraten.

Julchen: Das wundert mich gar nicht. Als er ging, meinte er nämlich, er wäre zu jeder Wahnsinnstat bereit. Hat er dir eigentlich erzählt, dass er sogar mit mir verlobt war?

Trinchen: Nein, wenigstens nicht ausführlich. Er hat nur mehrfach erwähnt, dass er in seiner Jugend eine Menge Dummheiten gemacht habe!

Julchen: Stell dir vor, Trinchen, ich bin inzwischen verheiratet.

243

Trinchen: Was? Dich hat tatsächlich einer genommen? – Ach, darum das Bier.

Julchen: Brauchst gar nicht so blöd zu tun!

Trinchen: Was ist er denn von Beruf?

Julchen: (stolz) Archäologe.

Trinchen: Archäologe! Sag mal ehrlich, Julchen, ist es nicht langweilig, mit einem Archäologen verheiratet zu sein?

Julchen: Im Gegenteil, je älter ich werde, desto mehr interessiert er sich für mich! Gestern hat er noch zu mir gesagt, ich hätte eine klassische Figur. Was ist eigentlich klassisch?

Trinchen: Alles, was alt ist. – Aber warum hast du einen Archäologen geheiratet? Dass du mit einem solchen Mann nicht viel gemeinsam hast, das steht doch wohl fest!

Julchen: Ach, weißt du, Trinchen, das ist wohl die alte Geschichte von den Gegensätzen, die sich anziehen. Ich war damals schwanger und er nicht!

Trinchen: Na, du musst es ja wissen. – Was sagst du dazu, der Erwin ist gestern vor mir auf die Knie gefallen?

Julchen: Ich sage ja immer, du bohnerst einfach zu glatt.

Trinchen: Quatsch! Der Erwin ist so romantisch. Gestern sagte er zu mir, mir würden nur noch zwei Flügel fehlen.

Julchen: Zum Engel oder zur Gans?

Trinchen: Du bist nett, wie immer. – Hat dein Ehemann eigentlich auch so entsetzlich teure Hobbys wie der Erwin?

Julchen: Ja, das kann man wohl sagen, er zahlt Alimente für vier. Und was macht der Erwin?

Trinchen: Man kann ja ansonsten über meinen Mann sagen, was man will. Eins muss ich ihm lassen, er trinkt nicht mehr, er raucht nicht mehr, er geht nicht mehr aus!

Julchen: Ein Mustergatte! Was macht er denn stattdessen?

Trinchen: Schimpfen, dass andere Männer das dürfen!

Julchen: Ja, man muss halt wissen, wie man mit den Männern umzugehen hat.

Trinchen: Tja, ich war ja gestern zu Probeaufnahmen beim Film.

Julchen: Was musstest du denn so alles bei den Probeaufnahmen machen?

Trinchen: Ich musste den ganzen Tag reiten.

Julchen: Und, hast du die Rolle bekommen?

Trinchen: Ich nicht! Aber das Pferd.

Julchen: Hast du schon gehört, die Post sucht Briefträger!

Trinchen: Ach du meine Güte, ich muss sofort nach Hause. Ich habe versehentlich den Kleiderschrank abgeschlossen. Tschüs, Julchen!

Julchen: Tschüs, Trinchen!

Kinder in der Bütt

Büttentaugliches für den Karnevalisten-Nachwuchs

Nachwuchs in der Bütt

Ich bin zwar noch jung und unverbraucht,
trotzdem von der Fastnacht schon ganz schön
angehaucht!
Denn der Storch hat mich in eine Familie gebracht,
da ist fast das ganze Jahr über Fasenacht!

Meine Mama war früher mal Funkenmarie
und mein Papa der ist ein Büttengenie!
Er schwingt stets große Reden – der gute Mann,
bei mir fing das schon im ersten Schuljahr an!

Wenn mich der Lehrer an die Tafel rief,
dann lachte die ganze Klasse sich schief;
denn ich hab dann wie toll mit den Augen gefunkelt,
und beim 1 x 1 haben wir alle geschunkelt!

Doch jetzt will ich euch in kurzen Bildern
unser schönes Familienleben schildern:

An der Haustür fängt das bei uns schon an;
denn da hängt vorne ein Schildchen dran,
auf dem zu lesen ist:
„Für jeden, der hier eintritt, ist es Pflicht,
dass statt mit 'Guten Tag' nur mit 'Da-Je!' zu grüßen ist!"
Gleich, wenn man dann unsre Wohnung betritt,
steht links in der Ecke die Fastnachts-Bütt.
Und rechts in dem Glasschrank, in dem es funkelt
und blitzt,
da sind all die Orden, die mein Papa besitzt.
Von den Decken hängen Girlanden, klein und groß,
wie in der Narhalla, da staunst du bloß!

Den Gast empfängt ein Konfetti-Regen,
da ist selbst ein Star-Empfang gar nix dagegen!

Doch der Clou von unserer Wohnung –
Leute, glaubt mir, so wahr ich hier steh – ist das WC!
Damit ihr nicht meint, ich tu übertreiben,
will ich euch das Örtchen hier mal beschreiben:

Schon der Empfang dort als solcher ist phänomenal,
denn den Besucher empfängt ein Fanfaren-Signal!
Kaum macht man die Tür auf, geht es los auf der Stell',
genau wie ein Tusch von unsrer Sitzungskapell!

Ein Elferratskopf aus Pappe hängt links von der Tür,
den muss jeder aufsetzen, das ist strenge Vorschrift hier!
Und während der „Sitzung" wird man unterhalten
mit Fastnachtsschlagern – neuen und alten!

Die Akustik in dem Raum ist einsame Klasse,
jedermann staunt und kann es nicht fasse
und ist dann doch freudig beglückt,
wenn jeder Ton von den Wänden
als DA–JE!, DA–JE! schallt zurück!

Und wenn man erlöst und befreit von der Last,
ja, dann kommt die Hauptüberraschung für den Gast.
Statt Klopapier gibt's nur Luftschlangengeflatter,
so geckisch, ihr Leut' ist nur mein Vater!

Und kommt der Elfte im Elften heran,
dann fängt mein Papa zu dichten an.
Dann kracht es und dampft es in seinem Gehirn,
mal guckt er verklärt, mal mit gerunzelter Stirn.
Und wehe, es wagt ihn dann einer zu störn,
dann gibt es ganz böse was zwischen's Gehörn!

Die ganze Familie muss sein mucksmäuschenstill,
wenn man Papa sein' Red' einüben will.

Er übt dann Grimassen vor'm Spiegel an der Wand,
man könnt denken, er hätt' nicht alle Tassen
                              im Schrank!
Er redet mit sich selbst und mit Geistergestalten,
glaubt mir, es ist dann kaum auszuhalten!
Und Mama flüstert zur Oma hinüber:
wart's ab, gleich schnappt er über!"

Und ist das Meisterwerk dann endlich vollbracht,
wird in unserer Wohnzimmer Generalprob' gemacht!
Die ganze Familie muss antreten – tipp topp,
mit der Narrenmütze auf dem Kopp!

Dann auf einmal erklingt die Einzugsmusik.
Mein Papa steht in der Diele mit glänzendem Blick.
Er wartet auf sein Stichwort,
das gibt ihm mein Tant' Helga,
wenn's ihm zu lange dauert,
gibt er 's sich selber!

„Wolle man reinlasse!" ruft er in die Wohnzimmer –
                               Narhalla
und tritt in die Tür – in voller Gala!
Wir klatschen und rufen laut „DA–JE!", wie's
                                sich gehört,
und hoffen dabei, dass der Spektakel die Nachbarn
                                nicht stört.
Dann schreitet er herein – gemessenen Schrittes
                              und in voller Montage!
Vorne daran her geht mein Oma, denn die ist
                                sein Page!

Mein Mama muss ihn wie in alten Zeiten
dann als Fünkchen zur Bütt hin begleiten!
Dann gibt's einen Tusch von der Tonband-Kapell'!
Er nimmt noch 'nen Schluck aus der Flasche schnell.
Dann legt er los – ganz ohne zu lachen,
über irgend ein Thema sein Vortrag zu machen!

Und mir kommt dann jedesmal der Gedanke
                                                  in den Sinn,
wie ernst so ein Humorist die Fastnacht doch nimmt!
Und all das, ihr lieben Leute,
nennt man dann Spaß an der Freude!

Ihr seid jetzt gespannt, wie die Geschichte weitergeht?
Das jedoch nicht auf meinem Papier hier steht.
Denn das hört ihr im Laufe der Sitzung komplett,
was die Humor-Familie
für euch hat wieder ausgeheckt.

Ich wünsche dabei viel Spaß
und ein paar schöne Stunden
und hoff, dass ihr euch wohlfühlt
heute abend hier in der Runde.

Ich jedoch, als Spross einer närrischen Familie,
verschwinde jetzt lieber schnell von der Bühne!

DA-JE!

Fragen an den Vater

Vater und Sohn sehen aus wie Zwillinge – Brille, Weste, Buch unterm Arm, die Haare wirr. Anfangs reagiert der Vater ruhig und gelassen, doch dann bringt ihn sein Sohn in Wut.

Sohn: Vater, was ich dich schon immer mal fragen wollte: Wo liegt eigentlich der Unterschied zwischen Stadtvätern und richtigen Vätern?

Vater: Gewöhnlich machen die Söhne Schulden, und die Väter kommen dafür auf. Bei Stadtvätern hingegen ist es genau umgekehrt!

Sohn: Wenn ich groß bin, bekomme ich dann eine Frau, wie Mutter eine ist?

Vater: Natürlich, mein Sohn!

Sohn: Wenn ich einmal heirate, werde ich dann wie Onkel Heinrich?

Vater: Ja, so ist es.

Sohn: Das ist ja fürchterlich!

Vater: Wenn du dir etwas wünschen darfst, möchtest du dann lieber ein kleines Schwesterchen oder ein Brüderchen haben?

Sohn: Egal, das was schneller geht. – Vater, ich verstehe nicht, warum man die Frauen das schwache Geschlecht nennt, obwohl die Männer machen müssen, was sie wollen und doch das starke Geschlecht heißen.

Vater: Das ist leicht zu erklären, mein Sohn. Das schwache Geschlecht wird zum starken wegen der Schwäche des starken Geschlechts für das schwache.

Sohn: Vater, was ist eigentlich ein Friedensangebot?

Vater: Ja, mein Sohn, das kommt ganz auf die finanziellen Verhältnisse an. Das kann ein Hut sein, ein Pelzmantel, ein Schmuckstück oder ein Auto.

Sohn: Warum gibt es immer weniger Fußgänger und immer mehr Autofahrer?

Vater: Das ist ganz einfach zu erklären, Junge: Schuhe muss man bar bezahlen!

Sohn: Sind denn hundert Mark viel Geld?

Vater: Das kommt darauf an, Rainer, ob Mutti das Geld ausgibt, oder ob ich es verdiene!

Sohn: Vater, was ist eine Ahnfrau?

Vater: Das ist eine Frau, die anfängt, etwas zu ahnen.

Sohn: Sag mal, Vater, heiraten Kamele auch?

Vater: Nur Kamele heiraten.

Sohn: Vater, was heißt das: „Üb immer Treu und Redlichkeit bis an dein kühles Grab?"

Vater: Das heißt, dass man bis zum Grab ehrlich sein soll.

Sohn: Und wie ist es mit den Leuten, die sich nach ihrem Tod verbrennen lassen?

Vater: Mein Sohn, ich möchte dir eine kleine wissenschaftliche Frage stellen. Wenn das Wasser im Kessel kocht, warum kommt dann der Dampf aus der Tülle?

Sohn: Hauptsächlich wohl, damit Mutti deine Briefe öffnen kann, ehe du sie bekommst. – Jetzt stelle ich dir eine Frage. Warum kann ein Pferd nicht Schneider werden?

Vater: Das weiß ich nicht.

Sohn: Weil es das Futter frisst. – Vater, was ist ein Rotkehlchen?

Vater: Ein Rotkehlchen? Das ist irgend so ein verrückter Fisch.

Sohn: Ich habe gelesen, es hüpft von Ast zu Ast!

Vater: Na, da siehst du ja, wie verrückt er ist!

Sohn: Du, Vater, bekommen die Giraffen eigentlich auch den Schnupfen, wenn sie nasse Füße haben?

Vater: Natürlich, aber erst ein halbes Jahr später!

Sohn: Weshalb haben die Giraffen so lange Hälse?

Vater: Damit sie das Laub von den Bäumen fressen können.

Sohn: Und weshalb sitzt denn das Laub so hoch an den Bäumen, Vater?

Vater: Damit sich die Giraffen nicht zu bücken brauchen!

Sohn: Vater, was ist ein Kanonikus?

Vater: Hm, ein Kanonikus? Das ist ... aber natürlich! Das ist doch ein Feldgeistlicher bei der Artillerie, du dummer Bengel!

Sohn: In der Stadt steht doch ein Reiterdenkmal, was stellt der Mann auf dem Denkmal vor?

Vater: Frag nicht so dumm. Das siehst du doch. Den linken Fuß!

Sohn: Heute hat der Lehrer uns etwas gefragt, was nur ich beantworten konnte.

Vater: Das freut mich aber sehr, mein Junge. Und was hat der Lehrer gefragt?

Sohn: Wer die Scheiben in der Turnhalle eingeschmissen hat.

Vater: Das hätte ich mir eigentlich denken können, denn ein Engel warst du ja nie.

Sohn: Apropos Engel. Vater, wie kriegen die Engel ihre Nachthemden über ihre Flügel?

Vater: Das möchte ich auch gerne wissen.

Sohn: Vater, warum wurde Eva im Paradies zuletzt geschaffen?

Vater: Wenn sie früher erschaffen worden wäre, hätte sie alles anders haben wollen.

Sohn: Kannst du mir sagen, was ein Neandertaler ist?

Vater: Weiß ich nicht. Frag Onkel Ferdinand, der ist bei der Sparkasse!

Sohn: Vater, warum kräht der Hahn?

Vater: Immer, wenn einer die Unwahrheit sagt, dann kräht er.

Sohn: Gestern krähte er aber schon um drei Uhr früh!

Vater: Ja, um die Zeit werden die Morgenzeitungen gedruckt.

Sohn: Wenn sich eine Biene auf eine Brennnessel setzt, sticht dann die Brennnessel die Biene oder die Biene die Brennnessel?

Vater: Weißt du, mein Lieber, was mit Jungen geschieht, die ununterbrochen fragen? Sie werden selbst ein Fragezeichen!

Sohn: Vater, wenn man ein Fragezeichen ist, wie hält man dann den Punkt unter sich fest?

Vater: Ich weiß wirklich nicht, was aus dir einmal werden soll.

Sohn: Vater, soll ich einmal Augenarzt oder Zahnarzt werden?

Vater: Zahnarzt natürlich. Der Mensch hat nur zwei Augen, aber zweiunddreißig Zähne!

Sohn: Wovon leben eigentlich die Frösche?

Vater: Von dem, was sie finden!

Sohn: Und wenn sie nichts finden?

Vater: Na, dann fressen sie eben was anderes!

Sohn: Stimmt es wirklich, dass mich der Storch im Januar gebracht hat?

Vater: Selbstverständlich, Rainer. Welchen Grund hast du, daran zu zweifeln?

Sohn: In der Schule hat heute der Lehrer gesagt, dass im Winter die Störche in Afrika sind. – Ich hätte gern noch gewusst, warum der Storch immer auf einem Bein steht.

Vater: Was bist du doch dumm! Wenn er das andere Bein auch hochzieht, fällt er doch auf die Fresse.

Sohn: Du, Vater, was ist eigentlich Erotik?

Vater: Ach, wie soll ich das wissen! Ich habe acht Kinder großgezogen, da habe ich nie Zeit gehabt, mich um solchen Kram zu kümmern!

Sohn: Vater, wie ist das eigentlich mit dem Telefon, wie geht denn das so mit dem Draht?

Vater: Das ist doch ganz einfach, mein Junge! Stell dir einen großen Hund vor. Sein Kopf ist in Wien, sein Schwanz in München, und wenn du ihn in München am Schwanz ziehst, dann bellt er in Wien. Ganz klar, nicht wahr?

Sohn: Hm, und wie ist das mit dem Fernsehen?

Vater: Das ist genau dasselbe, mein Junge! Nur ohne Hund!

Sohn: Vater, ist das Schwarze Meer wirklich schwarz?

Vater: Aber nein, es heißt nur so, mit der Farbe hat das nichts zu tun.

Sohn: Dann ist das Rote Meer wohl auch nicht rot?

Vater:	Natürlich nicht. Es heißt nur so, weil es einen Namen haben muss und damit basta!
Sohn:	Und wie ist das mit dem Stillen Ozean? Ist der nun still oder nicht?
Vater:	Aber nein, natürlich nicht! Was weiß denn ich, warum der ausgerechnet Stiller Ozean heißt. Was fragst du bloß für einen Unsinn zusammen. Frage doch lieber was Vernünftiges!
Sohn:	Vater, wenn du von meiner Fragerei wahnsinnig geworden bist, darf ich dich dann im Irrenhaus besuchen? Vater, was ist das eigentlich ein Kalter Krieg?
Vater:	(trommelt mit den Fäusten auf die Bütt o.A.)

Klein Susi im Schulstress

Hallo, Leute!
Ich kann euch sagen: Meine Eltern sind schon komisch. Erst haben sie mir mit sehr viel Mühe das Reden beigebracht und jetzt, wo ich es endlich kann, verbieten sie mir andauernd den Mund. Aber das passiert mir heute Abend nicht.

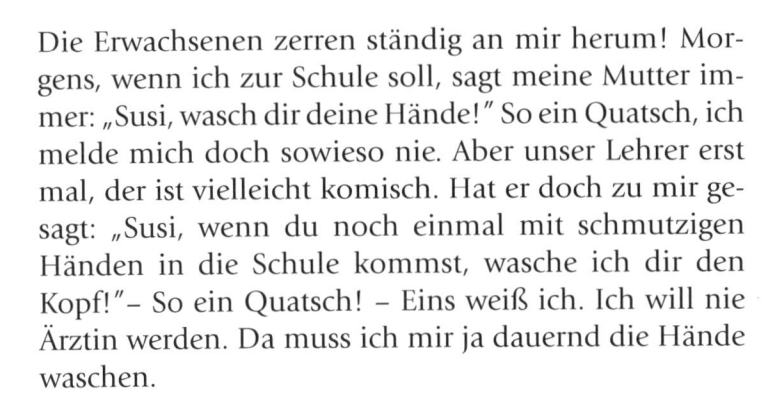

Die Erwachsenen zerren ständig an mir herum! Morgens, wenn ich zur Schule soll, sagt meine Mutter immer: „Susi, wasch dir deine Hände!" So ein Quatsch, ich melde mich doch sowieso nie. Aber unser Lehrer erst mal, der ist vielleicht komisch. Hat er doch zu mir gesagt: „Susi, wenn du noch einmal mit schmutzigen Händen in die Schule kommst, wasche ich dir den Kopf!" – So ein Quatsch! – Eins weiß ich. Ich will nie Ärztin werden. Da muss ich mir ja dauernd die Hände waschen.

Gestern habe ich ja in der Schule mit meinem Taschenmesser meinen Namen in den Tisch geritzt. Hat mich doch leider mein Lehrer erwischt und angeschrien: „Susi, du unmögliches Mädel, weißt du, was du jetzt verdient hast?" – „Herr Lehrer", habe ich geantwortet, „ich bin doch nicht in der Schule, um etwas zu verdienen, sondern um ertwas zu lernen." Schreit der mich doch an: „Du unverschämtes Kind! Hast du eigentlich jemals deine Hausaufgaben gemacht?" – „Nein!", habe ich geantwortet. „Na, dann muss ich unbedingt einmal mit deinem Vater sprechen!" – „Das wird auch nichts nutzen!", habe ich gesagt, „der macht sie auch nicht! Außerdem, Herr Lehrer – ich will ihnen ja wirklich keine Angst einjagen – aber mein Vater hat gesagt, wenn ich diesmal kein besseres Zeugnis mit nach Hause bringe, dann kann sich jemand auf etwas furchtbares gefasst machen!"

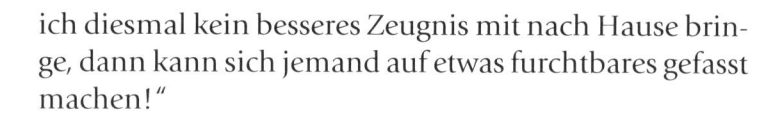

Und dann ist da noch mein Kunstlehrer. Na, der ist ja vielleicht erst dumm. Der hat wahrhaftig noch nie eine Fledermaus gesehen. Ja, wirklich! Ich habe heute in der Schule eine Fledermaus gemalt, und er wusste nicht, was das sein sollte.

Fragte mich doch neulich mein Erdkundelehrer Franzmann: „Susi, was kannst du mir über das Tote Meer sagen?" – Ich war um die Antwort nicht verlegen: „Nichts", antwortete ich, „ich wusste ja nicht einmal, dass es krank war." – „Kannst du mir dann wenigstens die Namen der drei Eisheiligen nennen, Susi?" wollte er dann wissen. „Oh ja", habe ich gestrahlt, „das kann ich. Die drei Eisheiligen heißen: Langnese, Schöller und Dr. Oetker!"

Einmal habe ich ja meinen Vater erschreckt. Ja, ich habe ihm ein Zeugnis in die Hand gedrückt. Er sah sich die Noten an und meinte: „Aber, Susi, so miserable Zensuren hast du ja noch nie mit nach Hause gebracht!" – „Ja", habe ich geantwortet, „das ist ja auch ein altes Zeugnis von dir, lieber Papa!" – Wurde er wütent: „Du bist ja vielleicht frech, Susi. In deinem Alter habe ich es nicht gewagt, so frech zu sein." – „So", fragte ich „und wann hast du damit angefangen?" Patsch, hatte ich eine hängen. Dann habe ich gefragt: „Papa, woher hast du eigentlich so eine rote Nase?" – „Ja, mein Kind", hat er gesagt, „das kommt von den Schicksalsschlägen." – „Wie", immer auf die Nase, Papa?"

Mein Papa ist ja gestern ins Krankenhaus gekommen. Da werde ich wohl bald ein Brüderchen bekommen. Ja, wirklich! Voriges Jahr ist meine Mama ins Krankenhaus gekommen, da habe ich ein Schwesterchen gekriegt.

Mein Klassenlehrer hat meine Mama ja zu sich bestellt und ihr erzählt, dass meine Schulleistungen völlig ungenügend sind. Meine Mama war verblüfft: „Das verstehe ich nun überhaupt nicht, wo das Kind doch aus einer Vernunftehe stammt."

Gestern habe ich mal Zeitung gelesen. Dann hatte ich eine Frage: „Du, Mama, hier in der Zeitung steht, das Theater sucht Statisten. Was ist das denn?" – „Statisten, Susi, das sind Leute, die nur herumstehen und nichts zu sagen haben." – „Oh", habe ich gesagt, „das wäre doch das Ideale für Papa!" Darauf meine Mutter: „Gut, dass du gerade die Zeitung hast. Der Papa bastelt im Keller, sieh doch schon mal nach, welcher Arzt heute Notdienst hat!"

Neulich bin ich zur Hauptpost gegangen und habe den Schalterbeamten gefragt: „Wenn ich diesen Brief einliefere, ist er dann morgen in Hamburg?" – „Ja!" meinte er. „Ist das auch absolut sicher?", wollte ich wissen. „Ja", meinte er ungeduldig, „das ist ganz sicher!" Habe ich gefragt: „Ach bitte, können Sie das nicht verhindern? Der Brief soll nämlich nach Frankfurt!" Daraufhin war der Schalterbeamte ziemlich wütend: „Ich sollte dir jetzt eine Ohrfeige geben, du freches Ding du!" – „Nein danke", habe ich gesagt, „ich darf von Fremden grundsätzlich nichts annehmen."

Bevor wir im Sommer in Urlaub fuhren, fragte mich meine Mutter: „Susi, was ist denn mit dir los? Freust du dich denn gar nicht auf den Urlaub?" – „Überhaupt nicht", habe ich gesagt, „ich habe genau gehört, wie der Papa gesagt hat, er hätte die Reiser(o)ute schon zurechtgelegt." Ich bin dann aber doch mitgefahren. Wir waren am Meer. Aber immer, wenn ich meine Mutter fragte: „Mama, darf ich ins Wasser?" hat sie gesagt: „Nein, Susi!" – „Aber warum denn nicht?" wollte ich wissen, „der Papa ist doch dauernd im Wasser!" – „Ja", meinte sie, „der Papa hat ja auch eine hohe Lebensversicherung, der soll ruhig was riskieren."

Ich habe auch eine Freundin kennen gelernt, die war vielleicht doof. Dauernd hat sie angegeben; zum Beispiel: „Mein Vater hat das Loch für die Nordsee gegraben!" Ich fand das so bescheuert, da habe ich gesagt: „Na und meiner hat das Tote Meer umgebracht!" Oder: „Ätsch, mein Vater kann mit den Ohren wackeln!" – „Da kann ich ja nur drüber lachen. Mein Vater kann sich die Fußnägel schneiden ohne die Strümpfe auszuziehen", erwiderte die blöde Kuh. Einmal hat sie auch gesagt: „Ätsch, ich weiß schon, wie man Kinder kriegt!" Da habe ich erst richtig gemerkt, wie doof die war. Ich weiß nämlich schon lange, wie man keine kriegt!

Nachdem ich letzte Woche in der Kirche war, hat mich mein Vater gefragt: „Was hat der Pfarrer eigentlich gepredigt?" Habe ich geantwortet: „Der Pfarrer hat gesagt, die Eltern sollen ihre Kinder nicht soviel fragen, sondern lieber selber in die Kirche kommen."

Habe ich einen Fehler gemacht: Ich habe zu meiner Mutter gesagt: „Mama, ich möchte mal etwas Ungewöhnliches machen. Etwas, was ich noch niemals gemacht habe!" – Hat meine Mutter eiskalt geantwortet: „Ja, Susi, dann räum doch einmal dein Zimmer auf!" Zum Schluss noch 'ne Frage. Könnt ihr mal drüber nachdenken. Mein Computerspiel hat 'nen Kurzschluss und mein Videorecorder ist kaputt. Könnt ihr euch vielleicht noch an ein Kinderspiel erinnern?

Eigentlich hätte ich ja noch ein wenig Zeit für Euch, denn morgen haben wir keine Schule. Unser Lehrer verreist nämlich. Ja, wohin, das weiß ich nicht. Er hat nur zu uns gesagt: „So, nun erst mal Schluss, liebe Kinder, morgen fahre ich fort." – Ich gehe jetzt aber trotzdem, denn ich habe einen ganz trockenen Mund bekommen und brauch dringend eine Cola.

Also, tschüs Leute!

Kanzler-Schlüpfer

Die Katrinchen-Darstellerin sollte immer eine rote Perücke tragen und viele Sommersprossen haben. – Der Vater sitzt auf der Bühne und liest Zeitung; Katrinchen kommt dazu.

Katrinchen: Papa, darf ich dich mal was ganz Wichtiges fragen?

Vater: Frag ruhig, Katrinchen. Du weißt, auf eine vernünftige Frage bekommst du auch eine Antwort.

Katrinchen: Papa, hat unser Bundeskanzler auch Blümchen auf dem Schlüpfer?

Vater: (schnauft) Also, Katrinchen, das geht mich ja wohl nichts an.

Katrinchen: Ich will das aber wissen.

Vater: Und dich geht das erst recht nichts an.

Katrinchen: (schmollt) Das verstehe ich nicht.

Vater: Was verstehst du nicht?

Katrinchen: Na, den Unterschied.

Vater: Welchen Unterschied?

Katrinchen: Den Unterschied zwischen dir und mir.

Vater: Das verstehe ich nicht.

Katrinchen: Nun, du hast gesagt, dass dich das nichts angeht und dass mich das erst recht nichts angeht.

Vater: Ja.

Katrinchen: Also geht es dich ein bisschen weniger nichts an als mich.

Vater: Aber Katrinchen, die Blümchen auf des Kanzlers Unterhosen …

Katrinchen: Also hat er welche?

Vater: Woher soll ich das wissen?

Katrinchen: Weil du eben gesagt hast: „Die Blümchen auf des Kanzlers Unterhosen." Und so darf man das nur sagen, wenn man weiß, dass er welche auf dem Schlüpfer hat.

Vater: Na gut, er hat keine.

Katrinchen: Papa, woher weißt du das?

Vater: Aber ich weiß es doch gar nicht!

Katrinchen: Ich glaube, er hat welche.

Vater: Und wie kommst du darauf?

Katrinchen: Weil der Bundeskanzler klug ist, Papa.

Vater: Also bin ich dumm, weil ich weiße Unterhosen trage?

Katrinchen: Du hast weiße Schlüpfer an, Papa?

Vater: Ja, meistens.

Katrinchen: Aber Papa, so was trägt doch kein Mensch mehr.

Vater: Danke für das Kompliment, Katrinchen.

Katrinchen: Wirklich, Papa, auf meinen Schlüpfern sind überall Blümchen.

Vater: Aha, und warum?

Katrinchen: Weil das schön aussieht, aber Frösche sind auch hübsch.

Vater: Frösche?

Katrinchen: Na klar, schöne grüne Frösche auf rosa Schlüpfern sehen doch toll aus. Und dann auf dem Hemdchen einen Klapperstorch.

Vater: (erheitert) Aber dann kriegen die Frösche auf deinem Schlüpfer doch Angst.

Katrinchen: Aber Papa, die sind doch aus Stoff.

Vater: Ach so, na dann.

Katrinchen: Und weil der Bundeskanzler klug ist, hat er Blümchen auf dem Schlüpfer.

Vater: Aber Katrinchen.

Katrinchen: Bestimmt, wenn er nämlich Frösche auf dem Schlüpfer hätte, dann würde seine Frau ja sagen: „Nun sei mal kein Frosch", und das will er bestimmt nicht.

Katrinchen und die Politik

Der Vater ist auf der Bühne und fegt. Katrinchen kommt mit einer zerwühlten Tageszeitung dazu, sie blättert darin, bis sie eine bestimmte Stelle gefunden hat.

Katrinchen: Papa, darf ich mal was fragen?

Vater: Frage ruhig, Katrinchen.

Katrinchen: (liest laut vor) „Der Bundeskanzler bei seinem gestrigen Fernsehauftritt." – Du, Papa, was macht der Bundeskanzler eigentlich, wenn er nicht im Fernsehen ist?

Vater: Dann arbeitet er.

Katrinchen: Genauso wie du?

Vater: Na ja, sagen wir mal, so ähnlich.

Katrinchen: Wie denn?

Vater: Vielleicht sitzt er dann im Büro.

Katrinchen: Und was macht er in seinem Büro.

Vater: Nun, er telefoniert, spricht mit seinen Mitarbeitern, studiert Akten, liest Zeitungen …

Katrinchen: Genau wie du.

Vater: … und dann kommt vielleicht der Oppositionsführer.

Katrinchen: Was ist ein Oppositionsführer?

Vater: (er ist etwas ratlos) Ein Opositionsführer? – Der ist von der anderen Partei, der will immer alles genau anders machen, als der Bundeskanzler. Hm, wie soll ich dir das erklären?

Katrinchen: Ich weiß schon, das ist, als ob Mama in dein Büro kommt.

Vater: Das kann man so nun nicht sagen.

Katrinchen: Doch, Papa, Mama geht nur in dein Büro, wenn sie was anderes will als du.

Vater: Na ja, sie kommt ja nicht so oft. (will ablenken) Vielleicht kommt aber auch der Koalitionspartner zum Bundeskanzler.

Katrinchen: Aha, und der bin dann ich bei dir.

Vater: Ja, kann man so sagen, der Koalitionspartner geht dem Bundeskanzler manchmal ganz schön auf die Nerven.

Katrinchen: (ängstlich besorgt) Papa, hast du mich nicht mehr lieb?

Vater: Natürlich habe ich dich lieb, Katrinchen, wie kommst du darauf, dass ich dich nicht lieb haben könnte?

Katrinchen: Weil du gerade gesagt hast, dass ich dir auf die Nerven gehe.

Vater: Sieh mal, Katrinchen, auch, wenn man sich ganz lieb hat, so wie wir beide, dann will man manchmal trotzdem Ruhe voreinander haben, und dann kann es sein, dass der andere einem auch mal auf die Nerven geht.

Katrinchen:	So wie ich jetzt?
Vater:	Ehrlich gesagt, ja. (Katrinchen schmollt kurz, spricht dann aber weiter)
Katrinchen:	Papa? Wie heißt der, der dem Bundeskanzler auf die Nerven geht?
Vater:	Du meinst den Koalitionspartner.
Katrinchen:	Schmeißt der Bundeskanzler den raus?
Vater:	Nein, das tut er nicht.
Katrinchen:	Weil er ihn lieb hat? So wie du mich?
Vater:	Nein.
Katrinchen:	Oder wie die Mama?
Vater:	Nein, so lieb hat er den Koalitionspartner nicht.
Katrinchen:	Aber warum lässt er dann den rein und nicht den anderen?
Vater:	Du meinst den Oppositonsführer?
Katrinchen:	Genau.
Vater:	Weil der Oppositionsführer ihm noch viel mehr auf die nerven geht als der Koalitionspartner.
Katrinchen:	Also ist das genau so, wie …
Vater:	Nun komme mir nicht wieder mit Mama und dir, ich sagte doch, der Bundeskanzler arbeitet nur so ähnlich wie ich.

Katrinchen: Ja, Papa, der eine, der ist, wie ich bin, der nervt den Bundeskanzler viel mehr als ich dich, und der andere, der wie Mama ist, der nervt den Bundeskanzler viel mehr als Mama und ich dich zusammen nerven.

Vater: In Gottes Namen, so ist es, Katrinchen.

Katrinchen: Dann hat er selber schuld. Er hätte ja nicht Bundeskanzler werden müssen, er hätte ja was Vernünftiges lernen können.

Die Abstammung

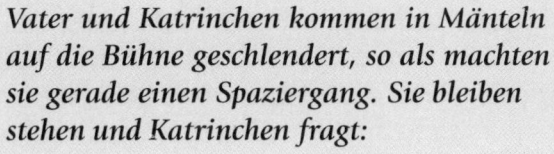

Vater und Katrinchen kommen in Mänteln auf die Bühne geschlendert, so als machten sie gerade einen Spaziergang. Sie bleiben stehen und Katrinchen fragt:

Katrinchen: Papa, darf ich mal was fragen?

Vater: Frage ruhig, Katrinchen.

Katrinchen: Papa, das stimmt doch, dass alle Menschen total verschieden sind?

Vater: Ja, das stimmt. Wie kommst du jetzt darauf?

Katrinchen: Weil Manuelas große Schwester gesagt hat, dass sie von den Affen abstammt.

Vater: Na ja, da hat sie ja auch nicht ganz unrecht.

Katrinchen: Und Manuela stammt dann auch von Affen ab?

Vater: Ja, sozusagen.

Katrinchen: Ich aber doch nicht, Papa, oder?

Vater: Doch, Katrinchen, du auch. Menschen und Affen haben dieselben Vorfahren.

Katrinchen: Papa?

Vater: Ja, Katrinchen

Katrinchen: War dein Papa ein Affe?

Vater: Aber nein, mein Papa ist doch dein Opa.

Katrinchen: Ach ja, stimmt, und Opa ist kein Affe.

Vater: Nein, das ist schon viel, viel länger her.

Katrinchen: Opas Papa?

Vater: Noch viel, viel, viel länger.

Katrinchen: War Manuelas Affe und unser Affe derselbe Affe?

Vater: Du, das weiß ich nicht.

Katrinchen: Ich glaube, das war derselbe Affe, Papa.

Vater: Wenn du meinst, Katrinchen, dann wird es wohl derselbe gewesen sein.

Katrinchen: Papa, ich weiß auch, wie der heißt.

Vater: Was du nicht sagst.

Katrinchen: Ja, Papa, das steht in einem ganz schönen Buch.

Vater: Ja?

Katrinchen: Ja, und da steht drin …

Vater: Nun sag schon.

Katrinchen: Der Affe heißt Adam.

Wenn ich Prinzessin wär

Ach, was ist das Leben Mist,
bis man erst Prinzessin ist.
Von früh bis spät wird man erzogen,
den ganzen Tag zurechtgebogen.

Man darf nicht toben, brüllen, rennen.
Man darf nicht in der Schule pennen.
Man darf nicht auf die Bäume klettern,
sonst fängt der Vater an zu wettern.

Man muss die Hausaufgaben machen,
man hat auch sonst nicht viel zu lachen;
denn alles macht doch zu viel Krach,
und Vater steigt mir dann aufs Dach.

Man darf nicht in der Nase bohren.
Man darf nicht popeln in den Ohren.
Man darf nichts tun mit Leidenschaft;
denn das ist ja nicht damenhaft!

Manchmal denk ich so allein,
eigentlich müsst er doch Vorbild sein!
Und was hab ich so dick die Faxen,
seh ich ihn sich mal am Poppes kratzen!

Ich träum so manchmal vor mich hin:
Was wär, wenn ich Prinzessin bin?
Dann darf ich alles, welch ein Traum!
Nun hört mal her, ihr glaubt es kaum:

Ich dürfte lachen, tanzen, rennen
und immer in der Schule pennen.

Und auf dem Schulhof – es soll stimmen,
dürfte ich in Pfützen schwimmen.

Hab ich Hunger oder Durst,
kauft der Lehrer mir 'ne Wurst,
und er zieht aus seiner Tasche
für mich 'ne riesen Colaflasche!

Die Schule ist auch gleich schon aus.
Schwuppdiwupp bin ich zu Haus.
Hausaufgaben hab ich keine,
drum kann ich die auch alleine.

Und Geld hätt' ich 'nen ganzen Haufen.
Ach, was könnt ich alles kaufen!
Auch in die Disco könnt ich gehen!
Mann, wie wär' das Leben schön!

Ich könnte herrlich weit verreisen,
den Zahnarzt in den Finger beißen.
Könnt' feiern spät bis in die Nacht …
Oh weh, jetzt bin ich aufgewacht!

Dies alles war, ich glaub's noch kaum,
leider nur ein schöner Traum.
Doch ich lass' mich nicht verdrießen:
Den Karneval will ich genießen!

Auch ihr sollt feiern, tanzen, lachen!
Noch ganz verrückte Sachen machen!
Derweil geh ich aus meiner Bütt
und komm zu euch und feier mit.

Linda trifft Maike

Linda kommt von rechts, Maike von links auf die Bühne. Sie tragen Winterkleidung, Maike hat einen Querflötenkasten bei sich, Linda trägt einen Schulrucksack.

Maike: Hallo, Linda, wo kommst du denn her?

Linda: Aus der Schule. Also, du, unser Physiklehrer hat uns erzählt, dass das Licht in einer Sekunde 300 000 Kilometer zurücklegt!

Maike: Stark, Linda, aber sag, geht das bei der Geschwindigkeit nicht aus?

Linda: Oh, Maike, bist du so blöd, oder musstest du dafür studieren?

Maike: Also, als ich eingeschult wurde, hatte ich noch ein intelligentes Gesicht. Doch die Lehrer vermuteten damals schon, dass ich simuliere.

Linda: Ja, meine Liebe, das scheint mir auch so. Wo willst du eigentlich hin?

Maike: Zum Querflötenunterricht.

Linda: Und, wie ist der so?

Maike: Ganz gut, ich glaube, ich mache große Fortschritte.

Linda: Ja, wirklich?

Maike: Doch, ehrlich. Letzte Stunde hatte meine Lehrerin sogar schon Tränen in den Augen. – Und du, Linda? Lohnen sich deine Gesangsstunden bei Meister Kehlchen eigentlich?

Linda: Und ob! Meine Eltern konnten schon drei Häuser in der Nachbarschaft billig kaufen.

Maike: Ohne unsere Nachbarn wäre es langweilig.

Linda: Wieso denn langweilig?

Maike: Bei ihren Abendspaziergängen laufen sie die letzten 100 Meter immer um die Wette nach Hause.

Linda: Warum das denn?

Maike: Wer als letzter zu Hause ankommt, muss das Geschirr abwaschen.

Linda: Unsere Nachbarn müssen fürchterlich arm sein.

Maike: Wieso?

Linda: Na, vor kurzem hatte der kleine Sohn von denen einen Groschen verschluckt. Die waren vielleicht aufgeregt. Sie wollten den Groschen nämlich sofort wiederhaben.

Maike: Oh, oh, die armen Leute. – Sag, wie läuft es eigentlich bei dir in der Schule?

Linda: Geht so. Morgen werden wir alle geimpft. Die Lehrerin hat gesagt, wir sollen uns gut die Arme waschen.

Maike: Die hätte euch ja wenigstens sagen können, welchen, den rechten oder den linken. Von Hygiene verstehst du

Linda: aber auch überhaupt nichts, Maike. Guck dir nur mal deine Hände an, die sind viel dreckiger als meine.

Maike: Na und? Ich bin ja schließlich zwei Jahre älter als du!

Linda: Was machen eigentlich deine kleinen Geschwister?

Maike: Mein kleiner Bruder kam letztens eine Stunde zu spät aus der Schule.

Linda: Warum das denn?

Maike: Er hat in der Schule gelernt, dass er erst über die Straße gehen darf, wenn das Auto vorbeigefahren ist. Er hat gewartet und gewartet, aber es kam kein Auto!

Linda: Typisch für eure Familie!

Maike: Na, na! – Dein Vater kommt bestimmt nicht in den Himmel!

Linda: Warum denn nicht?

Maike: Ja, glaubst du, es gibt so dicke Engel? – Was hast du deinem Bruder eigentlich zum Geburtstag geschenkt?

Linda: Meine wasserdichte Armbanduhr.

Maike: Was? Die war doch so schön!

Linda: Tja, jetzt muss er immer das Geschirr abspülen.

Maike: Gar nicht dumm. – Nach dem Querflötenuntererricht muss ich noch meine Geschichtsaufgaben machen. Sag, weißt du zufällig, wann Friedrich der Große ermordet worden ist?

Linda: Wieso ermordet?

Maike: Natürlich ermordet. In meinem Geschichtsbuch ist ein Bild, unter dem steht: „Friedrich der Große auf dem Sterbebett, nach einem Stich von Menzel."

Linda: Geschichte ist schlimm. Wir sprechen gerade über Kriege. Dass es den Soldaten nicht peinlich war, so völlig nackt!

Maike: Wieso nackt? Die waren doch nicht nackt!

Linda: Natürlich waren die nackt. Unser Lehrer hat erzählt, dass die Soldaten ausgezogen sind, um das Vaterland zu verteidigen.

Maike: Also unsere Lehrer haben es so langsam geschnallt.

Linda: Wie geschnallt? Was meinst du?

Maike: Unser Klassenlehrer sagte neulich: „Wenn die Schüler in den hinteren Bänken so leise wären, wie die, die in den mittleren Bänken Zeitschriften lesen, dann könnten die Schüler hier vorne endlich ungestört schlafen."

Linda: Vor kurzem habe ich meiner Oma vom Französischunterricht erzählt. Fragt die mich doch glatt, ob ich den Unterschied zwischen Deutsch und Altdeutsch kenne.

Maike: Und, kennst du ihn? – Sag mal, du kennst doch den Thorsten?

Linda: Klar! Das ist doch der, der so klein ist!

Maike: Klein! Da solltest du erst mal seinen Vater sehen. Der ist klein! Der ist Testfahrer bei Matchbox. – Stell die vor,

	der Thorsten hat letzte Woche eine Enzyklopädie bekommen.
Linda:	Der Arme! War er denn nicht geimpft?
Maike:	Also wirklich, Linda, du bist genauso blöd wie Ingrid. Die sucht an der Sanduhr immer noch die Zeiger.
Linda:	Apropos Uhr! Wie spät ist es eigentlich? (schaut auf die Uhr) Oh, schon nach sechs? Ich wollte doch noch Sabrina besuchen.
Maike:	Nach sechs! Ich habe gleich Querflötenunterricht. Aber zum Schluss noch eine Frage: Kennst du den Unterschied zwischen einer Schule und einer Irrenanstalt?
Linda:	Keine Ahnung.
Maike:	Die Telefonnummer!

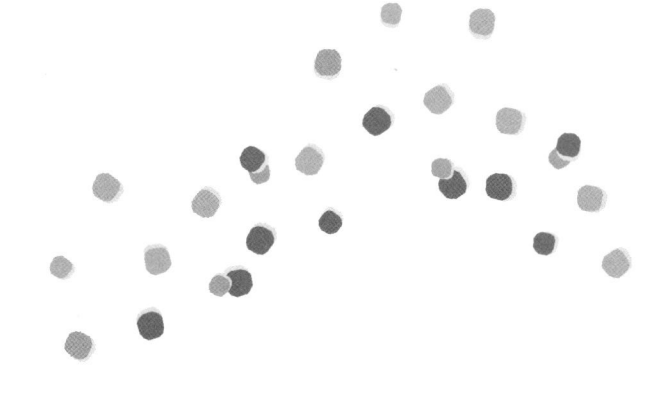

Kasimir erkundet die Liebe

*3 Spieler (Kasimir ist ein Außerirdischer!)
Bühne: Parkbank, Papierkorb, Baum- oder Buschattrappe; Vogelgezwitscher ist zu hören. – Kasimir, grün geschminkt, sitzt mit Bernd auf der Bank.*

Kasimir: Ich habe eine Frage.

Bernd: So?

Kasimir: Ja.

Bernd: Und?

Kasimir: Ich habe eine Frage.

Bernd: Dann stelle sie.

Kasimir: Was ist „Liebe"?

Bernd: Schrecklich.

Kasimir: Wieso schrecklich? Ich höre immer Liebe ist schön.

Bernd: Ja, schrecklich schön, bäh.

Kasimir: Zeige es mir bitte.

Bernd: Das geht nicht.

Kasimir: Warum nicht?

Bernd: Weil man dazu ein Mädchen braucht.

Kasimir: Was sind „Mädchen"?

Bernd: Da sagt man auch „Weiber" dazu.

Kasimir: Was sind „Weiber"?

Bernd: Mädchen eben, ist doch auch egal, lassen wir das.

Kasimir: Was ist „Liebe"?

Bernd: Du nervst, dazu braucht man ein Mädchen, hier ist kein Mädchen, also kann ich es dir nicht zeigen.

Kasimir: Ich will es aber wissen.

Bernd: Nein.

Kasimir: Dann bist du nicht mehr mein Freund.

Bernd: Okay, ich zeige es dir. (ruft nach hinten) Claudia, komm mal rüber, wir brauchen dich.

Kasimir: Wer ist Claudia?

Bernd: Claudia ist eine blöde Ziege.

Kasimir: Dann hat sie ein Fell?

Bernd: Blödsinn, so nennt man eben die dummen Gänse bei uns.

Kasimir: Also hat sie Federn?

Bernd: Nein, Claudia ist ein Mädchen.

Kasimir: Ach so, warum sagst du das nicht gleich.

Claudia: (kommt herein, sieht Kasimir, ist erschrocken) Igitt, wer ist das denn, der ist ja ganz grün.

Kasimir: Das weiß ich, dass ich grün bin.

Bernd: Das ist Kasimir, der Schreckliche.

Kasimir: Der schrecklich nette Kasimir.

Claudia: Bei mir braucht der aber nicht nett zu sein.

Bernd: Er will wissen, was „Liebe" ist.

Claudia: Aber nicht mit mir.

Bernd: Wir zeigen ihm das jetzt, und dann kannst du wieder abhauen.

Claudia: Und wie sollen wir ihm das zeigen?

Bernd: Ganz einfach. (zu Kasimir) Wenn man sich lieb hat, also ein Mann und eine Frau, dann küssen die sich, und das ist dann Liebe, alles klar?

Kasimir: Nein.

Bernd: Also, der Mann drückt dann seinen Mund gegen den Mund der Frau.

Claudia: Igitt, das mag ich nicht.

Bernd: Das ist ja auch ekelhaft, aber das machen die.

Kasimir: Zeigt es mir.

Claudia: Auf gar keinen Fall.

Bernd: Also, ich möchte das auch lieber nicht. Weiber sabbern immer so.

Claudia: Tun sie nicht!

Bernd: Tun sie doch.

Claudia: Ich gehe wieder.

Kasimir: Nein, bitte, zeigt es mir.

Bernd: (überwindet seinen Ekel, zieht die sich sträubende Claudia an sich, drückt ganz kurz seine Lippen auf ihre und stößt sie weg, dann zu Kasimir) So, jetzt hast du es gesehen, das war's.

Kasimir: Ja, jetzt habe ich es gesehen. Ich kenne das. (zieht die völlig verblüffte Claudia an sich, drückt seine Lippen auf ihre, beide verharren einen Moment, dann dreht Kasimir sich zu Bernd, zieht einen Kaugummi aus dem Mund, hält ihn hoch) So klauen wir zu Hause Kaugummis.

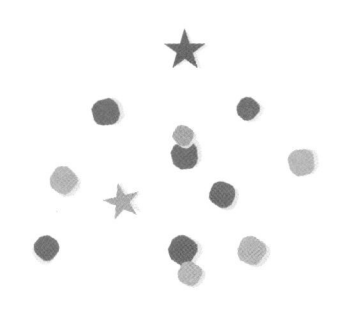

Mafia im Mittelalter

2 Spieler, 2 Statisten
Bühne: Hilfspult aus zwei Notenständern. – Alex und Kay versuchen, den Ablauf der Handlung von „Romeo und Julia" den Statisten und Zuschauern zu erklären.

Alex: Also, nun hören Sie mal ganz interessiert zu. Es geht hier um eine echte Tragödie, die wir ihnen kurz mal nahe bringen wollen. Es geht um „Romeo und Julia" von Shakespeare.

Kay: Wir dürfen annehmen, dass das Stück allgemein bekannt ist. Aber wenn wir Sie bitten würden, uns den Inhalt lückenlos zu erzählen, was dann?

Alex: Dann brauchen die meisten von Ihnen genauso viel Aufklärung wie unsere Mitschüler.

Kay: Und damit für Sie und für die Kids die tolle Tragödie nicht total verschütt geht, versuchen wir gerade, in unserer Schülerzeitung eine zeitgemäße Inhaltsangabe zu formulieren.

Alex: Wenn wir's wie einen echten Reißer abfassen, locken wir vielleicht wieder ein paar Leutchen ins Theater.

Kay: Also, der ganze Schlamassel spielt in Verona. Finsteres Mittelalter. Unheimlich rückständig. Aber sie wollen was losmachen. Und da kriegen sich zwei Gangs in die Wolle.

Alex: Die Montagues und die Capulets.

Kay: Kluges Kind, Alex. – Und zu der einen Gang gehört Romeo, so eine Art … Punker.

Alex: Das kannst du so nicht sagen, Kay. Romeo war ein ganz softer Typ.

1 Statist: Ja, das hört man immer so!

Kay: Meinetwegen, Leute. Weiter: … und bei der anderen Gang da war die Mieze, die Julia.

Alex: Quatsch! Julia war eine klasse Frau, so eine richtige coole Biene.

Kay: Wenn du immer alles besser weißt, dann mach du doch weiter.

Alex: Die zwei waren echt ineinander verknallt. Aber die Paten der Gangs waren gallig dagegen. Dauernd gab es Zoff wegen dem Kampf um die Straßenviertel. Die haben sich mit Piekern und Eisenstangen auf die Birne gehauen.

Kay: Der Fürst, so'n Obermotz von der Friedensbewegung, hatte zwar verboten, dass die sich dauernd aufklatschen, hat die aber überhaupt nicht gekratzt.

Alex: Damit die Gangs nix checken, mussten sich die Liebenden verbergen, zumal der Vater, also der Alte von der Julia, seine Tochter auch noch an einen Grafen, so einen Platzhirsch mit Kohle, verheiraten wollte.

Kay: Darum hat es bis zu ihrem ersten richtigen date auch eine ganze Weile gedauert. Romeo brauchte eine Ewigkeit bis er endlich über den Balkon zu ihr klettern und in die Koje hüpfen konnte.

Alex:	Und dann haben sie fast die Vögel verwechselt.
2 Statist:	Waaas? Vögel?
Alex:	Ja! Julia sagt: „Willst du schon gehn, der Tag ist ja noch fern. Es war die Nachtigall und nicht die Lerche." Und er: „Die Lerche war's und nicht die Nachtigall."
Kay:	Das ist doch vollkommen wurscht.
Alex:	Gar nicht. Fast hätte er deswegen den Anschluss nach Mantua verpasst.
Kay:	Aber vorher hat er noch aus Versehen den Cousin von der Julia aufgespießt. Und darum musste er rasch die Mücke machen.
Alex:	Dann war da noch die Story mit der Amme, dem Apotheker und den Schwarzkitteln.
Kay:	Die Randfiguren können wir vergessen.
Alex:	Nein, die sind wichtig. Dem Apotheker haben sie doch so eine Giftspritze abgeluchst.
Statisten:	(sehen sich beide ratlos an und schütteln die Köpfe)
Kay:	Du meinst diese abgefahrene Kurzzeitdroge. Die hat sich Julia reingezogen, weil sie in so einer Gruft zeitweilig ins Koma fallen wollte. (ab jetzt steigern sich die beiden dramatisch)
Alex:	Romeo kommt zurück, will sie sich wie verabredet krallen, und denkt, sie ist abgekratzt. Er kriegt den totalen Kummer und die Panik, nimmt sein Klappmesser und macht sich kaputt.

Kay:	Julia kriegt sich wieder ein, sieht ihren toten Lover und sticht sich mit der blutigen Pieke ins Herz.
Alex:	Zum Schluss vier Leichen, die Mafiosi heulend in der Gruft ...
Kay:	... und die zwei Lover blutleer in der Kiste.
Alex:	Mann oh Mann! (zu den Statisten) Na, habt ihr's gerafft?
Statisten:	(schütteln mit offenen Mündern die Köpfe)
1 Statist:	Also, wenn das im Fernsehen läuft, gibt's Einschaltquoten wie bei „Dracula".

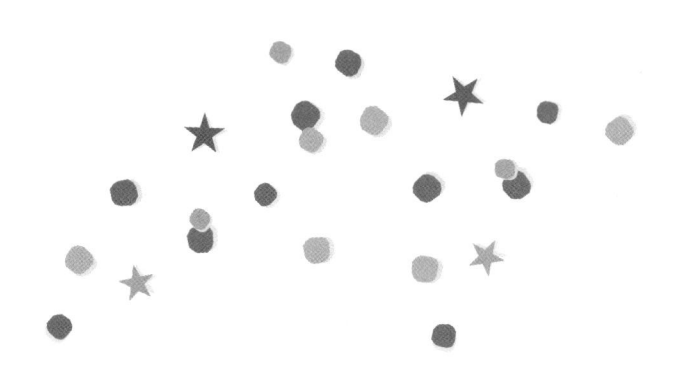

Mutter und Tochter

Die Tochter sitzt schon auf der Bühne und blättert in einer Jugendzeitschrift; die Mutter kommt dazu. Sie lässt sich erschöpft auf einen Stuhl fallen. Als Gag könnte sie eine Kaffeetasse aus ihrer Tasche holen.

Tochter: Hallo Mami, wie war denn deine Fahrstunde heute? Hat dich der Fahrlehrer wieder geschimpft?

Mutter: Naja, ich habe ihn gefragt, wie lange ich noch bis zur Prüfung brauche. Er meinte drei.

Tochter: Das ist ja toll, nur noch drei Stunden!

Mutter: Nee, drei Autos! – Warst du eigentlich heute mittag mit deinem Vater angeln?

Tochter: Ja, es war einfach cool. Papa hat total viel gefangen, aber die großen Fische hat er leider immer wieder reingeworfen. Nur die ganz kleinen hat er mit nach Hause genommen.

Mutter: Ja, warum denn das?

Tochter: Papa meinte, du hättest ja eh nur so eine kleine Pfanne. Übrigens, es ist Post für dich gekommen. Du hattest doch an den Briefkastenonkel in dieser Frauenzeitschrift geschrieben und gefragt, warum Papa immer erst den Hund küsst und dann dich, wenn er nach Hause kommt.

Mutter: Und, was haben sie geantwortet?

Tochter:	Die von der Redaktion schreiben, sie könnten es noch nicht beantworten. Du sollst erst ein Foto von dir und dem Hund schicken!
Mutter:	Das ist ja eine bodenlose Frechheit! Du brauchst gar nicht so zu grinsen. Iss lieber zu Abend. Du weißt ja, was mit kleinen Mädchen passiert, die nichts essen?
Tochter:	Ja, Mama, die bleiben schlank und werden Mannequin. Ach, da fällt mir ein: Unsere Lehrerin lässt fragen, ob du dich an der diesjährigen Schultheateraufführung beteiligst. Wir spielen den Diogenes.
Mutter:	Da fühle ich mich aber sehr geehrt, aber den Diogenes kann ich doch wohl nicht spielen, das ist doch ein gebildeter Mann.
Tochter:	Meine Lehrerin meinte auch eher, ob du nicht seine Tonne spielen kannst.
Mutter:	Na, also weißt du! So dick bin ich doch auch wieder nicht, oder?
Tochter:	Das nicht, aber genauso hohl.
Mutter:	Jetzt reicht es aber. Das muss sich eine liebende Mutter nicht von ihrer verzogenen Tochter sagen lassen! Zur Strafe trägst du den Müll nachher raus. – Warum sind den eigentlich die Mülltonnen noch voll. War der Müllmann denn heute nicht da?
Tochter:	Doch, aber ich habe ihn nicht reingelassen. Ich habe ihm gesagt: „Wir brauchen nichts."
Mutter:	Du bist wirklich unmöglich, meine Liebe! – Morgen nach der Schule gehst du einkaufen. Wir brauchen un-

bedingt Tomaten. Aber kaufe deutsche, hörst du, keine italienischen!

Tochter: Willst du die Tomaten essen oder dich mit ihnen unterhalten?

Mutter: Essen natürlich! Die aus Italien sind doch alle matschos. Die deutschen sind immer schön knackig.

Tochter: Außer Papa. Warum hat Papa eigentlich nur noch so wenig Haare?

Mutter: Weil ihm vom vielen Denken die Haare ausgefallen sind.

Tochter: Und warum hast du dann noch so viele?

Mutter: Jetzt sei aber endlich still.

Tochter: Stell dir vor, Mama, wir haben jetzt in der Schule einen neuen Religionslehrer. Es ist derselbe Geistliche, der mich damals getauft hat. Er meinte, so ein ruhiges und braves Taufkind hätte er noch nie gehabt.

Mutter: Wir haben ja auch vorher eine Woche lang mit der Gießkanne geübt. – Hast du heute eigentlich schon Hasso rausgelassen?

Tochter: Ja, Mama. Der Hasso hat in letzter Zeit so eine komische Angewohnheit. Er jagt hinter jedem Auto her. Das macht mir richtig Sorgen.

Mutter: Ach, warum denn? Das machen doch viele Hunde.

Tochter: Schon, aber Hasso hat schon drei davon im Garten vergraben – zwei rote und einen blauen. – Du, hast du schon bemerkt, dass der Peter schon den ganzen Tag weint. Sein Lehrer hat ihn getadelt.

Mutter: Hört denn das nie auf? Was hat denn dein Bruder nun schon wieder ausgefressen?

Tochter: Ich glaube, der Lehrer hat ihn nur gefragt, wer „Die Jungfrau von Orleans" geschrieben hat. Und da hat er geantwortet: „Ich nicht, Herr Lehrer!"

Mutter: Also, dein Bruder stellt ja viel an, aber gelogen hat er noch nie. Vielleicht hat er dieser Jungfrau ja wirklich nicht geschrieben? – Sag mal, gibts an eurer Schule eigentlich noch immer diesen netten Biologielehrer, dieser große, blonde … ?

Tochter: Nee, der ist doch vor zwei Wochen vom Blitz getroffen worden und war sofort tot.

Mutter: Oh, mein Gott! Aber ich erinnere mich, der hat schon beim letzten Elternabend so schlecht ausgesehen. – Denk übrigens daran, dass ihr morgen in der Schule geimpft werdet. Also, Mädchen, wasch dir deinen Arm anständig.

Tochter: Rechts oder links? – Übrigens hat mir der Nachbarsjunge erzählt, sein Vater hätte ihm gestern gesteckt, wo die kleinen Kinder herkommen. Er hat ihm weiß gemacht, seine neue Schwester wäre vom Storch gebracht worden.

Mutter: Und was hat der Junge daraufhin geantwortet?

Tochter: Na, was schon? „Jetzt laufen hier in der Stadt so geile Weiber rum, und mein Vater treibt's mit 'nem Storch!" Mami, ist unser Nachbar nun deshalb ein Bigamist?

Mutter: Wie kommst du denn darauf? Ein Bigamist ist ein Mann, der freiwillig doppelt soviel Geschirr abwäscht wie dein Vater.

Tochter: Woher soll ich das denn wissen? Wir haben in der Schule gelernt, dass das männliche Gehirn viel größer ist als das weibliche.

Mutter: Da siehst du mal, dass es nicht auf Quantität ankommt.

Tochter: Papa war heute vor dem Angeln noch beim Arzt.

Mutter: Oh Gott, warum denn das, ist er etwa krank?

Tochter: Nein, es ist nur, weil er doch so viel Geld beim Pferdewetten gewonnen hat. Schon drei Wochen hintereinander hat Peter nachts im Traum die richtigen Zahlen vor sich hin gemurmelt. Heute nacht ist er wieder zu ihm ans Bett gegangen. Da hat Peter im Traum geflüstert: „Morgen stirbt mein Vati, morgen stirbt mein Vati!" Aber der Arzt hat gesagt, er wäre kerngesund!

Mutter: Oh je, dann glaube ich fast, wir bekommen morgen einen neuen Briefträger.

Das Eltern-Schutzgesetz

6 Spieler
Bühne: Tisch, Stühle und Mikros für eine Talkrunde; im Hintergrund ein Plakat „RT–Grell Talkshow".

Ansager: Guten Abend, meine Damen und Herren. Wir schalten jetzt um zu unserer Sendung „Talk ohne turm" mit dem heutigen Thema: Das Eltern-Schutzgesetz. Von telefonischen Anrufen bitten wir dieses Mal Abstand zu nehmen, da erfahrungsgemäß fast nur dumme Fragen gestellt werden. Wir bitten um Ihre teilnahmslose Aufmerksamkeit und, bitte, laufen Sie nicht weg. (Ansager geht ab)

Höhne: Guten Abend, liebe Gäste. Ich darf Ihnen kurz die Teilnehmer der heutigen Diskussionsrunde vorstellen. Hier rechts neben mir sitzt Franzi, Ihnen allen nicht nur als Rekordschwimmerin bekannt, sondern auch als Präsenterin von „Milka Lila Jause". Guten Abend, liebe Franziska.

Franzi: Guten Abend Herr Höhne.

Höhne: Links von mir begrüße ich einen Experten in Elternerziehung, Herrn Daniel Doller. Guten Abend, Danny.

Danny: Guten Abend.

Höhne: Und daneben sitzt Michael Meinert. Er ist Berater für Erwachsenenfürsorge „Eltern Alternativ". Ist das richtig, Micky?

Micky: Erwachsenenvorsorge, nicht Fürsorge.

Höhne: Wenn ich mich da nicht täusche, ist das doch wohl ziemlich das gleiche?

Micky: Nicht ganz. Wenn wir bei den Alten frühzeitig Vorsorge treffen, bleibt uns später bei den Grufties die Fürsorge erspart.

Höhne: Verstehe. Das trifft auch genau unser Thema: Heute geht es um die Einführung eines Eltern-Schutzgesetz. Was meinst du dazu, Franzi?

Franzi: Ich denke, so ein Eltern-Schutzgesetz ist relativ einfach zu erstellen. Wenn wir die Satzungen vom „Jugend-Schutzgesetz" als Vorlage nehmen und den Bedürfnissen unserer Eltern anpassen, müsste es gehen.

Danny: Das glaube ich nicht. Die Erwachsenen sind doch viel bedürftiger.

Höhne: In welcher Beziehung?

Danny: Zum Beispiel in der Erziehung. Ihre absolut gestörte Verhaltensweise zu uns, also zu jungen Menschen, ist bereits so total verkrustet, dass es mir hoffnungslos erscheint, ihre Einstellung im Nachhinein noch zu korrigieren.

Micky: Da ist was dran. Aber gerade deshalb müssen wir ein Gesetz erarbeiten, um Fehlverhalten bereits in der Entstehungsphase, das heißt jedenfalls rechtzeitig zu unterbinden.

Höhne: Hättest du einen praktischen Vorschlag, Micky?

Micky: Sicher. Um ihre Toleranz uns gegenüber zu sichern, müssten wir die eventuell noch vorhandenen Großeltern einschalten.

Franzi: Das verstehe ich nicht.

Micky: Pass auf: Wir sammeln alle mündlichen Berichte der Altvorderen über Streiche und Untaten unserer Eltern, legen sie schriftlich nieder und spielen sie exakt nach.

Danny: Genial! Und wenn sie protestieren und uns bestrafen wollen?

Micky: Dann überreichen wir ihnen die schriftlich fixierten Unterlagen.

Danny: Bingo!

Höhne: Mit der Idee könnte ich mich anfreunden. Zumal eine zunehmende Verrohung der Erziehungsberechtigten in unserer heutigen Gesellschaft bedauerlicher Weise zu beobachten ist. Franzi, Sie haben bereits einige Überlegungen getroffen, wie wir diese Situation in den Griff bekommen können.

Franzi: Ja. Ein Vorschlag ist, wie wir zum Beispiel unsere Väter aus der Kneipe kriegen können. Also weg von ihrem primitiven Stammtisch wieder zurück an den heimischen Küchentisch.

Höhne: Interessant!

Franzi: Wir besorgen ein tolles Gameboy-Spiel oder spielen eine beliebte Videokassette ab und verhindern damit generell die Lust, aus dem Haus zu gehen.

Micky: Ein echter Hammer! Und statt sinnloser politischer Diskussionen spielen wir einfach „Mensch ärgere dich nicht".

Franzi: Vielleicht willst du ihnen auch noch Gummibärchen und deine „Lila Jause" servieren.

Danny: Warum nicht? Man muss sie nur auf den Geschmack bringen.

Franzi: Leicht gestört.

Danny: Verlieren wir uns nicht in Einzelheiten! Wenden wir uns der Frage zu, wie wir bei ihnen die Konzentration und die Arbeitskraft steigern können?

Höhne: Weg von den alkoholischen Getränken. Statt Zigaretten Lutschbonbons wie „nimm 3" oder „Werthers Nächte", die schon Uropa genuckelt hat.

Micky: Und zum Einschlafen gibt es „Kuschelherz", damit die zwei sich bis zum Morgen vertragen.

Franzi:

Die Väter hätten wir erst mal unter Kontrolle.

Danny: Okay. Aber wie kriegen wir die Mütter von der Straße weg?

Micky: Wie bitte!

Franzi: Ich meine, weg vom stundenlangen Schaufensterbummel zur gezielten Einkaufsplanung.

Micky: Stechuhren.

Danny: Hast du „Stechuhren" gesagt?

Micky: Klar doch. Das Gesetz sollte an jedem Briefkasten Stechuhren fordern, die die Einkaufszeiten auf ein Minimum festlegen.

Höhne: Geil! Und die ganze Kocherei in der Küche könnte computergesteuert von den Gerätschaften übernommen werden.

Franzi: Das funktioniert nie.

Micky: Warum nicht?

Franzi: Die Lernfähigkeit der Mütter zur Bedienung der Computer ist gleich null.

Danny: Stimmt. Aber wir könnten ihnen morgens die richtige Diskette einlegen. Dann brauchen sie nur noch Knöpfchen zu drücken.

Franzi: Mit Sicherheit drücken sie das falsche. Aber einen Versuch ist es wert.

Micky: Und was machen die Mütter mit der so gewonnenen Freizeit?

Höhne: Hm, gute Frage. Vielleicht ein bisschen Stricken oder Sticken?

Micky: Hohoho! Zurück in die Steinzeit. Nee, es steht eher die Frage, wie wir sie von der Glotze wegkriegen.

Danny: Kaffeekränzchen?

Franzi: Wohl krank? Damit treiben wir sie genau wieder ihren uncoolen Erziehungsmethoden in die Arme, und der Elternschutz samt all der tollen Gesetze ist für die Katz.

Micky: Sollten wir ihnen vielleicht eine gehobene Lektüre, ein gutes Buch anbieten?

Danny: Bei der geistigen Lethargie der Erwachsenen werden wir wenig Erfolg damit haben. Eine „Bunte Freundin" oder ein „Welle"-Katalog genügt ihren Ansprüchen.

Franzi: Naja, ein bisschen Toleranz wäre schon angebracht. Aber wisst ihr, woran es fehlt?

Danny: Sag schon.

Franzi: Wir sollten das auf jeden Fall im Gesetz verankern und dafür sorgen, dass es rasch in Angriff genommen wird.

Micky: Du meinst Familienplanung.

Danny: Nein, ich denke konkret an Eltern- und Erwachsenenspielplätze.
(Licht aus)

Die spanische Reise

4 Spieler
Bühne: Straßencafé – Tisch, Stühle, Sonnenschirm und Tafel; hinten ein Schild „El Torro", leise spanische Klänge.

Mutter: gemeinsam mit der Familie betritt sie schlendernd die Bühne, breitet die Arme aus) Wie herrlich! Unser erster Urlaubstag in Spanien. Sonne, Strand, Wärme …

Vater: … und massenhaft Landsleute hier. Toll!

Mutter: Ach Männi, das verläuft sich doch.

Tochter: Denkste Mama. Am Strand liegen sie wie die Heringe.

Mutter: Du hast uns doch ein paar Liegestühle belegt?

Tochter: Fehlanzeige. Um neun Uhr waren schon alle weg.

Vater: Großartig! Dann werden wir für morgen den Wecker stellen.

Mutter: Wecker! Im Urlaub!

Vater: Hat jemand 'ne bessere Idee? Entweder Bett oder Liegestuhl, basta.

Tochter: Wie wär's mit den Badetüchern direkt im Sand?

Vater: Und den Sand in der Schnauze? Danke! Du stellst ihn auf sechs Uhr, liebe Tochter, und dann hopp, hopp.

Mutter: Wie grausam!

Vater: Wer eine Liege will, muss leiden.

Mutter: Nur einmal ausschlafen.

Tochter: Kannste nachher am Strand.

Mutter: Bei dem Kindergeschrei?

Tochter: Denk an deine Jugend zurück, Mama.

Mutter: An meine … Moment mal! – Männi, was ist denn?

Vater: (ist ganz nach vorne getreten und schaut begeistert nicht sichtbaren Personen nach). Haste das gesehen?!

Mutter: Himmel, die beiden haben ja ihren BH vergessen.

Tochter: Quatsch, hier laufen fast alle „oben ohne".

Mutter: Was machen wir denn da?

Tochter: Das gleiche, Mama.

Mutter: Kommt nicht in Frage! Schamlos, dieser Ferienort! Wenn ich das gewusst hätte.

Vater: Du wolltest doch unbedingt hierher.

Mutter: Aber doch nicht halbnackt.

Tochter: Nur die Ruhe. Ich habe „Fix braun" mit, Mama, dann fällt es gar nicht auf.

Mutter: Ich glaube, ich bleibe im Hotel.

Vater: Prächtig, Mutti, dann hätten wir auch in der Eifel buchen können.

Tochter: Eifel, wo liegt das Papa?

Vater: Frag deinen Lehrer, kluges Kind.

Mutter: (schaut auf ihre Uhr) Huch, schon Mittag. Wollen wir nicht was essen?

Vater: Gute Idee, nach dem miesen Frühstück!

Tochter: Immerhin: Vier-Sterne-Hotel.

Vater: Ich verzichte auf die Sterne, ich will lieber ein Ei und ein kerniges Brot.

Tochter: Kostet extra.

Mutter: Männi, hier ist ein Restaurant. Setzen wir uns. (zerrt die beiden mit sich) Kommt! Schnell!

Vater: Warum so hastig?

Mutter: Sonst ist wieder alles belegt. (sie setzen sich, der Vater blickt sich suchend um)

Tochter: Suchst du was, Papa?

Vater: Was denn wohl, die Speisekarte natürlich. (schnippt mit dem Finger) Herr Ober! Hallo! – Moment mal, wie heißt denn Speisekarte auf Spanisch?

Tochter: „Lista de platos". Papa. Und Kellner heißt „camarero".

Vater: Woher weißt du denn das?

Tochter: Von meinem spanischen Freund.

Vater: Waaas! Du hast einen Spanier zum Freund?

Tochter: Hatte, Papa, hatte.

Vater: Das ist ja die Höhe. Und wo ist er jetzt?

Tochter: Zurück in Spanien.

Vater: Also … mir fehlen die Worte.

Tochter: Deshalb sage ich sie dir ja: „Camarero" und „Lista de platos".

Kellner: (tritt hinzu) Si senor.

Vater: (abgelenkt) Die Dingsbums … wie heißt noch?

Tochter: Lista de platos.

Kellner: Die Speisekarte, mein Herr. Tut mir leid, steht alles hier auf den Tafeln. (hält eine Tafel nach der anderen hoch)

Vater: (liest) Rippchen mit Sauerkraut DM 16,80. (nächste Tafel) Frankfurter Würstchen mit Kartoffelsalat DM 12,50.

Kellner: Und Wiener Schnitzel mit Pommes frites!

Mutter: (liest) Demark 24,20. – Sooo teuer.

Tochter: Genau wie zu Hause.

Vater: Haben Sie keine Paella?

Kellner: Nur auf Vorbestellung.

Vater: Und wo kann man original spanisch essen?

Kellner: Im „EL PASO", mein Herr.

Vater: Und wo finden wir das?

Kellner: In unserer Niederlassung in München.
(Licht aus)

Der Volleyball-Song

Der Song kommt wirklich immer gut an, besonders wenn es dazu eine kleine, unaufwendige Choreographie gibt. Er kann als Einleitung solistisch oder im Chor auf die Melodie des allgemein bekannten und beliebten Gag-Hit „Katzenklo, Katzenklo" von Helge Schneider vorgetragen werden.

> Volleyball – Volleyball
> Volleyball ballt sich überall
> Volleyball hin,
> Volleyball her,
> Volleyball ist schwer.
>
> Ballt sich hier,
> ballt sich dort,
> Volley rollt
> von Ort zu Ort,
> Volleyball ist fort.
>
> Publikum
> steht herum,
> wartet ziemlich dumm
> und stumm
> auf Volley – Volleybumm.

Wenn Ihr Lust habt, könnt Ihr natürlich noch zahlreiche Strophen dazu dichten, sodass der Song vielleicht auch als Abschluss für eine Rede genutzt werden kann. Eurer Fantasie sind keine Grenzen gesetzt! Also los, probiert es einfach mal.